教育部哲学社会科学系列发展报告

中国研究生教育年度报告

Zhongguo Yanjiusheng Jiaoyu Niandu Baogao

Annual Report on China Graduate Education

（2018）

中国研究生院院长联席会　编著

本卷主编　周傲英　龚旗煌　张东晓
副 主 编　张　文　杨立华
执行主编　阎光才　李海生　廖晓玲

高等教育出版社·北京

内容摘要

本书回顾分析了2018年国内研究生教育改革实践的最新发展。在专题报告中，基于问卷调查，围绕博士研究生课程教学规范化、博士研究生学位论文选题来源及创新性、博士生学术交流活动参与及收获、研究生奖学金评审，以及学术型硕士研究生学业表现等课题进行了深入分析。

本书可作为研究生教育管理工作者或相关理论研究人员的参考读物。

图书在版编目(CIP)数据

中国研究生教育年度报告. 2018 / 中国研究生院院长联席会编著. --北京：高等教育出版社，2020.6

ISBN 978-7-04-053425-2

Ⅰ.①中… Ⅱ.①中… Ⅲ.①研究生教育-研究报告-中国-2018 Ⅳ.①G643

中国版本图书馆CIP数据核字(2020)第022680号

策划编辑	徐　可	责任编辑	徐　可	封面设计	张　楠	版式设计	王艳红
插图绘制	于　博	责任校对	刘　莉	责任印制	赵义民		

出版发行	高等教育出版社	咨询电话	400-810-0598
社　　址	北京市西城区德外大街4号	网　　址	http://www.hep.edu.cn
邮政编码	100120		http://www.hep.com.cn
印　　刷	北京中科印刷有限公司	网上订购	http://www.hepmall.com.cn
			http://www.hepmall.com
开　　本	787mm×1092mm　1/16		http://www.hepmall.cn
本册印张	12.25	版　　次	2020年6月第1版
本册字数	300千字	印　　次	2020年6月第1次印刷
购书热线	010-58581118	总 定 价	50.00元

本书如有缺页、倒页、脱页等质量问题，请到所购图书销售部门联系调换

物 料 号　53425-00

编　委　会

序

2018 年是贯彻落实党的十九大精神的开局之年，也是“双一流”建设正式发力之年。党的十九大报告提出“加快一流大学和一流学科建设，实现高等教育内涵式发展”。“双一流”建设作为一个具有战略意义的重大制度与机制创新，正对中国高校研究生教育事业的发展产生极为广泛和深远影响。而作为学科水平、一流大学和高等教育强国重要标志之一的研究生教育，在获得发展新机遇的同时，也面临着巨大的压力和挑战，以规模扩张为特征的发展取向将逐渐让位于以质量提升为目标的内涵发展道路。

2018 年是学位授权审核改革取得重大突破性进展之年。当年 3 月，国务院学位委员会下达批准了 2017 年审核增列的博士、硕士学位授予单位及其新增学位授权点名单。此次新增博士、硕士学位授权点的申报与评审更好地贯彻了内涵发展要求，更加突出了质量在审核工作中的主导作用。同年，国务院学位委员会批准北京大学、清华大学等 20 所高校首批开展学位授权自主审核。通过放权部分“双一流”建设高校开展学位授权自主审核，由高校自主新增博士、硕士学位授权点，进一步激发了高校的办学活力，更好地服务于国家重大战略需求。伴随一系列改革的深化，学位授权审核逐步形成了常态化与授权点动态调整相结合的工作机制，我国的三级学位授权管理体制更趋完善。

2018 年，也是全面严格落实导师立德树人职责的关键之年。各高校以贯彻落实教育部《关于全面落实研究生导师立德树人职责的意见》《新时代高校教师职业行为十项准则》为契机，严格落实学校主体责任，把建设德才兼备的高水平教师队伍作为高水平人才培养体系的重要工作，建立健全了师德建设责任追究机制，大多数高校新出台或修订了师德师风建设办法，明确提出师德师风“一票否决制”。中国研究生院院长联席会的 57 个成员单位，作为中国研究生教育的重要力量，是上述改革与建设的重要参与者、建设者甚至是引领者。

2018 年是我国恢复研究生招生 40 周年。经过 40 年的快速发展，我国研究生人才培养不仅在体系上日臻完备、规模上不断壮大，而且在质量上也取得了长足的进步。在总结经验与成绩之时，我们也清醒认识到，与党中央的要求和人民群众的期盼相比，与我们肩负的历史使命和国际高水平研究生教育相比，我国研究生教育在主动服务国家经济社会发展需求，培养高水平创新能力和实践能力人才方面仍存在较大差距，研究生教育质量保障和评价机制仍不完善，研究生教育的国际影响力还有待提高。中国研究生院院长联席会各成员单位作为我国研究生教育的重要主体力量，同时代表了我国研究生教育发展的最高水平，在从研究生教育大国迈向研究生教育强国的征程中，有责任、有能力担当提升研究生教育质量，实现内涵式发展的光荣使命。

2018年，中国研究生院院长联席会秘书处组织编制的《中国研究生教育年度报告》将出版第十册。在院长联席会各成员单位和院长们的鼎力支持下，《中国研究生教育年度报告》已形成了聚焦实践问题，用数据说话，将理念探讨与研究生教育实践问题有机结合的鲜明特色。本册《年度报告》在选题上秉承了这一特色，对博士研究生课程教学规范化、博士研究生学位论文选题来源及创新性、博士生学术交流活动参与及收获、研究生奖学金评审及学术型硕士研究生学业表现等年度热点和难点问题进行了问卷调查与实证分析。上述专题研究对于各研究生院更好地了解我国研究生教育发展的现状，把握研究生教育实践中存在的各种问题和难点，找到破解问题的切入点将有所裨益。

中国研究生院院长联席会秘书长

龚旗煌

2019年10月30日

Preface

2018 is the beginning year to deliver the blueprint of the 19th National Congress of Communist Party of China (NCCPC). It is also the year to launch the Double World-class project. The report of 19th NCCPC set the goal to accelerate the construction of world-class university and world-class discipline and to implement the essential development of higher education. As an important system and innovative mechanism related to national strategy, the Double World-class project has a wide and profound impact on the development of graduate education in China. As one of key indicators of world-class discipline, world-class university and strong higher education system, graduate education faces not only new opportunity but also tremendous stress and challenge. The essential development with a goal of quality improvement is replacing the development with a feature of enrollment expansion.

2018 is the year for the breakthrough of the reform in degree authorization. As the result of 2017 authorization audit, the Degree Committee of China's State Council (DCCSC) announced the list of new master and doctoral programs with degree authorization in March. The application and authorization of new master and doctoral programs reflect the requirement for essential development and quality-oriented. In the same year, DCCSC issued the Guidance on the Self-audit of Degree Authorization of Universities, which authorizes 20 universities (including Peking University, Tsinghua University) to set their own degree program for the first time. This authorization among some universities of the Double World-class project motivates those institutions to be proactive and to better serve the national strategy. With a series of reforms, the review of degree authorization has formed a working system that combines normalization and dynamic changes. China's three-level system of degree authorization has been improved.

2018 is the year to comprehensively emphasize the advisor's responsibility in moral education. Universities take the opportunity to follow China's Ministry of Education on the

Guidance of Comprehensive Implementation of the Advisor's Responsibility in Moral Education and Ten Rules on the Professional Behaviors of Faculty in a New Era. One important task for those universities is to build a top faculty with talent and moral and to design or improve the accountability system for morals and ethics of faculty. Most universities have drafted or revised their own action plans on morals and ethics of faculty and clarified the zero tolerance for moral violations of faculty. Playing a major role in graduate education, 57 institutional members of the Association of Chinese Graduate Schools (ACGS) are participants, builders and leaders of reforms and constructions mentioned above.

2018 marks the 40th anniversary to renew the admission of graduate education in China. After the rapid growth of forty years, China's graduate education has developed the structure, expanded the enrollment and improved the quality. We summarize the achievement while aware of the substantial gap between the practice and the national vision, social expectation, historical mission and international benchmark in terms of serving national need and preparing top innovative and practical talents. As the mainstream of graduate education in China, Institutional members of DAGSC are accountable and capable of improving the quality of graduate education for the transition from enrollment expansion to essential development.

2018 is also the 10th anniversary of publication of Annual Report on China Graduate Education under the supervision of ACGS. With support from institutional members and deans of graduate schools, the annual reports have a focus on practical issues, empirical evidence and the combination between theoretical inquiry and practical questions of graduate education. This year's annual report follows the tradition to survey and analyze the hot issues and challenges on curriculum regulation of doctoral students, topic source and originality of doctoral dissertation, academic exchange participation and outcomes of doctoral students, evaluation of graduate scholarship and academic performance of master students. Graduate schools can benefit from these studies to better understand the development of graduate education in China, to identify problems and obstacles in educational practice and to find the solutions to those problems.

Chief Secretary of the Dean's Association of Graduate Schools in China

October 30, 2019

目　　录

总　报　告

年 度 专 题

附　　录

Contents

General Report

Annual Topics

Appendix

总报告

以“双一流”建设引领我国研究生教育改革发展

2018年9月10日，习近平总书记在全国教育大会发表重要讲话，从党和国家事业发展全局的战略高度，系统总结了我国教育事业发展的成就与经验，深刻分析了教育工作面临的新形势、新任务，对加快推进教育现代化、建设教育强国、办好人民满意的教育作出了全面部署。讲话也对研究生教育事业提出了新的更高的要求。本年度，研究生教育战线围绕“服务需求、提高质量”这一主线，进一步深化研究生教育各项改革，创新培养机制，推动研究生教育的内涵发展再上新台阶。

一、2018年我国研究生教育改革发展重要举措

2018年是我国恢复研究生招生40周年，是贯彻落实党的十九大精神的开局之年，也是“双一流”建设正式推进的实施之年。这一年，我国研究生教育在“双一流”建设、学位授权审核改革、落实导师立德树人职责、推进学科结构调整、健全研究生教育质量保障方面采取了一系列重要措施，取得了重要进展。

（一）“双一流”建设加速推进

2018年8月，教育部、财政部、国家发展改革委员会发布了《关于高等学校加快“双一流”建设的指导意见》文件，进一步强调“双一流”建设要以习近平新时代中国特色社会主义思想为指导，深入贯彻落实党的十九大精神，全面贯彻落实党的教育方针，以中国特色世界一流为核心，努力建成一批中国特色社会主义标杆大学，确保实现“双一流”建设总体方案确定的战略目标。9月，教育部在上海召开“双一流”建设现场推进会，教育部陈宝生部长指出，要按照可靠的、合格的、真实的、有特色、有竞争力、有产出、可持续的目标，坚持“特色一流、内涵发展、改革驱动、高校主体”，切实做好培养高素质人才、服务重大需求、提高科研创新水平、深化国际合作交流、加强教师队伍建设、坚持特色发展。①

各建设高校在实施“双一流”建设过程中，全面贯彻党的教育方针，落实中央党建工作部署，确立并完善了党委领导“双一流”建设的决策机制，有效增强了“双一流”建设决策力、领导力、执行力。一年来，“双一流”建设高校围绕“中国特色、世界一流”这一建设目标，在深化国际合作、服务重大需求等方面取得明显成效。主动面向国家重大战略需求和世界科技发展前沿，通过与

---

① 教育部.推动“双一流”加快建设、特色建设、高质量建设.

大型国有企业合作共建联合研究中心,联合开展国际培训项目,在“一带一路”沿线国家建设中国文化研究中心,以及举办“一带一路”人才培养国际合作发展论坛等方式,多方位主动参与“一带一路”倡议,服务“一带一路”教育行动。在学科建设方面,“双一流”建设高校立足自身优势特色,加快学科资源整合,推进基础学科、应用学科的交叉融合,进一步提升了学科综合竞争力迈向新台阶。在科研创新方面,有效提升了承担国家战略重大、重点项目能力,产出了一批原创性、前沿性、引领性的高水平科研成果。据统计,在 2018 年度国家科技奖励三大奖中,按第一单位统计,“双一流”建设高校在国家自然科学奖中共获 24 项奖励,占奖励总数的 63%;在国家技术发明奖通用项目中共获 34 项奖励,占通用项目总数的 69%;在国家科技进步奖通用项目中共获 58 项奖励,占通用项目总数的 43%。① “在国家重大科研项目中,“双一流”建设高校也发挥了主力作用,共承担 61% 的国家自然科学基金资助面上项目,以及 73% 的国家社会科学基金重大项目。②

(二)学位授权审核改革取得突破

我国学位授权审核改革取得重要进展。学位授权工作在学位授权常规审核、学位点动态调整、高等学校开展学位授权自主审核等方面都取得明显成效。国务院学位委员会、省级学位委员会和学位授予单位三级学位授权管理体制更趋完善,学位授权审核逐步形成了常态化与授权点动态调整相结合的工作机制。

2018 年,国务院学位委员会相继下达了 2017 年新增博士、硕士学位授予单位审核结果、新增博士、硕士学位授权点审核结果以及新增自主审核单位名单等。③ 本次新增博士、硕士学位授权点的授权审核与以往历次相比,更好地贯彻内涵发展要求,改变了以往以分配数量指标为主的审核方式,突出质量为先的原则。如在审核增列的博士、硕士学位授予单位中,仅同意北京工商大学等 7 个博士学位授予单位、北京石油化工学院等 4 个硕士学位授予单位可开展招生、培养及学位授予工作。而对中国民航大学等 21 个博士学位授予单位和山西大同大学等 25 个硕士学位授予单位,则要求在办学水平和研究生培养能力等方面继续加强建设,需通过国务院学位委员会核查后方可开展招生、培养研究生。④ 此外,从本次博士学位点申报与获批情况看,最终通过率仅为 33.4%。⑤ 本次学位授权审核在保证质量水平的前提下,兼顾了学位点均衡发展,对边疆民族地区学位点、行业支撑空白点进行了适度支持,有效缓解了研究生教育发展不平衡问题。

学位点动态调整工作机制日益完善。2016 年起,国务院学位委员会将博士、硕士学位授权学科和专业学位授权类别动态调整工作的实施范围扩大到全国,同时强化了各省级学位委员会对本地区内学位点动态调整工作的统筹指导作用。经过几年实施,学位点动态调整已基本形成一套完整的工作机制。2018 年,共有 29 省份 182 所高校或单位撤销了 489 个学位点,同时,共有 28 个省份的 147 所高校或单位增列了 218 学位点。⑥ 学位点动态调整机制较好激发了培养单位

---

① 教育部.一流大学和一流学科建设成效系列[R].教育部简报〔2019〕第 15 期.

② 教育部.一流大学和一流学科建设成效系列[R].教育部简报〔2019〕第 15 期.

③ 国务院学位委员会.关于下达 2017 年审核增列的博士、硕士学位授权点名单的通知(学位〔2018〕9 号).

④ 国务院学位委员会.关于下达 2017 年审核增列的博士、硕士学位授予单位及其学位授权点名单的通知(学位〔2018〕19 号).

⑤ 教育部.以评促建推动新增学位授予单位高质量内涵发展.

⑥ 国务院学位委员会.关于下达 2018 年动态调整撤销和增列的学位授权点名单的通知(学位〔2019〕8 号).

的办学活力，优化了学科结构，有助于培养单位提高主动服务经济社会发展需求的能力。

学位授权审核改革最具标志性意义的，当属国务院学位委员会批准北京大学、清华大学等20所高校开展学位授权自主审核。根据授权，这些高校每年都可按规定自主增列和调整博士、硕士学位授权点。从当年实施情况看，学位授权自主审核高校共撤销了10个硕士学位授权点，有19所院校新增了25个一级学科博士学位授权点，3个一级学科硕士学位授权点。[①] 通过放权部分“双一流”建设高校开展学位授权自主审核，由高校自主新增博士硕士学位授权点，进一步激发了高校办学活力，这对于高校加快“双一流”建设，实现高等教育内涵式发展，更好服务国家重大战略需求，更好发挥示范引领都具有积极的推动作用。

（三）落实导师立德树人根本责任

立德树人是高校立身之本，也是以培养高层次创新人才为旨要的研究生教育的天然职责。党的十九大报告明确要求，高校应落实立德树人的根本任务。在研究生教育中守持好立德树人的育人使命，需要抓好研究生教育活动中导师这个关键主体。[②] 导师作为研究生学习的引领者、支持者和促进者，是研究生培养的第一责任人，导师负有对研究生进行学科前沿引导、科研方法指导和学术规范教导的责任。导师对研究生思想品德、科学伦理以及专业学习的示范和教育，是研究生教育落实立德树人任务的重要基础。高质量研究生教育依赖于一支有理想信念、道德情操、扎实学识、仁爱之心的研究生导师队伍。

教育主管部门和培养单位高度重视落实导师立德树人职责。主管部门在一年中两次专门就如何全面落实研究生导师立德树人职责以及如何规范高校教师职业行为制定规章制度。[③] 而各研究生培养高校也强化了学校主体责任，加大师德建设责任追究机制建立力度，进一步加强了导师队伍建设，进一步夯实了研究生导师立德树人职责。大多数高校新出台或修订了师德师风建设办法，明确提出师德师风“一票否决制”，为导师行为规范划出底线。

导师的种种不当行为，是多种因素交织的产物，但本质上都可归因为缺乏职业敬畏感，滥用学术指导权力。而权力滥用的根源，除却个体因素外，更多在于培养单位现有的制度缺失或不能有效制约。制定教师行为准则或规范，规范导师职业行为，明确师德底线，有助于增强教师的责任感、使命感、荣誉感，引导广大导师努力成为有理想信念、有道德情操、有扎实学识、有仁爱之心的“四有”好老师。

（四）进一步调整学科专业目录

国务院学位委员会和教育部发布的《学位授予和人才培养学科目录》（以下简称《学科目录》），是国家进行学位授权审核与学科管理、学位授予单位开展学位授予与人才培养工作的基本依据。学科专业目录调整意味着研究生教育学科结构变化和人才培养模式创新，在培养实践中扮演着非常重要的角色。2018年4月，国务院学位委员会办公室更新发布了《学科目录》，对近年来学科目录调整和新增等变化进行了汇总。本次《学科目录》的一个重大变化，是将原工程专业学位类别调整为电子信息、机械、材料与化工、资源与环境、能源动力、土木水利、生物与医

---

① 国务院学位委员会.关于下达2018年现有学位授权自主审核单位撤销和增列的学位授权点名单的通知（学位〔2019〕11号）.

② 教育部.教育部关于全面落实研究生导师立德树人职责的意见（教研〔2018〕1号）.

③ 教育部.新时代高校教师职业行为十项准则（教师〔2018〕16号）.

药、交通运输等8个专业学位类别,工程博士相应从目前的4个领域调整为与之对应的8种类别。① 工程专业学位类别调整,有助于更加有效地服务国家经济社会发展大局,更好地满足行业企业的人才需求。

我国现行的《学科目录》处于一个不断调整和完善的阶段,从培养服务国家战略急需的高层次人才看,这一目录仍有进一步改进和完善的余地。一些未来需要重点发展的领域,如新一代信息技术产业、节能与新能源汽车、生物医药、新材料等,从学科角度看大都具有多学科综合、高度复杂的特征,都无法按现有目录进行简单归类。学科结构调整的一个方向是设置交叉学科目录,同时明确交叉学科和新学科设置及管理机制。学科设置的标准在兼顾符合学科规律的同时,也应更好地兼顾社会需求。

(五)健全研究生教育质量监督体系

改革和完善研究生教育中的评价机制和方法逐渐受到广泛重视。在全国教育工作大会上,习近平总书记指出,要深化教育体制改革,健全立德树人落实机制,扭转不科学的教育评价导向,坚决克服唯分数、唯升学、唯文凭、唯论文、唯帽子的顽瘴痼疾,从根本上解决教育评价指挥棒问题。以此为指引,部分研究生培养单位在实践工作中,开始完善学位授予相关的科研成果要求,力避以发表学术论文作为学位申请前提的简单化做法。

完善质量控制与保证制度依然是管理部门和培养单位的一项重要工作任务。各研究生培养单位继续健全内部质量管理体系,夯实学位授予单位在质量保障体系中的主体地位。各研究生培养单位都进一步细化了导师、答辩委员会和学位评定委员会职责,进一步构建了全员、全过程、全方位的育人格局。而各级教育主管部门进一步强化政府质量监管的职能,加大对博士硕士论文抽检力度,在学位论文抽检中,共发现问题论文954篇,累计约谈85校次,有效激发了培养单位提高质量的内生动力。通过评估撤销了50个不合格的学位授权点,要求95个学位授权点限期整改。② 研究生教育内外部质量监督体系的进一步建立和完善,为研究生教育质量提升提供了有力保障。

二、当前我国研究生教育中的几个问题与对策分析

结合当前我国研究生教育发展面临的问题,本年度的研究生年度报告重点关注以下议题:博士研究生课程教学规范化、博士研究生学位论文选题来源及创新性、博士生学术交流活动参与及收获、研究生奖学金评审以及学术型硕士研究生学业表现等。上述问题可视为现阶段研究生教育改革的热点、重点,也是整个研究生教育改革的突破点。

(一)博士研究生课程教学规范化的现状及效果调查分析

本专题对47所双一流/一流学科高校在读博士研究生进行调查,通过对课程结构(包含课程衔接、课程总量、课程比例)和课程内容(包含前沿性知识、跨学科知识、课程内容广度、深度等)、课程教学(包含教学目标是否明确、是否按照教学计划实施教学、停课、调课补课等情况)以及博士课程教学对培养博士研究生学术能力(包含学术兴趣、学术理想、创新意识等方面)的效

---

① 国务院学位委员会、教育部.关于对工程专业学位类别进行调整的通知(学位〔2018〕7号).

② 杜占元.深化研究生教育改革,推动内涵发展再上新水平[N].

果探究,以期发现当前博士研究生课程教学规范化中可能存在的问题,为博士研究生课程教学改革提供有益参考。

1. 博士研究生课程教学规范化现状中存在的问题

(1) 在博士研究生课程结构方面,总体较为合理,但研究方法的课程量较少,选修课的选择范围较窄。有 44.3%的学生认为研究方法课程量很少或较少,29.2%的学生认为博士研究生选修课程选择范围很小或较小。与此同时,73.2%的学生认为研究方法课是对博士研究生科研能力培养有重要作用,但在实际课程设置中,研究方法课程量却难以满足学生需求。另外,现实中仍然存在选修课设置的形式化倾向,一定程度上沦为选修中的必修课。在课程内容上,有 38.8%的学生认为前沿性知识比重很少或较少。

(2) 课程学习与科研训练的整合度不高。调查发现,分别有 60.2%、54.6%、58%和 58.4%的学生认为目前的博士研究生课程与论文选题、论文写作、论文发表、完成课题毫无关系,或略有关系或关系一般。

(3) 在博士研究生课程教学的规范化上,总体情况良好。教师能够严格遵守上课时间,不迟到、早退,调、停现象较少,调课后能及时补课,但教学目标不够明确、教学方法单一、师生互动以及课后反馈不足。

(4) 从博士研究生课程学习后的知识欠缺类型来看,博士研究生在跨学科知识、专业前沿知识和研究方法知识上比较欠缺。认为欠缺跨学科知识者占 59.8%,认为专业前沿知识欠缺者占 58.9%,认为研究方法知识欠缺者占 46.5%。

(5) 课程学习效果明显,但在教学技能、跨学科研究、跨文化学习等能力上提升不足。近年来博士研究生教育开始关注对博士研究生教学技能的训练,但调查结果显示对此评价得分为 3.32,相对其他能力提升较低。相对而言,出于内发动机读博(如对学术研究兴趣、对博士学历的情结)的学生,其各项能力提升显著。而源于外部动力(如提高就业竞争力、他人的期望、延迟毕业、从众、随大流)的学生各项能力提升相对较低。

(6) 在满意度方面,满意度总体较高,但公共外语课和跨学科/跨专业课程满意度偏低。教师教学水平略低于教师研究水平。

(7) 课程与科研活动关系对博士研究生课程的前沿性影响显著。当课程与论文写作、论文发表、完成课题相关时,课程的前沿性有所增强。

2. 加强博士研究生课程教学规范化建设的对策与建议

第一,加强博士研究生课程的系统性、规范化建设。研究方法类课程、前沿性知识、跨学科知识等与博士研究生从事学术创新工作密切相关,因而,此类课程应设置齐全,各类课程应按照一定的顺序和比例相互协调,相互补充,从而形成纵向深化、横向拓展的博士研究生课程结构,体现课程的系统性。强调主辅修结合的跨学科课程修读,帮助学生拓宽视野,激发学术创新热情。

第二,重视研究方法类课程的数量与质量。我国博士研究生培养中对研究方法类课程的重视程度不够,存在方法课程种类偏少、学时不多、学分不高等问题。针对学生所反映的研究方法类课程量不足,培养单位应当进一步加强研究方法类课的规范建设。

第三,加强课程学习与科研训练整合,提高课程前沿性。建议适当通过将课程与论文写作、论文发表以及完成课题的紧密结合,提高课程的前沿性。课程教学过程中,教师可合理利用课题资源,将学科最新研究成果或尚未发表的、有待讨论和批判的前沿性内容纳入课程讲授中,创设具体情境，加深学生对具体概念、原理的理解，完善博士研究生的知识结构。

第四，采用灵活多样的教学方式，促进师生互动。根据不同的课程性质和内容灵活选择教学方式，在讲解为主的课堂教学方式外，学生为主的讨论式教学方式也应得到广泛使用。尝试以专题讨论形式，聚焦学科前沿性研究话题，通过对最新研究成果的阅读和讨论，辅之以教师的引导和分析，鼓励博士研究生提出有针对性的意见和解决问题的新思路和新方法。

第五，设置多样化的活动课程，提高博士研究生科研与教学能力。学科课程与活动课程应是有机相连的两个部分，两者相辅相成。通过活动课程培养博士研究生的研究能力、组织能力以及交流沟通能力。设置助教制度帮助博士研究生成为高校不可或缺的教学力量，也为博士研究生教学能力的提升提供平台，为博士研究生未来走上大学教师岗位奠定基础。

（二）博士研究生学位论文选题来源及创新性调查分析

本部分调查主要有以下三个方面的目的：一是全面了解博士生学位论文选题情况，包括选题缘由、选题来源、选题类型、选题时间及选题特征；二是全面了解博士生对学位论文创新性的理解，即博士生学位论文创新意识；三是通过自我报告的方式了解博士生对自己所撰写的学位论文创新性的评价状况，并在此基础上进一步探讨人口学变量、学术资本、选题过程、导师指导及博士生学位论文创新意识对博士生学位论文创新性的综合影响。

下面我们总结博士学位论文选题来源及创新性的影响因素。

（1）研究兴趣、知识水平与研究价值是影响博士学位论文选题的主要因素。自身兴趣主导的博士生占比最高（占比为 28.51%）；超过四分之一（占比为 27.40%）的博士生学位论文选题属于多重兴趣主导的选题，它兼顾了导师与学生自身研究兴趣；近四分之一（23.07%）的博士生在选题时为选题价值主导，另有 21.02%的博士生的选题为满足导师需要，放弃了自身研究兴趣。

（2）读博期间科研经历与导师课题是博士生学位论文选题的主要来源。博士生学位论文选题最主要的来源是读博期间科研经验（均值为 3.80），第二大来源是导师课题（均值为 3.74），读博期间课程学习与读博前科研经验（均值分别为 3.43、3.42）并列学位论文选题的第三大来源。对于有工作经验的博士生而言，工作经验并不是学位论文选题的重要来源（均值仅为 3.13）。

（3）博士生学位论文倾向于选择常规型选题、外向型选题与开创型选题。一半以上博士生（56.36%）学位论文属于常规型选题，与选题相关的国内外研究均较多（均值分别为 3.59、3.69）；18.09%的博士生学位论文属于开创型选题，与选题相关的国内外研究均较少（均值分别为 1.76、1.81）；16.94%的博士生学位论文属于外向型选题，与选题相关的国外研究较多（均值为 3.48）、国内相关研究较少（均值为 1.95）；8.60%的博士生学位论文选题属于内向型选题，与选题相关的国内研究较多（均值为 3.43）、国外相关研究较少（均值为 1.82）。

（4）博士生完成学位论文选题大致需要一年时间。44.20%的博士生完成学位论文选题时间在半年到一年之间，27.70%的博士生完成学位论文选题用了一年至一年半的时间。

（5）博士生学位论文选题时存在重选题创新、轻研究过程创新倾向。调查显示，学位论文创新性（均值为 3.90）比较重要，其中研究选题创新（均值为 4.07）最为重要，其次是研究视角创新（均值为 4.02），与研究价值有关的研究结论创新（均值为 3.94）、应用领域创新（均值为 3.92）、理论创新（均值为 3.88）等的重要程度次之，而与学位论文写作相关的研究假设创新（均值为 3.87）、研究方法创新（均值为 3.86）以及引证资料创新（均值为 3.67）的重要程度则较为靠后。总体而言，博士生学位论文创新意识存在着重选题创新、轻研究过程创新的倾向。

（6）博士生学位论文结论创新突出而过程创新不足。博士生认为自己所创作的学位论文创新性（均值为3.59）较多，其中研究结论（均值为3.69）是学位论文最主要的创新点，应用领域（均值为3.66）、研究视角（均值为3.65）、研究选题（均值为3.60）、理论贡献（均值为3.58）次之，与学位论文写作过程有关的研究方法（均值为3.52）、研究假设（均值为3.51）及引证资料（均值为3.47）创新性最差。

（7）性别、学科、学术资本、导师指导对选题来源具有显著影响。女性博士生学位论文与导师课题相关程度显著低于男性，农学、理学、工学博士生学位论文选题与导师课题相关程度（均值依次为3.91、3.88、3.82）显著高于其他学科。导师为获得过“长江学者”“千人计划”或“杰青”等学术称号或人才项目的博士生，其学位论文选题与导师课题、硕士论文选题、读博前科研经验、工作经验的相关程度，显著高于其他普通导师；导师指导频次越多，博士生学位论文选题与学位论文选题来源各个指标之间的相关程度越高；田园型指导与契约型指导下的博士生学位论文选题，与导师课题、读博科研经验、博士课程学习、硕士论文选题、读博前科研经验、读博前课程学习、工作经验之间的相关程度，显著高于放任型与管理型指导。

（8）学术资本、选题过程、导师指导、学位论文创新意识对学位论文创新性具有显著影响。读博后的学术发表越多，学位论文创新性越高；“双一流”高校博士生自我报告的学位论文创新性低于一流学科建设高校；博士生学位论文选题与导师的课题相关程度越大，学位论文创新性越高；开创性选题（即国内外相关研究均较少的选题）的博士生自我报告的创新性较高，田园型指导的博士生自我报告的学位论文创新性最高。学位论文创新意识越高的博士生自我报告的学位论文创新性越大。

（三）博士生学术交流活动参与及收获情况调查分析

围绕博士研究生学术交流活动，我们通过自编博士生学术交流活动参与及收获情况调查问卷，对博士生学术交流活动的参与现状、特征及影响因素等进行深入分析。在此基础上，为我国博士研究生学术交流资源的合理配置提供经验借鉴。

1. 博士生参加学术交流活动的基本情况

从博士生参加学术交流活动的基本情况来看，在学术交流活动参与类型方面，博士生参加国内学术会议、学术讲座及学术论坛较多，而对学术沙龙、国际学术会议、境内访学和境外访学参与程度较低，尤其是境外访学的参与程度最低。在境外访学方面，参与的博士生访学人数占总体的14%，访学时间多集中在三个月以下。博士研究生境外访学的资助类型较为丰富，出国访学的学生大部分都受到来自不同层面的外部资助。在境内学术交流活动参与方面，博士生参与频次约为一年多次，但是在活动中汇报和发言的比例却不及半数。

博士生参会经费绝大部分来自外部的支持，但是资助依旧不足。学业压力大也是制约博士生参加学术交流活动的主要因素。近九成的博士生对学术交流活动表示出满意及以上的水平，认为学术交流活动在拓宽多学科视野方面的贡献最大，其次为学术热情、热点捕捉能力、表达及沟通能力等，最后为方法及工具的掌握、独立科研能力等。

此外，学术交流活动对促进学生论文写作能力、应用实践能力及专业基础知识方面同样具有一定的作用，但并不显著；博士生参加学术交流活动更多是基于学术兴趣，大多人希望参与境外访学、国外学术会议及国内学术会议，并期望了解有关学科前沿动态。

2. 博士生参加学术交流活动的影响因素

从影响博士生参加学术交流活动机会的因素来看，个体特征变量对博士生参加境外学术交流活动无显著影响。博士生参加境外访学和境内学术交流活动的机会主要受到组织因素的影响。其中，就读高校类型、所在学科门类、本科毕业高校、导师身份对博士生参加学术交流活动的机会起到显著的影响。除此之外，个人的学习动机和求职意向也对博士生参加学术交流活动的机会产生影响。

从影响博士生学术交流活动参与质量的因素来看，如学科门类、求职意向、就读年级及读博动机等因素有重要影响。境外访学次数、境外访学时长、境外访学经费、参会总数、参会频率、参会经费来源以及参会原因等对参与质量具有显著影响。博士生学术交流活动满意度的高低与参加学术交流活动的次数、频次、时长并无显著的关系，但是参与质量、经费来源、参会动机及制约因素具有显著影响。

3. 改进和完善博士生学术交流活动的建议

首先，在境外访学制度方面，仍有众多博士生表示因经费限制加之学业压力较大而导致没有机会参与出国访学。因此，在进一步扩大对博士生境外访学资助的同时，更好地将境外访学经验同博士生学业发展有效结合是今后改革的主要方向。与此同时，在给予境外访学名额时，更好地平衡院校层次及学科间的差异，将名额真正惠及优秀且有学术志向的博士生也是下一阶段改革需要关注的核心议题。

其次，从国内学术交流活动发展现状来看，虽然博士生在参会总次数以及参会频率上均取得了良好的表现，但是在参会质量方面却仍有提升空间。在学术会议中拥有汇报和发言经历的博士生在各方面能力收获中的表现，均显著优于只“参加”而未深度“参与”的学生。鉴于此，博士生国内的学术交流活动在下一阶段的发展重点应从量转为质，以提高博士生学习收获为取向，采取有效措施引导博士生在学术交流活动中投稿并发言。

此外，借鉴美国准博士普查项目（SED）之类的成功做法，我国的教育主管部门或研究生培养单位也可以开发类似的系统，对博士生学术交流活动情况进行定期追踪调查，从而为博士生学术交流活动制度改革提供准确和及时的信息及经验支撑。

（四）研究生国家奖学金实施状况调查

研究生国家奖学金制度实施 8 年来，随着研究生教育规模不断扩大，获奖比例连年下降，特别是硕士生获奖比例大幅降低。高度的选拔性和竞争性加强了国家奖学金的国家级荣誉属性。在教育部、培养单位的原则性评审办法指导之下，各培养单位大多由二级学院乃至学院下属的系所制定各自的国家奖学金评审细则，其核心是评选计分规则。评选计分规则十分突出地体现了科研导向的指导思想，对参评研究生科研成果和科研活动的评分进行了非常细致的规定，且科研成果和科研活动分值在评分系统中占据主导地位，这一方面有利于选拔出科研成果突出的研究生，同时，由于评分规则客观、量化、可比，国家奖学金评选过程中人为因素降至较低水平。

1. 国奖认可度高

从调查结果来看，研究生对于国家奖学金评选的程序和结果有较高认可度，尤其是对于评选过程的透明度，研究生在五等级评价中，其得分均值达到 4.26，表明培养单位在国家奖学金评选过程中操作谨慎、过程透明，评选程序得到研究生较高认可。研究生对于国家奖学金获得者有较高的认可度，认为国家奖学金获得者确实是比较优秀的研究生，其中对获奖者的论文发表、科研能力、学术发展潜力、学习能力、专业知识等学术素养评价较高，认为获奖者在这些方面较明显地优于未获奖者。

此外，在合作精神、组织管理能力、为人处世方面，获奖者也被认为优于未获奖者，在问卷中设置的所有维度中，获奖者均得到了优于未获奖者的评价。研究生对于目前强调科研成果、科研活动参与和学业成绩等因素的评选标准较为认可，多数认为科研成果在评选标准中应占据主导地位，多数人认可其比例应在40%以上，学业成绩比重应在25%左右，科研活动参与应在15%左右。

2. 获奖的影响因素分析

在国家奖学金获得者中，男女性别比例相当；硕士生中推免生高于招考生约16个百分点，博士生中申请审核制和硕博连读生比例高于招考生；研究生的前置学历显示出毕业院校层次优势，毕业于原“985工程”和原“211工程”高校的研究生获奖比例较高，博士生的本科毕业院校层次优势比硕士毕业院校层次优势更加明显。导师拥有两院院士、“长江学者”“杰青”等学术头衔的研究生获奖比例更高，导师职称更高其研究生获奖比例也更高。原因在于上述导师能够为研究生提供更多的科研实践机会或科研平台，使研究生更容易发表高水平学术成果，从而使研究生在国家奖学金评选中占据优势。

在基本学习规范遵守方面，国家奖学金获得者与未获得者相比优势非常微弱，但学习投入优势变得明显。获奖者的学习质量明显优于未获奖者，他们更频繁地使用深层学习策略，其内生学习动机、成就动机和学习效能感较高。总体而言，研究生群体多数属于内驱型学习者，而国家奖学金获得者体现得更加明显，他们更多地基于内驱力，抱着对学习和科研更大的兴趣来学习，更加积极主动地参与课堂，更频繁地参与人际互动，在学习中更愿意分享，并与教师保持更好的沟通和互动。

国家奖学金获得者在论文发表等科研成果方面有着比较明显的优势，特别是硕士生，不管是人文社科类研究生还是理工农医类研究生，获奖者在核心期刊论文发表数方面都大幅领先于未获奖者；博士生获奖者的优势小于硕士生，但也有着明显优势。可见，国家奖学金的评选能够比较准确地识别出高水平科研成果产出者，其评选细则有效地发挥作用。

3. 国家奖学金制度的负面效应

研究生较为认可国家奖学金设置和评选带来的学习目标和学习动机功利化的负面效应，而对于国家奖学金可能带来的学术不端、同学关系紧张、不愿交流科研项目等负面效应，研究生的认可度较低。也就是说，根据研究生们自己的观察和感受，虽然国家奖学金导致了学习的功利化，但带来恶性后果的可能性较低，其负面效应尚在可控范围之内。

4. 完善国家奖学金制度的建议

总体而言，国家奖学金评选基本实现了引导学生投身学习和科研活动这个目标。但培育、坚定研究生的学术志向效果有限，尽管硕士获奖者将来可能选择学术职业的比例比未获奖者高出10个百分点左右，博士生只高出6个百分点，但相对于国家奖学金的投入及其受重视程度而言，激励功能可以说比较有限。与其说国家奖学金制度激励了获奖者将来从事学术职业，毋宁说国家奖学金评选起着识别、筛选更擅长科研工作、更倾向于从事学术职业的研究生的作用，而没有真正起到激励、导向作用。

从调查来看，现行各培养单位的评选细则尤其是其积分规则似嫌烦琐，且其导向也与当前学术界“反五唯”导向相抵牾。但相对客观的评价标准使评选过程能够基本实现程序正义，这种评选标准及其评选结果反而能够获得研究生的认同。当然，奖学金评选过程如果沦为一场比拼数据的游戏，也就违背了其鼓励学术创新、激励学术志向的初衷。因此，在评选标准的设定上，如何既保证标准的相对客观与程序公正，同时又能营造激励学术创新、奖励重要学术成果的氛围，培养单位有必要更加审慎地设计评选标准和评选程序，以达到鼓励学术创新的目的。

在评选标准的设定上，既要考虑科研导向，赋予科研产出较高的权重，同时也应适当考虑研究生其他学术表现，如学习成绩、科研活动参与，乃至研究生的实践活动和社会服务活动。特别是硕士研究生的评选标准，不宜完全以科研成果论英雄，而应在坚持科研导向的基础上，设计出能够综合评价研究生各方面表现的评价标准。

在国家奖学金的评选过程中，应注意防范其负面效应。在相对客观公正的评选程序下，国家奖学金评选带来学术不端等严重负面效应的可能性较小，但却会造成学风浮躁、学习目标功利化等负面影响，进而影响研究生培养质量。为避免学风功利化的不良影响，培养单位在国家奖学金评选中不应过于突出获奖者的光环效应，不应过于强调奖学金的荣誉本身，更切忌将奖学金作为研究生培养质量的评价指标。应更多关注研究生科研成果的学术创新性，通过国家奖学金评选激发研究生科研潜力和科研志向，更好地发挥国家奖学金评选的社会效益。

（五）学术型硕士研究生学业表现及影响因素调查分析

我们编制问卷对我国学术型硕士研究的学业表现进行了调查。本次共回收有效问卷 7524 份，有效问卷回收率为 93.25%。基于对问卷数据结果，我们从学术型硕士研究生的学业成绩、科研产出、所获奖项荣誉和升学意愿四个方面进行分析并得到如下发现。

1. 我国学术型硕士研究生学业表现特征

（1）从学术型硕士研究生的入学动机、科研发表及升学意愿看，48.31%的学术型硕士研究生因就业相关问题选择入学，就业导向入学动机的学生占比较高。仅 22.04%的学生毕业后选择升学或有升学意愿，学生升学意愿较低。此外，硕士研究生中有科研发表经历的学生占总体比例较低，近五成的学生无参与科研项目的经历。

（2）从不同入学方式、不同层次本科院校、不同层次硕士院校、不同学科、不同年级学术型硕士研究生的学业表现差异来看，前期学业经历和外部环境支持对于学术型硕士研究生的学业表现有影响。统计分析发现：第一，推荐免试生在硕士阶段的学业成绩、科研产出（人均核心论文发表量）、获国奖学生占比及升学意愿上均显著高于全国统考生；第二，本科就读于不同层次院校的学生在硕士阶段的学业成绩、科研产出、获国奖的学生占比和升学意愿上均存在显著差异，即本科就读于“985 工程”建设高校的学生在硕士阶段的学业科研表现显著好于本科就读于“211 工程”建设高校和普通高校的学生；第三，硕士阶段就读于不同层次院校的学生在科研产出及升学意愿上具有显著差异，即硕士阶段就读于“一流大学”A 类建设高校的学生在科研产出及学生的升学意愿上均显著高于就读于“一流大学”B 类建设高校和“一流学科”建设高校的学生；第四，硕士阶段就读于理工学科的研究生科研产出显著高于人文社科，理工学科研究生获国奖的占比也显著高于人文学科；第五，不同年级的硕士生在学业成绩、科研产出、获奖情况和升学意愿上存在显著差异，即硕士研究生的学业成绩、科研产出和获国奖的学生占比均随年级增长而增长，但升学意愿却随年级的增长而不断降低。

（3）根据入学方式与本科院校层次和硕士院校层次的交叉比较分析结果发现，不同入学方式及本科院校层次交叉类别的研究生在学业成绩、科研产出、获国奖学生比例和升学意愿上具有显著差异。具体而言,本科就读于原"985 工程"建设高校的推荐免试生在课程成绩、获国奖学生占比和升学学生占比上均显著更好,而本科就读于普通高校的推荐免试生与其他类别的研究生相比,在科研产出上更加优异。不同入学方式与硕士院校层次交叉类别的研究生在学业成绩、科研产出、获国奖学生占比和升学意愿上具有显著差异,即推荐免试至"一流大学"建设高校的学生在学业成绩、科研产出、获国奖情况和升学意愿上显著优于推荐免试至"一流学科"建设高校的学生、也优于以统考方式进入"一流大学"建设高校和"一流学科"建设高校的学生。

2. 我国学术型硕士研究生学业表现影响因素分析

从影响学术型硕士研究生学业表现的因素上来看,通过回归分析得出如下结论:第一,性别、跨专业与否、本科院校层次、所在年级、硕士学科类别、导师指导频率、本科学习积淀、学习兴趣与动机、学习科研能力和学习科研投入是影响学生学业成绩的重要因素。第二,性别、入学方式、硕士院校层次、所在年级、硕士学科类别、导师指导频率、学习兴趣与动机和学习科研投入是影响科研产出的重要变量。第三,入学方式、本科院校层次、所在年级、导师指导频率、学习兴趣与动机是影响学生获国奖与否的重要因素。第四,性别、户口属性、跨专业与否、硕士院校层次、所在年级、导师指导频率、学习兴趣与动机、学习科研能力和学习科研投入是影响学生升学与否的重要因素。第五,影响推免生与统考生的科研产出的因素存在差异,统考生的科研产出更显著受到学习兴趣与动机变量的正向影响;而"一流大学"建设高校研究生和"一流学科"建设高校研究生的科研产出和升学意愿也受不同的因素影响,"一流大学"建设高校研究生的科研产出更显著受到本科学习积淀和学习科研能力变量的正向影响,而"一流学科"建设高校研究生的升学意愿更显著受到性别、本科院校层次和导师指导频率的影响,不同类型研究生的学业表现影响机制存在差异。

3. 提升我国学术型硕士研究生学业表现的建议

(1) 国家教育主管部门可适度扩大各高校的推荐免试生比例,并确立对学生学习动机考察的政策导向。调查发现,学习兴趣与动机对于推免生和统考生的学业科研表现均具有十分积极的影响,推荐免试招生选拔的学生在科研表现方面整体优于全国统考生。因此,国家可适度扩大各高校的推荐免试比例,并强化硕士研究生招生选拔中对学生学习动机进行考察的政策导向,鼓励各高校在招生选拔中注重对学生学习自主性和学术发展潜力及毅力的考察。

(2) 研究生培养高校应当增强对硕士研究生培养的外部支持与管理,通过设立研究生科研创新项目等创新活动,鼓励支持学生积极参与研究生科研训练项目,并为学生的科研训练提供相关支持。同时高校应当积极创造学术科研交流融合平台,增强来自不同建设层次院校间研究生的学术科研交流与学习活动,拓宽学生的学术视野。此外,高校应重视人文社科类专业硕士研究生的学术科研素养、学习科研兴趣的培养,有效提升学生的科研能力及水平。尤其值得重视的是:各研究生培养单位应当积极挖掘学习科研能力优异的学生,积极鼓励学习科研能力优异的学生继续升学,为博士研究生阶段输送有潜力的优秀科研人才。

(3) 高校硕士研究生导师需要将研究生的培养与指导作为中心任务,将更多精力投身于指导研究生。硕士生导师有必要增强与学生在学术、科研方面的交流,关注学生的学术科研状况,为学生提供有效的科研训练机会,增强学生的学习科研兴趣,提高其学术科研能力。此外,研究生导师也应当积极帮助学生发展学习科研的自我感知能力，适当给学生布置具有挑战性的任务并帮助他们取得成功与进步，增强学生的科研参与感与成就感。

（4）硕士研究生个体应当不断增强学术科研能力，提高自身的学习科研投入。学生的学习科研能力、学习科研投入对于学生的学业成绩、科研产出具有正向积极影响，并且学习科研投入也会显著正向影响学生的升学意愿。因而，在学习科研过程中，硕士生应当树立明确的学习科研目标，对自身保持精确且较高的期望，不断夯实科研理论基础，积极参与科研实践训练，提高自身的有效学习科研投入，全方位提升自身的学术科研能力。

三、年度小结

建设研究生教育强国，实现内涵式发展和有质量的发展，归根结底，需要抓住关键问题和主要矛盾，需要我们直面研究生教育改革和发展中研究生这个主体。所以本年度的报告主题主要从研究生的角度进行切入，通过了解他们日常学习生活的感受，对研究生教育以及管理过程中的问题予以深层次的把握，并尝试提出有针对性的建议。

2018 年度调查的数据分析结果表明，目前各校对博士生教育的课程建设与管理规范化都给予了相当的重视，课程体系基本完善，课程开设与教学过程都越来越规范。但在重视博士生课程管理的规范化同时，我们又发现，因为管理的相对刚性，博士生课程内容与教学形式的独特性并没有得到体现，反而与其他层次有同质化的趋势。如此，难免导致博士生个人研究兴趣、研究选题与课程内容之间存在游离甚至毫无关联。该问题的存在也表现为两种博士生培养模式之间的冲突，即美国博士生教育的重课程教学方案与德国重科研训练的学徒制之间的矛盾。因此，在如今越来越强调博士生课程规范化的背景下，如何能够发挥这两种模式的各自优势，化解各自所存在的缺陷，使得课程教学与博士生的研究选题之间能够形成一种有机的联系，这将是今后我国高校博士生课程建设与管理过程所尤为需要关注的重点方向。

学位论文工作不仅是丰富博士生科研经历和培养其创新能力的重要途径，而且也是检验博士生培养质量与创新品质的核心成果。而学位论文选题是否具有创新性及其创新水平的高低如何，又是决定学位论文质量的关键环节。调查表明，我国博士生学位论文选题的主要来源为其在读期间的科研经验和导师的课题，大多都能够作为个人偏好与导师兴趣的二者兼顾。但存在的主要问题在于：选题多为所在领域的主流研究，即常规性选题，冷门或者开创性的选题相对较少。这种选择其实带有明显的风险规避取向，对个体而言它或许不失为一种理性选择，因为它至少可以保证个体尽可能地按期毕业，但不利于年轻学者从事开创性研究的意识养成。因此，究竟如何通过建立一种保障机制，在鼓励导师与博士生敢于开展原创性风险性研究的同时，又能容忍其失败并给予提供完成学业的机会，这可能是一个很值得深究的复杂性难题，它涉及学校管理部门、导师、学术共同体乃至我国整个科研系统的观念与文化重塑，希望能够引起各方重视。

调查表明，近些年来我国博士生参与国内外学术交流活动的机会与条件已经大为改善，但就总体而言，博士生的参与更多带有学习与信息了解的取向，以博士生为主体的机会与场合相对较少，这势必影响了他们作为独立研究者的身份认同与社会化进程。曾经在我国较为盛行的博士生论坛形式，近些年来也有式微的趋势。因此，需要政府、高校及其他相关部门从项目设计、资金支持与场地安排等方面统筹考虑，为博士生的自主组织与交流创造更多的机会。

关于目前我国学术型硕士生学业表现情况调查显示，就总体而言，硕士生的学术抱负与科研训练状况并不理想，就业导向占绝对比例。面对这种情势，在专业学位规模不断扩大的形势下，学术型硕士生的培养规格究竟是偏向于应用还是偏向于学术能力培养，如今依旧是一个并未得到解决的问题。譬如，如果偏向应用，它应该与专业学位如何区分？根据其未来就业需求调整培养目标、课程体系和毕业要求，给予多重选择，又如何把握学术标准？近些年来，随着国家教育主管部门与高校对硕士生学位论文水准的提高与控制，这一内在矛盾会越来越突出，需要未雨绸缪。

关于国家奖学金制度的运行状况，调查显示，无论在评审标准还是评审程序上，该制度基本得到研究生的认可，但也发现其中存在的某些问题。例如，因为涉及研究生的核心利益，为体现程序正义，大多高校在评审过程中都制定了刚性的量化标准，因而在国奖评审中也出现了整个学术界所诟病的“唯论文”问题，它也是引发研究生学习与研究行为功利化的重要诱因，极不利于研究生良好学风、学术伦理和创新精神的养成。该困境的解决，有赖于整个学术评价体制与机制的全面改观，否则难有大的作为。

最后，本年度多个专题调查数据显示，无论是在学业表现还是国家奖学金的获得方面，不同招录形式的研究生表现存在明显差异。相对而言，无论是来自“双一流”建设高校与学科，还是来自“双非”的普通高校，推免生都比统考生在学业与科研方面表现出明显的优势。相关数据甚至显示，来自“双非”高校的推荐生在科研产出方面表现更为优异。这启发我们，在硕士生招生录取方面，进一步扩大面向所有高校的推免录取比例，或许更有利于硕士研究生培养质量的提升。

（执笔：李海生）

中国研究生教育基本数据

表 1　2017 年中国研究生教育基本数据统计表　　单位:人

类型	毕业生数	招生数	在校生数
合计	578 045	806 103	2 639 561
博士	58 032	83 878	361 997
硕士	520 013	722 225	2 277 564

数据来源:教育部 2017 年教育统计数据。

表 2　2017 年全国研究生分计划分部门基本数据统计表　　单位:人

	学校(机构)数	毕业生数			招生数			在校生数		
		合计	博士	硕士	合计	博士	硕士	合计	博士	硕士
总计	815	578 045	58 032	520 013	806 103	83 878	722 225	2 639 561	361 997	2 277 564
一、中央部门所属	304	288 834	46 179	242 655	400 892	64 856	336 036	1 415 059	285 091	1 129 968
1. 教育部	76	231 478	34 212	197 266	322 244	48 095	274 149	1 152 472	217 430	935 042
2. 其他部门	228	57 356	11 967	45 389	78 648	16 761	61 887	262 587	67 661	194 926
二、地方所属	511	289 211	11 853	277 358	405 211	19 022	386 189	1 224 502	76 906	1 147 596
1. 教育部门	443	283 624	11 777	271 847	396 960	18 813	378 147	1 200 529	76 082	1 124 447
2. 其他部门	61	5 352	76	5 276	7 500	209	7 291	22 026	824	21 202
3. 地方企业	1	3	0	3	4	0	4	10	0	10
4. 民办	6	232	0	232	747	0	747	1 937	0	1 937

数据来源:教育部 2017 年教育统计数据。

表 3　2017 年全国普通高校 2017 年分部门、分计划研究生基本数据统计表　　单位:人

	学校数量	毕业生数			招生数			在校生数		
		合计	博士	硕士	合计	博士	硕士	合计	博士	硕士
总计	578	570 296	56 451	513 845	795 938	81 898	714 040	2 608 029	353 922	2 254 107
一、中央部门所属	110	282 173	44 649	237 524	392 277	62 941	329 336	1 388 422	277 298	1 111 124
1. 教育部	76	231 478	34 212	197 266	322 244	48 095	274 149	1 152 472	217 430	935 042

续表

	学校数量	毕业生数			招生数			在校生数		
		合计	博士	硕士	合计	博士	硕士	合计	博士	硕士
2. 其他部门	34	50 695	10 437	40 258	70 033	14 846	55 187	235 950	59 868	176 082
二、地方所属	468	288 123	11 802	276 321	403 661	18 957	384 704	1 219 607	76 624	1 142 983
1. 教育部门	442	283 608	11 777	271 831	396 944	18 813	378 131	1 200 483	76 082	1 124 401
2. 其他部门	21	4 283	25	4 258	6 156	144	6 012	18 087	542	17 545
3. 地方企业	0	0	0	0	0	0	0	0	0	0
4. 民办	5	232	0	232	561	0	561	1 037	0	1 037

数据来源：教育部 2017 年教育统计数据。

表 4　全国科研机构 2017 年分部门、分计划研究生基本数据统计表　　单位：人

	科研机构数量	毕业生数			招生数			在校生数		
		合计	博士	硕士	合计	博士	硕士	合计	博士	硕士
总计	237	7 749	1 581	6 168	10 165	1 980	8 185	31 532	8 075	23 457
一、中央部门所属	194	6 661	1 530	5 131	8 615	1 915	6 700	26 637	7 793	18 844
1. 教育部	0	0	0	0	0	0	0	0	0	0
2. 其他部门	194	6 661	1 530	5 131	8 615	1 915	6 700	26 637	7 793	18 844
二、地方所属	43	1 088	51	1 037	1 550	65	1 485	4 895	282	4 613
1. 教育部门	1	16	0	16	16	0	16	46	0	46
2. 其他部门	40	1 069	51	1 018	1 344	65	1 279	3 939	282	3 657
3. 地方企业	1	3	0	3	4	0	4	10	0	10
4. 民办	1	0	0	0	186	0	186	900	0	900

数据来源：教育部 2017 年教育统计数据。

表 5　全国 2017 年分学科研究生基本数据统计表　　单位：人

	毕业生数			招生数			在校生数		
	合计	博士	硕士	合计	博士	硕士	合计	博士	硕士
总计	578 045	58 032	520 013	806 103	83 878	722 225	2 639 561	361 997	2 277 564
其中：女	299 813	22 802	277 011	423 629	35 073	388 556	1 278 134	142 173	1 135 961
学术学位	340 479	55 823	284 656	401 299	81 178	320 121	1 289 020	352 437	936 583
专业学位	237 566	2 209	235 357	404 804	2 700	402 104	1 350 541	9 560	1 340 981
哲学	3 984	692	3 292	4 352	914	3 438	14 673	4 319	10 354

续表

	毕业生数			招生数			在校生数		
	合计	博士	硕士	合计	博士	硕士	合计	博士	硕士
经济学	27 788	2 152	25 636	34 732	2 980	31 752	89 247	14 073	75 174
法学	40 753	2 839	37 914	51 056	4 098	46 958	153 293	18 702	134 591
教育学	33 932	1 028	32 904	55 115	1 585	53 530	180 208	6 880	173 328
文学	31 644	1 940	29 704	35 776	2 681	33 095	99 795	12 075	87 720
历史学	5 357	731	4 626	6 142	1 092	5 050	19 846	5 068	14 778
理学	53 133	12 208	40 925	70 081	17 481	52 600	216 224	68 121	148 103
工学	198 548	20 492	178 056	282 095	32 470	249 625	1 056 897	150 009	906 888
农学	20 770	2 654	18 116	34 317	3 747	30 570	120 119	15 197	104 922
医学	66 869	9 567	57 302	86 539	11 348	75 191	253 719	38 700	215 019
军事学	203	31	172	92	12	80	536	144	392
管理学	76 147	3 140	73 007	120 894	4 669	116 225	362 568	25 681	336 887
艺术学	18 917	558	18 359	24 912	801	24 111	72 436	3 028	69 408

数据来源:教育部 2017 年教育统计数据。

表 6 全国普通高校 2017 年分学科研究生基本数据统计表 单位:人

	毕业生数			招生数			在校生数		
	合计	博士	硕士	合计	博士	硕士	合计	博士	硕士
总计	570 296	56 451	513 845	795 938	81 898	714 040	2 608 029	353 922	2 254 107
其中:女	296 689	22 209	274 480	418 914	34 289	384 625	1 264 730	139 363	1 125 367
学术学位	334 382	54 242	280 140	394 151	79 203	314 948	1 265 876	344 372	921 504
专业学位	235 914	2 209	233 705	401 787	2 695	399 092	1 342 153	9 550	1 332 603
哲学	3 836	641	3 195	4 195	856	3 339	14 136	4 102	10 034
经济学	27 079	1 959	25 120	33 849	2 731	31 118	86 662	13 011	73 651
法学	39 818	2 648	37 170	49 760	3 827	45 933	149 602	17 748	131 854
教育学	33 932	1 028	32 904	55 115	1 585	53 530	180 208	6 880	173 328
文学	31 552	1 899	29 653	35 613	2 617	32 996	99 321	11 884	87 437
历史学	5 219	700	4 519	5 986	1 057	4 929	19 412	4 934	14 478
理学	52 592	12 052	40 540	69 335	17 242	52 093	213 763	67 158	146 605
工学	195 922	20 057	175 865	279 167	31 958	247 209	1 047 357	147 414	899 943
农学	19 919	2 432	17 487	33 133	3 512	29 621	116 061	14 355	101 706

续表

	毕业生数			招生数			在校生数		
	合计	博士	硕士	合计	博士	硕士	合计	博士	硕士
医学	66 213	9 437	56 776	85 786	11 191	74 595	251 428	38 220	213 208
军事学	199	31	168	91	12	79	534	144	390
管理学	75 293	3 071	72 222	119 271	4 567	114 704	357 905	25 241	332 664
艺术学	18 722	496	18 226	24 637	743	23 894	71 640	2 831	68 809

数据来源:教育部2017年教育统计数据。

表7 全国科研机构2017年分学科研究生基本数据统计表　　单位:人

	毕业生数			招生数			在校生数		
	合计	博士	硕士	合计	博士	硕士	合计	博士	硕士
总计	7 749	1 581	6 168	10 165	1 980	8 185	31 532	8 075	23 457
其中:女	3 124	593	2 531	4 715	784	3 931	13 404	2 810	10 594
学术学位	6 097	1 581	4 516	7 148	1 975	5 173	23 144	8 065	15 079
专业学位	1 652	0	1 652	3 017	5	3 012	8 388	10	8 378
哲学	148	51	97	157	58	99	537	217	320
经济学	709	193	516	883	249	634	2 585	1 062	1 523
法学	935	191	744	1 296	271	1 025	3 691	954	2 737
教育学	0	0	0	0	0	0	0	0	0
文学	92	41	51	163	64	99	474	191	283
历史学	138	31	107	156	35	121	434	134	300
理学	541	156	385	746	239	507	2 461	963	1 498
工学	2 626	435	2 191	2 928	512	2 416	9 540	2 595	6 945
农学	851	222	629	1 184	235	949	4 058	842	3 216
医学	656	130	526	753	157	596	2 291	480	1 811
军事学	4	0	4	1	0	1	2	0	2
管理学	854	69	785	1 623	102	1 521	4 663	440	4 223
艺术学	195	62	133	275	58	217	796	197	599

数据来源:教育部2017年教育统计数据。

表 8　2017 年全国研究生指导教师基本情况统计表　　单位:人

		合计	29 岁及以下	30~34 岁	35~39 岁	40~44 岁	45~49 岁	50~54 岁	55~59 岁	60~64 岁	65 岁及以上
总计		403 135	1 725	25 900	70 695	79 010	77 139	88 140	38 876	15 524	6 126
其中:女		126 470	665	8 243	24 710	28 918	27 026	24 891	8 517	2 741	759
按专业技术职务分	正高级	191 716	96	1 865	10 602	24 920	39 644	64 054	31 042	13 923	5 570
	副高级	182 004	415	12 581	49 402	50 131	36 150	23 613	7 645	1 563	504
	中级	29 415	1 214	11 454	10 691	3 959	1 345	473	189	38	52
按指导关系分	博士导师	20 040	21	393	1 365	2 267	3 164	5 632	3 267	2 279	1 652
	其中:女	3 299	3	69	224	443	746	905	433	336	140
	硕士导师	307 271	1 637	23 342	61 116	64 980	60 337	61 340	24 896	7 562	2 061
	其中:女	108 542	644	7 791	23 014	25 748	22 948	19 982	6 450	1 566	399
	博士、硕士导师	75 824	67	2 165	8 214	11 763	13 638	21 168	10 713	5 683	2 413
	其中:女	14 629	18	383	1 472	2 727	3 332	4 004	1 634	839	22

数据来源:教育部 2017 年教育统计数据。

表 9　全国普通高校 2017 年研究生导师指导情况统计表　　单位:人

类别		合计	29 岁及以下	30~34 岁	35~39 岁	40~44 岁	45~49 岁	50~54 岁	55~59 岁	60~64 岁	65 岁及以上
	总计	386 495	1 652	25 490	68 511	75 814	73 523	83 923	36 913	14 895	5 774
	其中:女	123 026	654	8 130	24 151	28 127	26 184	24 151	8 244	2 652	733
高级职称	正高级	180 092	44	1 826	10 036	23 109	36 946	60 310	29 256	13 333	5 232
	副高级	177 099	412	12 249	47 814	48 757	35 240	23 145	7 468	1 524	490
	中级	29 304	1 196	11 415	10 661	3 948	1 337	468	189	38	52
指导关系	博士导师	17 142	12	384	1 282	1 978	2 650	4 681	2 699	2 015	1 441
	其中:女	2 895	3	67	217	390	649	773	370	300	126
	硕士导师	294 751	1 573	22 947	59 061	62 239	57 482	58 480	23 690	7 289	1 990
	其中:女	105 684	633	7 680	22 469	25 043	22 258	19 432	6 261	1 519	389
	博士、硕士导师	74 602	67	2 159	8 168	11 597	13 391	20 762	10 524	5 591	2 343
	其中:女	14 447	18	383	1 465	2 694	3 277	3 946	1 613	833	218

数据来源:教育部 2017 年教育统计数据。

表 10 全国各地区科研机构研究生基本数据统计表

单位:人

地区	毕(结)业生数				授予学位数	招生数				在校生数			
	合计	其中:女	博士	硕士		合计	其中:女	博士	硕士	合计	其中:女	博士	硕士
总计	7 749	3 124	1 581	6 168	8 514	10 165	4 715	1 980	8 185	31 532	13 404	8 075	23 457
北京	5 337	2 219	1 422	3 915	6 007	7 277	3 542	1 794	5 483	22 932	10 050	7 198	15 734
天津	7	1	0	7	7	13	2	0	13	33	11	0	33
河北	29	7	0	29	29	38	10	0	38	99	26	0	99
山西	73	40	0	73	73	73	26	0	73	212	98	0	212
内蒙古	2	0	0	2	2	4	2	0	4	13	2	0	13
辽宁	42	9	2	40	45	48	13	5	43	147	44	16	131
吉林	39	18	0	39	35	70	48	0	70	185	123	0	185
黑龙江	242	105	20	222	245		118	24	247	825	331	125	700
上海	557	239	54	503	580	613	289	60	553	1 847	849	262	1 585
江苏	172	45	15	157	174	189	54	21	168	605	170	113	492
浙江	83	23	1	82	83	110	35	1	109	329	114	6	323
安徽	7	1	0	7	7	7	1	0	7	21	2	0	21
福建	85	54	0	85	113	148	98	0	148	392	240	0	392
江西	0	0	0	0	0	6	1	0	6	18	4	0	18
山东	51	24	0	51	70	54	26	0	54	174	79	0	174
河南	55	15	1	54	55	66	14	3	63	190	46	11	179
湖北	273	83	7	266	272	309	104	7	302	897	287	42	855
湖南	53	22	1	52	53	90	37	0	90	216	84	2	214
广东	83	41	8	75	97	111	50	8	103	391	173	28	363
广西	0	0	0	0	0	0	0	0	0	0	0	0	0
海南	0	0	0	0	0	0	0	0	0	0	0	0	0
重庆	20	11	0	20	20	38	20	0	38	104	48	0	104
四川	264	100	22	242	264	333	151	26	307	969	397	128	841
贵州	5	1	0	5	5	8	1	0	8	20	4	0	20
云南	26	6	2	24	26	25	5	1	24	85	24	14	71
西藏	0	0	0	0	0	0	0	0	0	0	0	0	0
陕西	197	45	21	176	205	214	55	23	191	674	158	105	569
甘肃	47	15	5	42	47	50	13	7	43	154	40	25	129

续表

地区	毕(结)业生数				授予学位数	招生数				在校生数			
	合计	其中:女	博士	硕士		合计	其中:女	博士	硕士	合计	其中:女	博士	硕士
青海	0	0	0	0	0	0	0	0	0	0	0	0	0
宁夏	0	0	0	0	0	0	0	0	0	0	0	0	0
新疆	0	0	0	0	0	0	0	0	0	0	0	0	0

数据来源:教育部2017年教育统计数据。

表11　全国各地区普通高校研究生基本数据统计表　　单位:人

地区	毕(结)业生数				授予学位数	招生数				在校生数			
	合计	其中:女	博士	硕士		合计	其中:女	博士	硕士	合计	其中:女	博士	硕士
总计	570 296	296 689	56 451	513 845	674 137	795 938	418 914	81 898	714 040	2 608 029	1 264 730	353 922	2 254 107
北京	85 145	42 144	16 511	68 634	104 751	112 988	57 245	22 072	90 916	377 293	173 224	92 691	284 602
天津	16 182	9 750	1 584	14 598	17 523	23 279	13 071	2 433	20 846	72 004	37 084	9 473	62 531
河北	12 742	7 394	423	12 319	14 508	17 124	9 440	724	16 400	52 121	28 018	3 111	49 010
山西	8 910	5 311	450	8 460	10 895	12 070	7 151	580	11 490	37 658	20 826	2 719	34 939
内蒙古	5 633	3 529	173	5 460	6 877	8 219	5 264	339	7 880	26 777	15 890	1 558	25 219
辽宁	29 725	16 533	1 785	27 940	34 007	39 391	21 973	2 924	36 467	122 477	63 364	15 350	107 127
吉林	18 678	11 131	1 798	16 880	23 068	23 025	14 028	2 418	20 607	72 134	40 591	10 476	61 658
黑龙江	19 086	9 949	1 761	17 325	22 669	24 805	12 385	2 823	21 982	80 333	38 147	13 007	67 326
上海	40 425	20 712	5 513	34 912	49 309	58 906	30 614	7 642	51 264	195 106	92 440	31 613	163 493
江苏	45 627	21 634	4 452	41 175	53 513	64 266	31 614	6 473	57 793	219 604	96 374	29 042	190 562
浙江	18 634	9 298	1 825	16 809	21 810	27 258	13 854	2 829	24 429	88 758	41 988	11 970	76 788
安徽	16 570	7 177	1 368	15 202	16 505	22 248	9 797	2 242	20 006	65 852	27 711	7 919	57 933
福建	11 888	6 308	779	11 109	14 092	17 472	9 411	1 486	15 986	56 535	27 648	6 256	50 279
江西	9 132	4 777	240	8 892	11 550	13 471	7 195	377	13 094	40 412	20 442	1 437	38 975
山东	24 704	14 003	1 529	23 175	29 759	35 510	19 804	2 312	33 198	115 518	59 742	10 060	105 458
河南	12 878	7 245	317	12 561	14 880	18 286	10 248	645	17 641	53 497	29 695	2 334	51 163
湖北	34 774	17 079	3 888	30 886	43 333	51 011	25 299	5 366	45 645	184 465	82 495	24 284	160 181
湖南	19 073	9 753	1 818	17 255	22 603	27 491	14 556	2 506	24 985	98 906	47 501	12 269	86 637
广东	27 065	14 044	3 047	24 018	30 513	38 721	20 299	3 989	34 732	119 596	58 587	15 658	103 938

续表

地区	毕(结)业生数				授予学位数	招生数				在校生数			
	合计	其中:女	博士	硕士		合计	其中:女	博士	硕士	合计	其中:女	博士	硕士
广西	9 044	4 695	197	8 847	9 588	12 038	6 613	390	11 648	34 504	17 994	1 382	33 122
海南	1 336	774	50	1 286	1 550	2 266	1 277	94	2 172	7 818	4 167	313	7 505
重庆	15 497	8 201	1 046	14 451	18 421	22 399	12 473	1 454	20 945	73 381	39 755	6 213	67 168
四川	25 512	12 302	2 204	23 308	28 853	36 443	18 124	3 294	33 149	123 477	55 648	15 434	108 043
贵州	4 924	2 739	72	4 852	5 304	7 109	4 132	215	6 894	22 121	11 963	750	21 371
云南	10 227	5 639	364	9 863	12 114	14 001	8 056	629	13 372	44 898	23 865	2 707	42 191
西藏	467	289	4	463	465	706	363	34	672	1 804	986	94	1 710
陕西	29 056	14 680	2 391	26 665	35 951	40 628	20 214	4 164	36 464	146 106	68 059	20 083	126 023
甘肃	9 105	4 666	638	8 467	10 039	12 760	6 874	935	11 825	39 066	19 565	3 945	35 121
青海	1 051	563	12	1 039	1 213	1 730	1 057	65	1 665	4 813	2 856	176	4 637
宁夏	1 570	958	43	1 527	2 025	2 278	1 429	89	2 189	6 324	3 925	219	6 105
新疆	5 636	3 412	169	5 467	6 449	8 039	5 054	355	7 684	24 671	14 180	1 379	23 292

数据来源:教育部2017年教育统计数据。

表12　2017年全国高等学校(机构)研究生基本数据统计表　　单位:人

地区	毕(结)业生数				授予学位数	招生数				在校生数			
	合计	其中:女	博士	硕士		合计	其中:女	博士	硕士	合计	其中:女	博士	硕士
总计	578 045	299 813	58 032	520 013	682 651	806 103	423 629	83 878	722 225	2 639 561	1 278 134	361 997	2 277 564
北京	90 482	44 363	17 933	72 549	110 758	120 265	60 787	23 866	96 399	400 225	183 274	99 889	300 336
天津	16 189	9 751	1 584	14 605	17 530	23 292	13 073	2 433	20 859	72 037	37 095	9 473	62 564
河北	12 771	7 401	423	12 348	14 537	17 162	9 450	724	16 438	52 220	28 044	3 111	49 109
山西	8 983	5 351	450	8 533	10 968	12 143	7 177	580	11 563	37 870	20 924	2 719	35 151
内蒙古	5 635	3 529	173	5 462	6 879	8 223	5 266	339	7 884	26 790	15 892	1 558	25 232
辽宁	29 767	16 542	1 787	27 980	34 052	39 439	21 986	2 929	36 510	122 624	63 408	15 366	107 258
吉林	18 717	11 149	1 798	16 919	23 103	23 095	14 076	2 418	20 677	72 319	40 714	10 476	61 843
黑龙江	19 328	10 054	1 781	17 547	22 914	25 076	12 503	2 847	22 229	81 158	38 478	13 132	68 026
上海	40 982	20 951	5 567	35 415	49 889	59 519	30 903	7 702	51 817	196 953	93 289	31 875	165 078
江苏	45 799	21 679	4 467	41 332	53 687	64 455	31 668	6 494	57 961	220 209	96 544	29 155	191 054

续表

地区	毕(结)业生数				授予学位数	招生数				在校生数			
	合计	其中:女	博士	硕士		合计	其中:女	博士	硕士	合计	其中:女	博士	硕士
浙江	18 717	9 321	1 826	16 891	21 893	27 368	13 889	2 830	24 538	89 087	42 102	11 976	77 111
安徽	16 577	7 178	1 368	15 209	16 512	22 255	9 798	2 242	20 013	65 873	27 713	7 919	57 954
福建	11 973	6 362	779	11 194	14 205	17 620	9 509	1 486	16 134	56 927	27 888	6 256	50 671
江西	9 132	4 777	240	8 892	11 550	13 477	7 196	377	13 100	40 430	20 446	1 437	38 993
山东	24 755	14 027	1 529	23 226	29 829	35 564	19 830	2 312	33 252	115 692	59 821	10 060	105 632
河南	12 933	7 260	318	12 615	14 935	18 352	10 262	648	17 704	53 687	29 741	2 345	51 342
湖北	35 047	17 162	3 895	31 152	43 605	51 320	25 403	5 373	45 947	185 362	82 782	24 326	161 036
湖南	19 126	9 775	1 819	17 307	22 656	27 581	14 593	2 506	25 075	99 122	47 585	12 271	86 851
广东	27 148	14 085	3 055	24 093	30 610	38 832	20 349	3 997	34 835	119 987	58 760	15 686	104 301
广西	9 044	4 695	197	8 847	9 588	12 038	6 613	390	11 648	34 504	17 994	1 382	33 122
海南	1 336	774	50	1 286	1 550	2 266	1 277	94	2 172	7 818	4 167	313	7 505
重庆	15 517	8 212	1 046	14 471	18 441	22 437	12 493	1 454	20 983	73 485	39 803	6 213	67 272
四川	25 776	12 402	2 226	23 550	29 117	36 776	18 275	3 320	33 456	124 446	56 045	15 562	108 884
贵州	4 929	2 740	72	4 857	5 309	7 117	4 133	215	6 902	22 141	11 967	750	21 391
云南	10 253	5 645	366	9 887	12 140	14 026	8 061	630	13 396	44 983	23 889	2 721	42 262
西藏	467	289	4	463	465	706	363	34	672	1 804	986	94	1 710
陕西	29 253	14 725	2 412	26 841	36 156	40 842	20 269	4 187	36 655	146 780	68 217	20 188	126 592
甘肃	9 152	4 681	643	8 509	10 086	12 810	6 887	942	11 868	39 220	19 605	3 970	35 250
青海	1 051	563	12	1 039	1 213	1 730	1 057	65	1 665	4 813	2 856	176	4 637
宁夏	1 570	958	43	1 527	2 025	2 278	1 429	89	2 189	6 324	3 925	219	6 105
新疆	5 636	3 412	169	5 467	6 449	8 039	5 054	355	7 684	24 671	14 180	1 379	23 292

数据来源:教育部2017年教育统计数据。

年度专题

博士研究生课程教学规范化的现状及效果调查分析

一、问题的缘起

博士研究生课程学习在博士研究生培养过程中至关重要，是博士研究生科研和学术能力培养不可或缺的环节。美国高等教育学家赫佛林(JB Lon Hefferlin)曾指出，"课程是学院心脏中的战场"，①课程学习是博士研究生培养的主要途径，通过课程学习不仅可以使博士生系统、高效地获取专业知识，还能培养博士生的科研能力。博士研究生的培养质量在很大程度上取决于课程体系的建设，因此世界各国都通过努力构建规范、高效的课程体系来培养本国所需的"高精尖"人才。② 在此背景下，2017 年博士研究生教育综合改革试点座谈会上指出："博士研究生教育是国民教育的高端层次，是高层次创新人才培养的主渠道，引领其他层次教育的发展。在新的历史时期，深化博士研究生教育综合改革，提高博士研究生培养质量，是研究生教育的大势所趋、形势所迫、问题所在。改革要坚持把思政教育放在首位，招生评价要有新机制、课程改革要有针对性、科研育人要有新模式等，通过深化改革，着力破除制约博士研究生教育质量提高的体制机制障碍，积累可推广可借鉴的有益经验，形成博士研究生教育发展的政策机制。"此后，2018 年研究生司(学位办)工作要点中再次强调，要深入实施博士研究生教育综合改革试点，推动试点高校在博士研究生思政教育、招生选拔、投入资助、科教结合、课程教学等方面先行先试。

诚然，博士研究生课程教学在博士生培养中地位独特、影响显著，国家和各高校对此关注万分。但因缺乏专门的博士研究生课程教学调查，我们对目前博士研究生课程设置、教学现状及课程教学效果不甚了解。相比之下，美国高校普遍重视课程学习，一般至少需要两年的时间专门用于修读规定课程，这与我国博士研究生课程学习存在一些差异。③ 已有的研究表明，在课程种类上，美国不同专业修习的课程学分各有差异，课程安排较为紧凑，考核也较为严格，课前需做大量预习工作，否则很难通过课程考核。在课程种类上，各高校有所不同。以哈佛大学为例，课程主要包含基础课程、研究方法课程、选修课程、跨专业补修课程等。在课程目标上，美国有比较完善的课程目标体系，不同专业根据教学目的，将培养目标与课程目标体系紧密结合，制订培养方案，

① 转引自：许红.中美研究生培养模式比较研究[M].成都：四川大学出版社，2010：118.

② 魏玉梅.斯坦福大学高等教育学博士研究生课程体系特点及其启示[J].比较教育研究，2015，37(06)：51-56.

③ 王光菊，李阳芳，李文灿.中美博士研究生培养质量影响因素比较分析[J].中国高校科技，2017(12)：33-36.

并在课程性质、课程类型上有所补充。在授课方式上，重视学生能力训练，采取多样化教学方式调动学生积极性。比起美国规范、系统的课程体系，我国博士课程教学呈现课程结构随意、松散、不严格，①课程内容老旧，缺乏前沿性等特征，严重影响课程在博士研究生培养质量中作用的发挥。

为了进一步厘清以上问题，本专题对 47 所双一流/一流学科高校在读博士研究生进行调查，通过对课程结构（包含课程衔接、课程总量、课程比例）和课程内容（包含前沿性知识、跨学科知识、课程内容广度、深度等）、课程教学（包含教学目标是否明确、是否按照教学计划实施教学、停课、调课补课等情况）以及博士课程教学对培养博士研究生学术能力（包含学术兴趣、学术理想、创新意识等方面）的效果进行探究，以期发现当前博士研究生课程教学规范化中可能存在的问题，为博士研究生课程教学改革提供有益参考。

二、研究方法与样本信息

（一）研究方法与工具

本次调查采用自编问卷，通过被试自我报告的方式进行。问卷中与本研究主题相关的内容分为三部分，第一部分为人口学变量等学生基本情况，共 16 题。主要包括性别、年龄、录取方式、招考方式（限普通招考者回答）、学习方式、学位类型、录取类型、学科门类、本科毕业院校或单位、硕士毕业院校或单位、读博动机、期望就职岗位、年级、每天学习时间、论文发表、导师身份、父母亲学历等变量；第二部分为博士课程设置与教师教学情况，共 6 题，其中 3 题为选择题，3 题为量表题（课程设置从“很少”到“很多”、课程与科研活动关系从“毫无关系”到“直接相关”、教师教学情况从“完全不符合”到“完全符合”，得分超过 3 则表明答题者对该题的表述较为赞同），包括课程重复度、课程价值取向、课程开设情况、课程对博士研究生科研能力的培养、课程与科研活动关系、教师教学情况等变量。第三部分为博士研究生知识需求、课程学习效果、课程、教师、教学管理满意度，共 3 题。博士研究生课程教学规范化效果调查分析维度如表 1-1 所示。

表 1-1 博士研究生课程教学规范化效果调查分析维度

问卷维度	测量指标
课程结构	课程衔接（与硕士课程重复度）
	课程总量
	课程比例
课程内容	各类知识比重
	课程内容覆盖面
	课程内容深度
	课程内容前沿性

① 包水梅.美国学术型博士生课程建设的特征与路径研究[J].高校教育管理，2016，10（01）：116-124.

续表

问卷维度	测量指标
教学规范化	教学目标
	教学计划
	教学内容
	教学规范
	课程考核
	教学方法
	师生互动
	教学反馈
	教学评价
教学组织形式	与论文选题关系
	与论文写作关系
	与论文发表关系
	与完成课题关系
课程学习效果	学术兴趣
	学术理想
	学术创新意识
	专业知识
	前沿研究
	跨学科研究
	学术规范
	研究方法
	跨文化学习能力
	论文写作能力
	教学技能
	独立从事科学研究
课程满意度	政治理论课
	公共外语
	学位基础课
	学位专业课
	研究方法课
	跨学科/跨专业课程

续表

问卷维度	测量指标
教师满意度	教学水平
	研究水平
	师生互动
教学管理满意度	课程安排
	教学管理

本报告所用数据是课题组于 2019 年 3~5 月份，对全国 59 所"双一流/一流"学科高校博士生进行问卷调查。调查采用分层抽样的方式，通过直接邮寄方式发放，共发放问卷 18 100 份，其中 47 所高校返回问卷，回收问卷 10 651 份，回收率为 58.85%。经整理并剔除无效问卷后，得有效样本 7986 份，有效率为 74.98%。

（二）样本信息说明

本研究所涉及的人口学变量包括性别、录取方式（普通招考、硕博连读、本科直博）、招考方式（普通考试、申请考核）、学习方式（全日制、非全日制）、学位类型（学术型、专业型）、录取类型（跨一级学科录取、一级学科内跨二级学科录取、二级学科内录取）、学科大类（人文、社科、理学、工学、农学、医学）、本硕毕业院校（原"985 工程"院校、原"211 工程"院校、境外（含港澳台）高校、科研机构、其他）、在读年级（博一、博二、博三、博四、五年、六年以上）、导师身份（院士、长江学者、千人或杰青等、普通教授或研究员、普通副教授或副研究员）、父亲学历和母亲学历（小学及以下、初中、高中或中专、大专、大学本科、研究生及以上）。具体样本信息特征如表 1-2 所示。

表 1-2 研究对象的人口学分布

类别	样本信息
性别	男（4 843，60.6%）；女（3 143，39.4%）
录取方式	普通招考（4 075，51.0%）；硕博连读（3 124，39.1%）；本科直博（787，9.9%）
招考方式	非普通考试（3 911，49.0%）；普通考试（2 414，30.2%）；申请考核（1 661，20.8）
学习方式	全日制（7 782，97.4%）；非全日制（204，2.6%）
学位类型	学术型（7 642，95.7%）；专业型（344，4.3%）
录取类型	跨一级学科录取（2 060，25.7%）；一级学科内跨二级学科录取（2 052，25.7%）；二级学科内录取（3 874，48.5%）
学科门类	人文类（5.1%）；社科类（16.2%）；理学（17.4%）；工学（50.8%）；农学（4.6%）；医学（5.9%）
本科毕业院校或机构	"985 工程"院校（2 255，28.2%）；"211 工程"院校（2 513，31.5%）；海外（含港澳台）高校（61，0.8%）；科研机构（63，0.8%）；其他（3 094，38.7%）
硕士毕业院校或机构	"985 工程"院校（3 474，43.5%）；"211 工程"院校（2 876，36.0%）；海外（含港澳台）高校（125，1.6%）；科研机构（125，1.6%）；其他（1 386，17.4%）

续表

类别	样本信息
年级	博一（2 467，30.9%）；博二（2 742，34.3%）；博三（1 660，20.8%）；博四（679，8.5%）；五年（308，3.9%）；六年及以上（130，1.6%）
导师身份	院士（275，3.4%）；长江学者、千人或杰青等（1 599，20.0%）；普通教授或研究员（5 705，71.4%）；普通副教授或副研究员（407，5.1%）
父亲学历	小学及以下（839，10.5%）；初中（2 309，28.9%）；高中或中专（2 459，30.8%）；大专（1 017，12.7%）；大学本科（1 120，14.0%）；研究生及以上（242，3.0%）
母亲学历	小学及以下（1 449，18.1%）；初中（2 129，26.7%）；高中或中专（2 462，30.8%）；大专（955，12.0%）；大学本科（833，10.4%）；研究生及以上（158，2.0%）

注：括号内数值与比例分别表示该类别博士研究生的人数与其占总体的百分比。

三、博士研究生课程教学规范化的现状与特征

（一）博士研究生课程设置情况分布

1. 博士研究生课程衔接情况

大量系统的课程学习是美国博士研究生教育的显著特征。美国之所以对博士有大量、严格的课程修读要求，原因在于：首先，美国的博士研究生教育一般还包括硕士阶段，因此其修业年限长，课程修读的学分要求高，课程内容在专深程度上显著高于本科、硕士生课程，不同阶段课程内容的难度和深度层次分明。其次，美国对课程在博士研究生教育中的独特价值有明确认识。而我国博士研究生教育对课程重要性的认可度偏低，课程教学相对松散、随意、不严格。博士研究生的课程体系应体现本科生、硕士生、博士研究生的层次性、连续性和系统性，同时需要体现博士研究生教育高层次的特点。本次调查关注了博士研究生课程重复度，以硕博同一学科的博士研究生为调查对象，结果如图 1-1 显示：有 2.9%的博士研究生认为课程重复非常多，14.5%的博士

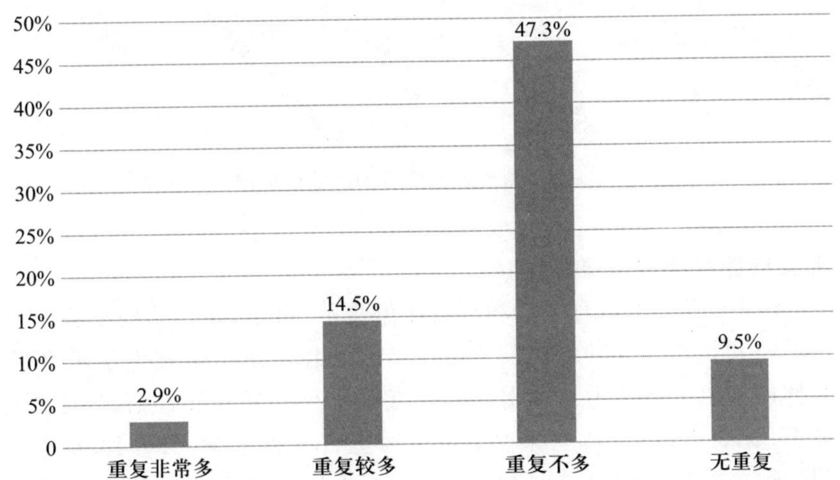

图 1-1　博士研究生课程重复度（相加不足 100%，其余 25.8%为硕博跨学科比例）

研究生认为重复较多,47.3%的博士研究生认为重复不多,9.5%的博士研究生认为无重复。从调查结果来看,对于硕博同一学科的博士研究生而言,课程设置相对合理,但仍有17.4%的博士研究生认为课程重复较多甚至非常多。如何满足不同背景学生的课程需求,帮助不同来源的学生进行个性化的课程选择,此类问题需得到学院、导师、学生三方共同关注。

2. 学生认为博士研究生课程应遵循的价值取向

课程在博士研究生教育中有着重要作用,其作用发挥的大小受到课程设计所坚持价值取向影响。本次调查以一道限选题测试学生认为博士课程应当遵循的价值取向,提供6个备选项。如图1-2显示,学生认为:博士研究生课程第一要强调研究方法的训练(66.2%),第二是强调与研究方向相结合(64.3%),第三是强调应用知识能力的培养(48.6%),第四是强调自学能力的锻炼(39.2%),第五是强调知识之间的有机联系(37.2%),最后是传授新知识(8.6%)。通过对上述结果中占比较高的"强调研究方法"和"应用知识能力培养"分析,我们发现:如果说本科生、硕士生教育主要强调的是将知识传授给学生,即"授之以鱼",那么,博士研究生教育更多的是强调"授之以渔"。通过课程学习新知识已然不是博士研究生的首要需求,课程学习与学生研究方向紧密结合,培养学生应用知识能力需求较大。因而,如何根据学生的现实要求,确定以研究方法训练、与研究方向结合以及培养应用知识能力等价值取向设置博士研究生课程,这不仅是高校课程设计前需要重点考虑的因素,也是教师在教学过程中需强调突出和重点把握的关键点。

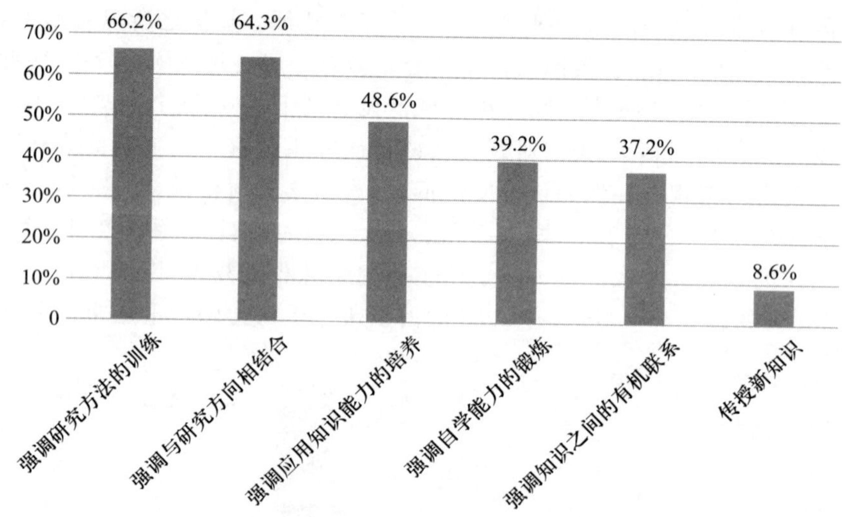

图1-2 博士课程应遵循的价值取向

3. 博士研究生的课程结构与课程内容

长期以来,我国博士研究生教育中课程设置不够规范、科学,课程结构不够完善和系统,在课程考核方面不够严格和规范。这种培养模式已经影响到我国博士研究生学术水平和发展潜力,影响到了国家整体的学术创新能力。本次调查重点关注高校课程设置情况,主要包含课程结构与课程内容两方面(见表1-3)。其中课程结构主要包含课程总量、必修课课程量、选修课课程量、研究方法课程量、公共外语课总课时数(没有可不填写)、政治理论课程总课时数、选修课的选择范围、前沿性知识在专业课程中的比重、跨学科知识在专业课程中的比重等,课程内容主要涉及专业课知识面（窄→广）、专业课内容深度（浅→深）、专业课内容前沿性（弱→强）等题项。

表 1-3　课程设置维度及指标

维度	指标
课程结构	本专业课程总数
	公共外语课程总课时数（没有可不填）
	政治理论课程总课时数
	必修课的课程量
	选修课的课程量
	研究方法课程量
	选修课的选择范围（小→大）
课程内容	前沿性知识在专业课程中的比重
	跨学科知识在专业课程中的比重
	专业课知识面（窄→广）
	专业课内容深度（浅→深）
	专业课内容前沿性（弱→强）

结合表 1-4 和图 1-3 可以看出，本专业课程总数选择“很少”“较少”“适中”“较多”“很多”的比例分别为 3.3%、12.6%、66.5%、14.7%和 2.9%，均值是 3.01，大多数学生认为本专业课程总数适中，课程总量合理。关于公共外语课程总课时数（没有可不填），认为很少（4.0%）、较少（14.2%）、适中（66.5%）、较多（14.7%）、很多（2.9%），均值 2.95①，半数以上学生认为政治理论课总课时数适中；政治理论课程总课时数，认为很少（2.2%）、较少（8.9%）、适中（63.3%）、较多（20.9%）、很多（4.7%），均值 3.17，大多数学生认为政治理论课总课时数适中；关于必修课的课程量，认为很少（1.0%）、较少（8.4%）、适中（68.9%）、较多（18.5%）、很多（3.2%），均值 3.15，大多数学生认为必修课课程量适中；选修课的课程量，认为很少（2.6%）、较少（14.9%）、适中（65.8%）、较多（14.3%）、很多（2.4%），均值 2.99，半数以上学生认为选修课课程量适中；研究方法课程量，认为很少（10.1%）、较少（34.2%）、适中（43.5%）、较多（10.0%）、很多（2.3%），均值 2.60，不到一半的学生认为研究方法课程量适中，仍有 44.3%同学认为研究方法课程量较少或很少；选修课的选择范围（小→大），认为很少（5.7%）、较少（23.5%）、适中（48.0%）、较多（17.8%）、很多（4.9%），均值 2.93，均值相对较低，仍有 29.2%同学认为选修课的选择范围很小或较小；关于前沿性知识在专业课程中的比重，认为很少（7.3%）、较少（31.5%）、适中（44.7%）、较多（14.6%）、很多（1.9%），均值 2.72，不到一半的学生认为目前专业课程中前沿性知识的比重适中，仍有 38.8%的学生认为目前专业课程中前沿性知识很少或较少，应当引起重视。

参考美国的博士研究生课程设置，十分强调课程内容的前沿性。美国博士研究生教育中的课程内容，既包括学科领域的热点、难点，尚存争议性的问题和研究新动向，也包括相关学科、跨

① 此处均值为去除没有开设公共外语课（或没有填写此项）博士研究生后算得的总体均值。

学科领域的前沿内容。课程教学中除了一些经典的论文专著不变外，每年都会增加大量的最新研究成果，教授们非常注意把学科最新的研究成果甚至尚未发表的、接受讨论和批判的新作即使补充到课程讲授中，通过讨论和批判的课程内容把如何创造性地思考教给学生，这对培养博士研究生的学术敏锐性、培养探究意识和能力具有重要意义。① 关于跨学科知识在专业课程中的比重，认为很少(11.0%)、较少(34.3%)、适中(41.9%)、较多(10.8%)、很多(2.0%)，均值 2.59，不到半数的学生认为目前专业课中的跨学科知识比重适中，仍有较多学生认为跨学科比重较少；美国的博士研究生课程设置强调主辅修相结合的跨学科课程修读要求，这是美国博士研究生教育的独特之处，强调主修辅修相结合、多学科交叉渗透。而跨学科交叉研究是当前科学研究的一个重要趋势，更是推动科技发展的主要动力之一。博士研究生参与跨学科学习和研究，不仅可以拓展学术视野，也有利于师生之间、生生之间思想碰撞，有助培养博士研究生的创造力，这对创新成果的产生与创新人才的培养至关重要。关于专业课知识面(窄→广)，认为很窄(3.3%)、较窄(18.8%)、适中(53.9%)、较广(20.2%)、很广(3.8%)，均值 3.02，近一半的学生认为专业知识面适中；专业课内容深度(浅→深)，认为很浅(3.6%)、较浅(17.5%)、适中(55.8%)、较深(19.7%)、很深(3.5%)，均值 3.02；专业课内容前沿性(弱→强)，认为很弱(5.5%)、较弱(22.9%)、适中(47.8%)、较强(19.5%)、很强(4.3%)，均值 2.94；不到一半的学生认为专业课程内容前沿性适中。

总体看来，在课程结构方面，博士课程结构较为合理，学生反馈各项设计适中，但在研究方法的课程量、选修课的选择范围上仍有部分不合理之处，有待进一步调整。在课程内容上，反馈出的问题较多，如前沿性知识和跨学科知识在专业课程中的比重不足，反映出课程内容设计的老旧，专业课内容的前沿性有待进一步增强。

表 1-4 博士研究生课程设置情况(百分比)

课程设置	很少		较少		适中		较多		很多	
	N	百分比	N	百分比	N	百分比	N	百分比	N	百分比
本专业课程总数	262	3.3%	1 005	12.6%	5 309	66.5%	1 177	14.7%	233	2.9%
公共外语课程总课时	318	4.0%	1 131	14.2%	4 440	55.6%	1 086	13.6%	160	2.0%
政治理论课程总课时	179	2.2%	711	8.9%	5 053	63.3%	1 668	20.9%	375	4.7%
必修课的课程量	78	1.0%	668	8.4%	5 500	68.9%	1 481	18.5%	259	3.2%
选修课的课程量	209	2.6%	1 190	14.9%	5 253	65.8%	1 144	14.3%	190	2.4%
研究方法课程量	803	10.1%	2 734	34.2%	3 471	43.5%	795	10.0%	183	2.3%
选修课的选择范围	459	5.7%	1 880	23.5%	3 836	48.0%	1 422	17.8%	389	4.9%
前沿性知识在专业课程中的比重	584	7.3%	2 514	31.5%	3 570	44.7%	1 163	14.6%	155	1.9%

① 包水梅.美国学术型博士生课程建设的特征与路径研究[J].高校教育管理,2016,10(01):116-124.

续表

课程设置	很少		较少		适中		较多		很多	
	N	百分比	*N*	百分比	*N*	百分比	*N*	百分比	*N*	百分比
跨学科知识在专业课程中的比重	878	11.0%	2 736	34.3%	3 346	41.9%	864	10.8%	162	2.0%
专业课知识面	265	3.3%	1 505	18.8%	4 302	53.9%	1 614	20.2%	300	3.8%
专业课内容深度	284	3.6%	1 394	17.5%	4 453	55.8%	1 577	19.7%	278	3.5%
专业课内容前沿性	442	5.5%	1 825	22.9%	3 818	47.8%	1 558	19.5%	343	4.3%

注:其中公共外语课程总课时数百分比相加不足 100%,其余为未开设或未填写比例。

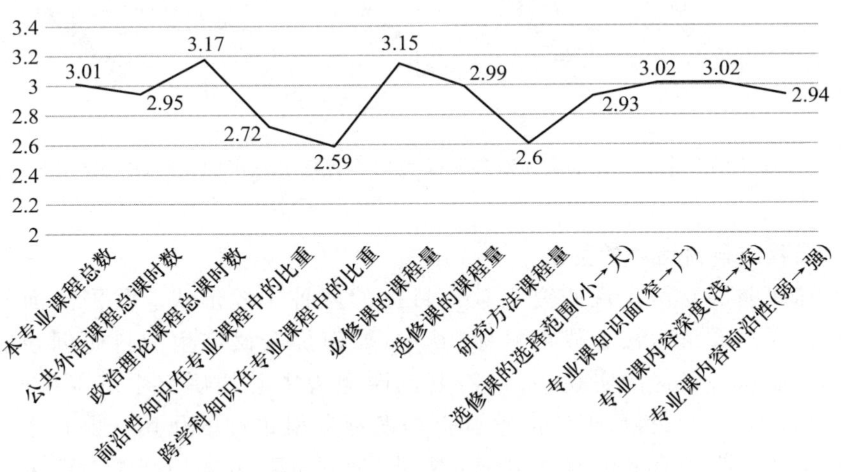

图 1-3 博士研究生课程的开设情况(均值,五等级)

4. 学生认为对科研能力培养有重要作用的课程类型

博士研究生课程类型丰富,包含政治理论课、学位基础课、学位专业课、研究方法课及跨学科/跨专业课程,大多数高校博士培养方案中都涵盖以上类型的课程,然而现实中各类课程对博士研究生科研能力培养作用我们不得而知。本次调查设置一道多选题,通过学生自我报告,如图 1-4 结果显示,学生认为对科研能力有重要作用的课程依次是研究方法课(73.2%)①、学位专业课(67.1%)、学位基础课(45.1%)、跨学科/跨专业课程(34.8%)和政治理论课(10.6%)。结合上文中课程开设情况,我们发现学生认为最有用的研究方法课,实际中课程量却不足。而在美国博士研究生课程教学中,研究方法类课程占有相当的比例,方法类课程开设重视实用性,其教学重视研究方法类训练。以斯坦福大学教育学院为例,博士研究生在前两年要修读的专业基础课程主要就是研究方法的一系列课程。高等教育方向的博士研究生课程,8 门专业基础课程中有 5 门是关于研究方法类课程,并且都是必修课。② 综合来看,想要进一步提高博士研究生的科研

① 73.2%表示有 73.2%的学生认为研究方法课程对科研能力培养有重要作用,67.1%、45.1%、34.8%、10.6%解释同上。

② 包水梅.中美高等教育学博士研究生培养制度的比较研究:基于厦门大学与斯坦福大学的案例分析[J].高校教育管理,2012,6(04):59-66.

能力，研究方法课程量的增加与专业课前沿性和跨学科性的提高是新的突破点。

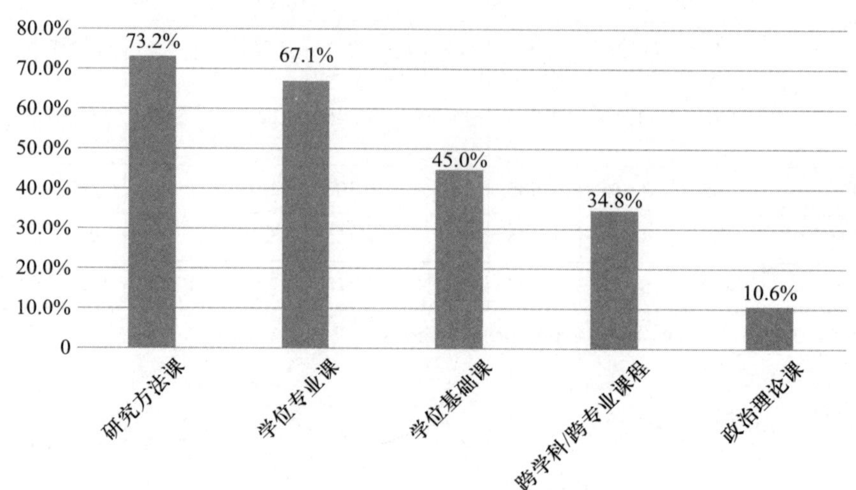

图 1-4 博士研究生认为对科研能力培养有重要作用的课程（多选题）

5. 博士生课程与科研活动的关系

课程学习和课题研究是实现研究生教育目标的两种主要形式。我国当前的研究生教育发展正在实现以提高质量为核心战略目标，其中，如何提升研究生的科研创新能力是提高培养质量的关键。而这一目标的实现，不仅需要以课题为中心的研究生培养机制改革的全面、深入开展，实现课程学习与科研训练的整合更是发挥着根本性的作用。课程学习与科研训练的整合被国外证明是一种有效的研究生培养方式，通过此种方式加强了对研究生系统的课程学习与训练。

本研究就当下高校的课程设置情况，分析课程与科研活动（论文选题/论文写作/论文发表/完成课题）的关系。结合表 1-5 和图 1-5 结果显示：首先，关于博士研究生课程与论文选题的关系，认为毫无关系或略有关系或关系一般的占 60.2%，超过总体的一半。认为关系密切或直接相关的占 39.8%，五级量表均值为 3.12。博士研究生教育的学制一般为三年或四年（视学校而定），在入学第一、二年一般需要进行课程学习，而博士开题一般在博士二年级左右，因而学生一般在前一两年进行论文选题的确定。在论文选题的确定过程中，应充分利用课程资源，帮助学生发现新的发展点或空白点，从而形成新颖而有价值的博士论文选题。然而，从目前的调查结果看来，课程与论文选题的关系并不密切，需要进一步强化。其次，在课程与论文写作的关系上，认为毫无关系或略有关系或关系一般的占 54.6%，认为关系密切或直接相关的占 45.4%，五级量表均值为 3.3。论文写作能力是博士研究生科研能力的重要方面，从现有结果看来，课程学习与博士研究生的论文写作毫无关系、略有关系和关系一般占据较大比例，然而这可能与课程内容、课程考核和课程评价等因素紧密相关。再次，在课程与论文发表的关系上，认为毫无关系或略有关系或关系一般的占 58.0%，认为关系密切或直接相关的占 42.0%，五级量表均值为 3.21。一半以上学生认为关系一般或略有关系，甚至毫无关系，其背后的影响因素有待后续进一步探讨。最后，关于课程学习与完成课题之间的关系，有 58.4% 的学生认为毫无关系或略有关系或关系一般，

41.6%的学生认为关系密切或直接相关，五级量表均值为3.23。可见，我国的博士研究生课程学习与课题的相关度并不高。

表1-5 课程与科研活动的关系

科研活动	毫无关系		略有关系		一般		关系密切		直接相关	
	N	百分比	N	百分比	N	百分比	N	百分比	N	百分比
论文选题	594	7.4%	1 680	21.0%	2 542	31.8%	2 489	31.2%	681	8.5%
论文写作	319	4.0%	1 376	17.2%	2 671	33.4%	2 857	35.8%	763	9.6%
论文发表	528	6.6%	1 521	19.0%	2 585	32.4%	2 469	30.9%	883	11.1%
完成课题	470	5.9%	1 445	18.1%	2 750	34.4%	2 423	30.3%	898	11.2%

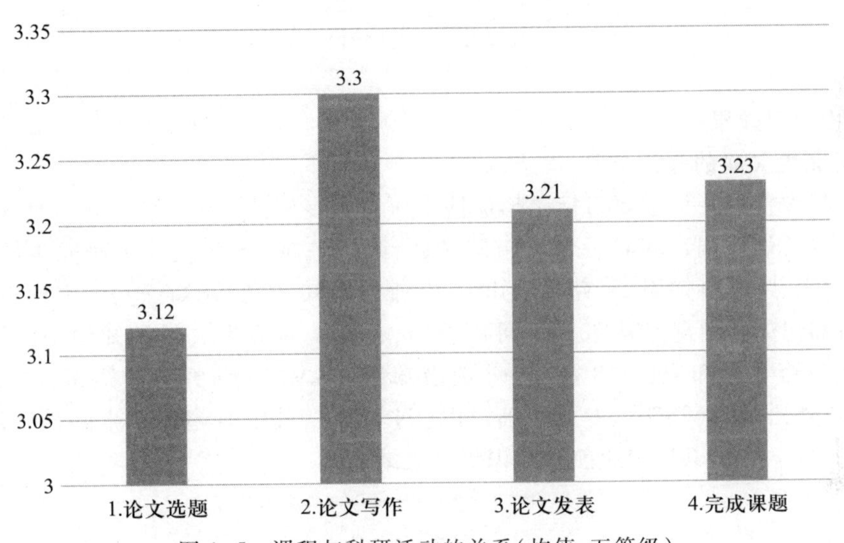

图1-5 课程与科研活动的关系（均值，五等级）

（二）博士研究生课程教学规范化

教师的教学是否规范也是本次调查的重点，通过指标设计，本研究确定了12题用于测量教师教学现状，分别是教学目标、教学计划、教学内容、教学规范（6题）、作业布置、课程考核、教学方法、师生互动、课后反馈等。根据调查结果显示（见图1-6）："教师不迟到、早退"评价最高，均值为4.10，其次分别是"课程考核要求清晰""有稳定的授课教师和团队"及"教师调课后及时补课"，均值分别为3.98、3.95和3.95。其余"教师教学目标明确""按照教学计划实施教学""备课充分、内容丰富、条理清楚""教学方法灵活多样""课堂气氛活跃，师生互动良好""课后反馈及时有效"和"学院定期对教师教学进行检查"评价相对较低，均值分别为3.65、3.77、3.73、3.68、3.65、3.67和3.79。总体看来，教师教学规范情况良好，但在教学目标明确、教学方法灵活多样、师生互动等方面得分较低，仍有进一步提升的空间。

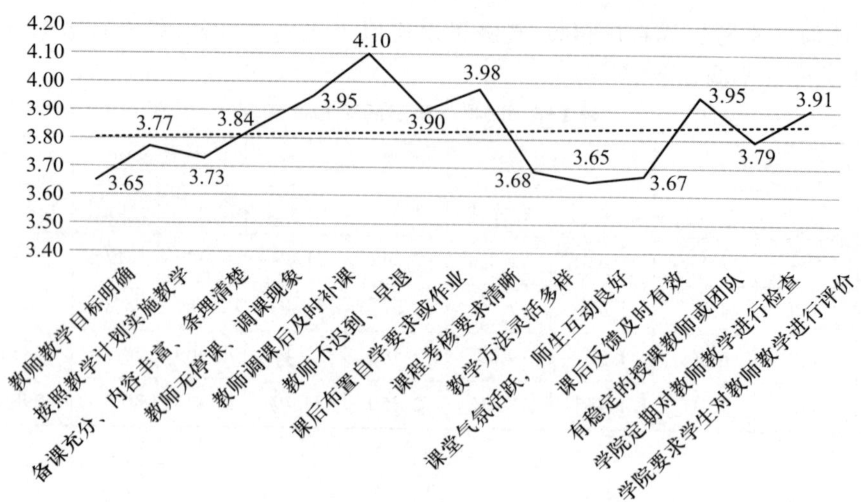

图 1-6 教师教学情况（均值，五等级）

（三）课程学习效果

1. 博士研究生欠缺的知识类型

博士生课程设置的一个重要目标是形成博士研究生良好的知识结构。本次博士研究生课程教学规范化现状及效果调查问卷设置一道限选题，限选三项，下面从博士研究生的专业基础知识、专业前沿知识、跨学科知识、研究方法知识、专业外语知识、实践知识六大方面考查博士研究生课程学习后知识欠缺情况。从图 1-7 可以看出，在博士研究生欠缺的知识中，选择人数占比从多到少分别是跨学科知识（59.8%）、专业前沿知识（58.9%）、研究方法知识（46.5%）、实践知识（34%）、专业外语知识（28%）、专业基础知识（24.10%），其中有超过一半的学生认为，在课程学习后，他们的跨学科知识与专业前沿知识仍然欠缺。

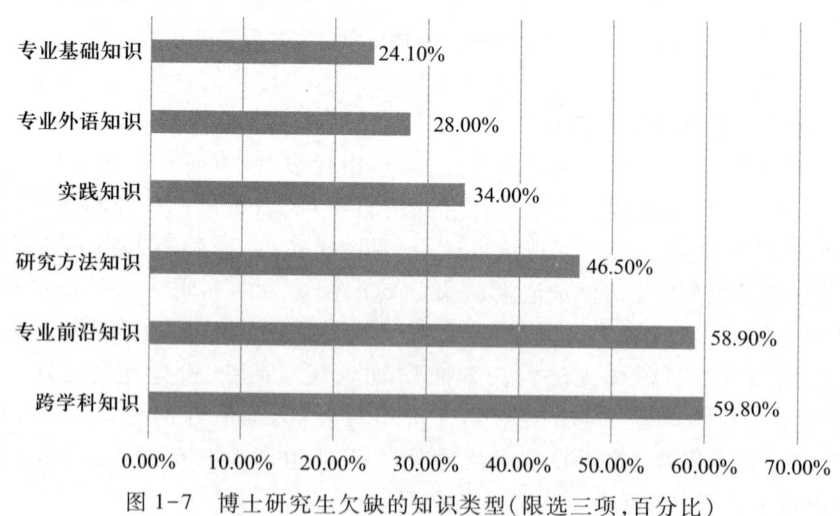

图 1-7 博士研究生欠缺的知识类型（限选三项，百分比）

2. 课程学习对博士研究生科研能力培养的效果

“课程经常被人们当作高等教育的‘黑匣子’”，这个“黑匣子”不仅记录着高等教育的发展演变史，而且承载着人们的教育理念和追求。课程学习是构建博士研究生知识结构、提升知识水平的基本途径和手段，知识结构与知识水平也在一定程度上决定了博士研究生的科研能力和科研水平。本次调查通过12道题项分析了博士研究生课程学习对其科研能力培养的效果（见图1-8）。其中“专业知识越来越扎实”和“明晰学术规范”提升较大，均值分别为3.63和3.71。而“学术理想愈发坚定”“能够进行跨学科研究”“跨文化学习能力”及“教学技能得到锻炼”等方面提升相对较低，均值分别为3.46、3.33、3.36和3.32。总体而言，通过课程学习后，博士研究生的专业知识越来越扎实，对学术规范也越来越明晰，但是在教学技能、跨学科研究、跨文化学习的提升相对较低。

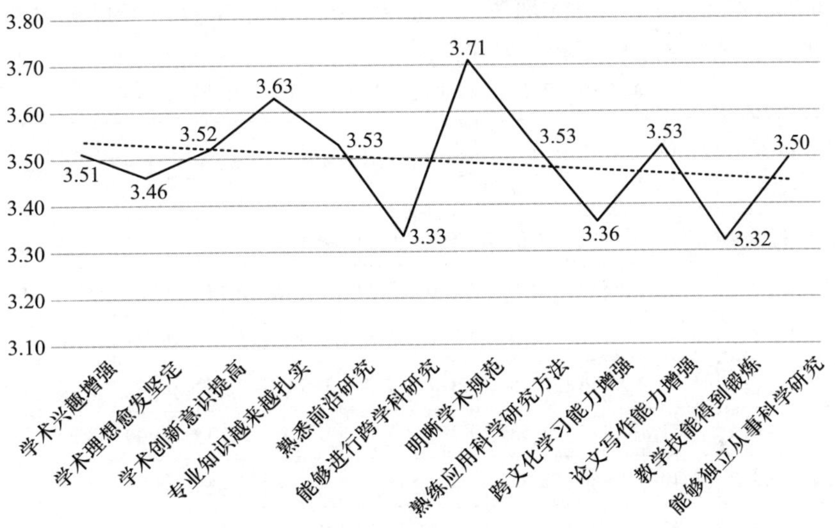

图1-8 课程学习效果（均值，五等级）

2017年教育部关于《开展博士研究生教育综合改革试点工作的通知》中指出，试点单位根据自身特色和办学实际，按照博士研究生教育综合改革的目标要求，制定明确的试点方案，在博士研究生思政教育、招生选拔、投入资助、科教结合、课程教学、分流淘汰、导师队伍、评价制度、国际合作、管理模式和质量保障等方面采取有针对性的改革举措，取得显著成效，探索可复制、可推广的成功经验。试点工作期限为4年（2017—2020年），试点单位要以2年为一阶段，制订阶段性改革任务和目标。在《博士研究生教育综合改革试点任务指南》中详细指出：在课程教学方面，“开设高校教师专业发展课程，使博士研究生熟悉大学教学基本过程与环节、基本技能与方法。实施博士研究生助教制度，通过教育见习、模拟教学、实际授课等方式，提升博士研究生未来教书育人的素质能力。”目前看来，“提高博士研究生教学技能”这一举措初见效果，但并不显著。与此同时，《博士研究生教育综合改革试点任务指南》中还指出：在国际合作方面，“提升博士研究生教育国际化水平，积极与境外高水平大学联合培养博士研究生，加大对博士研究生访学交流、参加国际学术会议的支持力度，吸引国际优秀学生来华攻读博士学位。”但根据调查结果来看，博士研究生的跨文化学习能力提升仍然有限。而博士研究生的跨学科研究能力也相对较低，这与上文学生报告中专业课程中跨学科知识比重不足这一结果一致。

接着，通过进一步分析不同读博动机博士研究生的课程学习效果发现，方差分析和事后检验表明，读博动机在课程学习效果上主效应显著（见表1-6和图1-9）。具体而言，源于对学术研究兴趣而读博的学生，课程学习效果的各项指标都高于其他动机类型的学生。其次是对博士学历有情结的学生，第三是以提高就业竞争力为读博动机的学生，第四是出自“他人的期望”外部动机而读博的学生。以“他人期望”为读博动机的博士生各项指标低于以“学术研究兴趣”“博士学历情结”和“提高就业竞争力”为读博动机的学生，但高于以“延迟就业”“从众、随大流”为读博动机的学生。以“延迟毕业”为读博动机学生的各项指标低于前五者，最后是以“从众、随大流”为读博动机的学生。

总体而言，源于内部动机（如学术兴趣、学历情结）读博的学生课程学习效果普遍较好，而出于外部动机（如提高敬业竞争力、他人期望等）读博的学生课程学习效果相对较低，说明学生的内驱力在博士研究生课程学习中起着重要作用。

表1-6 不同读博动机学生的课程学习效果

学习效果	对学术研究兴趣		博士学历情结		提高就业竞争力		他人期望		延迟就业		从众、随大流		F
	均值	标准差	均值	标准差	均值	标准差	均值	标准差	均值	标准差	均值	标准差	
学术兴趣	3.62	0.812	3.50	0.817	3.39	0.800	3.38	0.863	3.17	0.925	3.08	0.982	37.781***
学术理想	3.58	0.845	3.43	0.878	3.34	0.826	3.28	0.899	3.13	0.947	3.10	0.896	37.284***
创新意识	3.62	0.824	3.47	0.856	3.45	0.817	3.4	0.922	3.17	0.847	3.16	0.962	26.651***
专业知识	3.71	0.814	3.61	0.813	3.58	0.773	3.47	0.870	3.33	0.900	3.33	0.825	18.786***
前沿研究	3.61	0.837	3.49	0.850	3.48	0.831	3.42	0.874	3.24	0.891	3.23	0.889	16.884***
跨学科研究	3.77	0.907	3.35	0.907	3.25	0.881	3.32	0.937	3.12	0.972	3.01	0.960	13.647***
学术规范	3.77	0.831	3.58	0.887	3.71	0.809	3.65	0.811	3.47	0.915	3.35	0.852	15.629***
研究方法	3.6	0.780	3.46	0.801	3.49	0.782	3.38	0.770	3.23	0.815	3.18	0.801	19.702***
跨文化学习能力	3.42	0.854	3.38	0.861	3.29	0.837	3.23	0.878	3.19	0.935	3.04	0.867	12.349***
写作能力	3.59	0.834	3.54	0.851	3.49	0.840	3.34	0.841	3.30	0.849	3.21	0.968	12.767***
教学技能	3.39	0.899	3.36	0.893	3.24	0.888	3.12	0.990	3.03	1.022	2.97	0.873	17.800***
独立科研	3.58	0.843	3.51	0.888	3.41	0.817	3.29	0.944	3.22	0.942	3.24	0.935	20.731***

注：* 表示 $p<0.05$，** 表示 $p<0.01$，*** 表示 $p<0.001$。

3. 博士研究生对所修课程、教师及教学管理的满意度

随着高校成本分担机制的推行和学费收入在高校经费收入所占比重的提升，高校学生已从传统的“知识、技能的接受者”转化为“知识、技能的需求方和消费者”，成为影响高等教育机构行为及其职能的一个主体性角色。高校教学活动的成败与否已不再单纯取决于高等院校单方因素，教学活动在实施过程中受到高等院校及学生双方的影响和制约。因而，从稳定和提高博士研

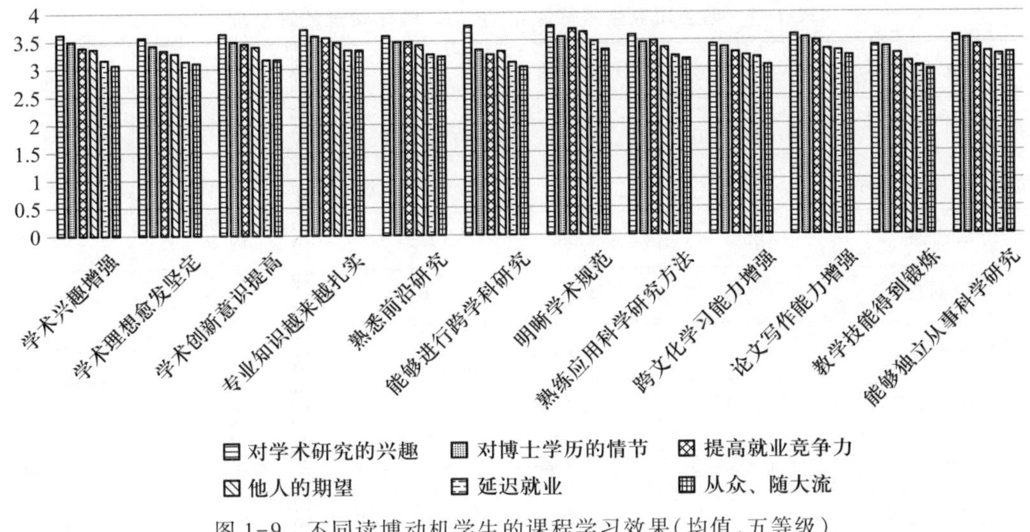

图 1-9 不同读博动机学生的课程学习效果(均值,五等级)

究生教育质量,保障教学活动顺利开展的角度出发,无论是在课程内容的设计上,还是在教学实施上,院校都必须密切关注教学活动的直接参与者,即学生的满意程度。

虽然已有较多针对学生评教的研究,但对课程教学的微观研究还不足,教学管理部门的作用在评价中也有所缺失。本次通过问卷调查了解了博士研究生对课程、教师和教学管理部门三个方面的评价情况(见表 1-7 和图 1-10)。

首先,课程满意度结果显示,对政治理论课、公共外语(没有可不填)、学位基础课、学位专业课、研究方法课和跨学科/跨专业课程非常不满意或比较不满意或一般满意的比例分别为 43.9%、36.3%、36.8%、33.5%、46.1%和 50.7%,认为比较满意或非常满意的比例分别为 56.1%、51.2%、63.2%、66.5%、53.9%和 49.3%,均值分别为 3.58、3.64①、3.72、3.78、3.55 和 3.46。

其次,教师评价结果显示,对教师的教学水平和研究水平非常不满意或比较不满意或一般满意的比例分别为 32.9%和 28.6%,认为比较满意或非常满意的比例为 67.1%和 71.4%,均值分别为 3.80 和 3.90;对师生互动非常不满意或比较不满意或一般满意占 44.0%,比较满意或非常满意占 56.0%,均值为 3.60。

最后,在教学管理部门评价上,对课程安排和教学管理非常不满意或比较不满意或一般满意的比例分别为 40.8%和 40.1%,认为比较满意或非常满意的占 59.2%和 59.9%,均值分别为 3.64 和 3.68。

总体看来,在课程满意度方面,博士研究生总体满意度较高,但在政治理论课、研究方法课和跨学科/跨专业课程上相对较低。在教师满意度方面,教师的教学水平略低于其研究水平且师生互动满意度相对较低。在教学管理部门方面,对于课程安排和教学管理,学生都表现出较为满意。

① 此处均值为去除没有开设公共外语课(或没有填写此项)博士研究生后算得的均值。

表 1-7 博士研究生所修课程、教师及教学管理的满意度

课程	非常不满意	比较不满意	一般满意	比较满意	非常满意
政治理论课	2.0%	7.3%	34.6%	42.5%	13.5%
公共外语(没有可不填)	1.3%	5.4%	29.6%	38.6%	12.6%
学位基础课	0.6%	4.0%	32.2%	49.2%	14.1%
学位专业课	0.5%	4.1%	28.9%	49.9%	16.5%
研究方法课	1.9%	8.5%	35.7%	41.1%	12.9%
跨学科/跨专业课程	2.2%	10.3%	38.2%	38.3%	11.0%
教师	非常不满意	比较不满意	一般满意	比较满意	非常满意
教师的教学水平	0.6%	4.6%	27.7%	48.3%	18.8%
教师的研究水平	0.4%	3.4%	24.8%	48.9%	22.5%
师生互动	0.9%	7.6%	35.5%	42.9%	13.1%
教学管理	非常不满意	比较不满意	一般满意	比较满意	非常满意
课程安排	1.2%	5.8%	33.8%	46.5%	12.7%
教学管理	1.2%	5.1%	33.8%	44.4%	15.6%

注:其中公共外语课程满意度百分比相加不足 100%,其余为未开设或未填写公共外语课比例。

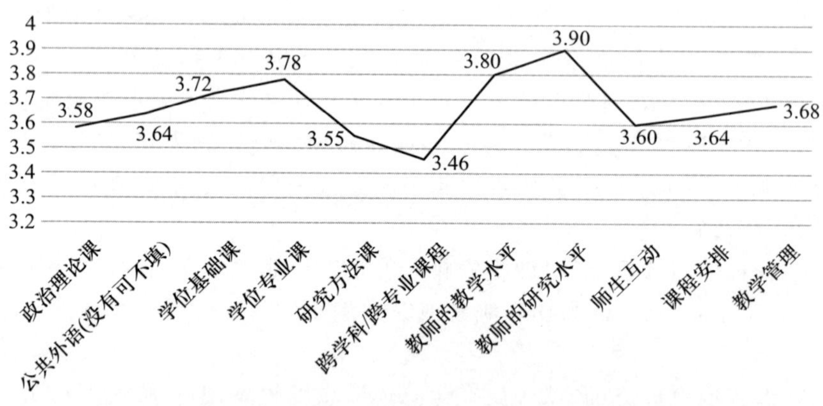

图 1-10 博士研究生所修课程、教师及教学管理的满意度(均值,五等级)

四、博士研究生课程前沿性、师生互动、课程安排和教学管理满意度的影响因素

在博士研究生课程教学规范化的现状与效果的描述性分析基础上,本部分以博士研究生专业课的前沿性、师生互动满意度、课程安排满意度和教学管理满意度为因变量,以部分人口学变

量、课程与科研活动关系、教师教学情况、课程设置情况等为自变量做回归分析，具体分析博士研究生专业课的前沿性、师生互动满意度、课程安排和教学管理满意度的影响因素。考虑到变量的类型，我们将除年龄以外的人口学变量设置为虚拟变量。

（一）博士研究生专业课前沿性影响因素

本次博士研究生专业课的前沿性影响因素使用部分人口学变量（学校类别、学位类型、学科大类、年级）、课程与科研活动关系密切度、教师教学情况（备课、教学团队教学检查、学生评教）等为自变量，博士研究生专业课的前沿性为因变量，分析结果如表 1-8 所示：

表 1-8 博士研究生专业课前沿性的影响因素

自变量	类别	因变量：标准化回归系数 β 专业课程内容前沿性		
		模型 1	模型 2	模型 3
学校类别（参照组："双一流"高校）	一流学科高校	0.038***	0.016	0.009
学科大类（参照组：社科类）	人文类	0.018	0.010	-0.002
	理学	-0.024	-0.022	-0.026
	工学	-0.070***	-0.065***	-0.062***
	农学	-0.041**	-0.036**	-0.031**
	医学	-0.006	-0.012	-0.021
学位类型（参照组：学术型）	专业型	0.029*	0.023*	0.032**
年级（参照组：博一）	博二	0.007	0.001	0.000
	博三	-0.02	-0.022	-0.011
	博四	-0.024*	-0.016	-0.013
	五年	-0.018	-0.018	-0.015
	六年以上	-0.045***	-0.034**	-0.036**
课程与科研活动关系密切度（五级评分）	课程与科研活动关系—论文选题		0.027	0.005
	课程与科研活动关系—论文写作		0.050**	0.011
	课程与科研活动关系—论文发表		0.047*	0.047*
	课程与科研活动关系—完成课题		0.214***	0.180***

续表

自变量	类别	因变量:标准化回归系数 β 专业课程内容前沿性		
		模型 1	模型 2	模型 3
教师教学情况	备课充分、内容丰富、条理清楚			0.189***
	有稳定的授课教师或团队			0.022
	定期组织教学检查			0.101***
	要求学生对教学进行评价			0.009
R^2		0.102	0.105	0.170
调整后 R^2		0.009	0.103	0.168
ΔR^2			0.094	0.065

注:* 表示 $p< 0.05$,** 表示 $p<0.01$,*** 表示 $p<0.001$。

(1)学校类型(参照组:双一流高校)、学位类型(参照组:学术型)对博士研究生专业课的前沿性具有显著正向影响,学科大类(工学、农学)与年级(博四、六年以上)对课程前沿性有显著的负向预测作用。具体而言,相较于社科类,工学的课程前沿性更低,农学次之。随着年级的上升,博四和在读六年以上的学生认为课程的前沿性越低。究其原因时需考虑反馈的时间差,六年以上的博士生已经超出了正常毕业时间,心理各方面都会产生微妙的变化,此时反馈刚入学时的课程可能会觉得前沿性远远不够,甚至会有课程无用的想法。而四年级的博士生,视各高校学制的不同,有的正处在博士论文撰写最后阶段,有的(针对三年制学制高校)已经超出正常毕业年限,其对课程前沿性的反馈也可能受到时间、心理和知识量增加的影响。

(2)课程与科研活动的关系密切度、学位类型对博士研究生专业课前沿性有正向预测作用。学科大类(工学和农学)、年级(六年以上)对专业课程前沿性具有显著的负向预测作用,当纳入课程与科研活动关系后,调整的 R^2 增加了0.094,说明在本研究中,课程与科研活动的关系解释了专业课内容前沿性9.4%的变异。具体而言,当课程与完成课题密切相关时,专业课的前沿性越高,当课程与论文写作相关时,专业课的前沿性也会增加。同理,课程与论文发表密切相关时也是,但其增加没有课程与完成课题相关所带来的幅度大。也就是说,想要提高专业课的前沿性,将课程与课题紧密联系是可能的途径之一。

(3)学位类型、教师教学情况对专业课的前沿性具有正向预测作用。学科大类(工学、农学)、年级(六年以上)对课程前沿性具有负向预测作用。当纳入教师教学情况之后,调整的 R^2 增加了0.065,说明在本研究中,教师教学情况解释了专业课内容前沿性的6.5%的变异。具体而言,当教师备课充分、内容丰富、条理清楚时,课程的前沿性提高。当学校定期组织教学检查时,课程的前沿性也会提高，这也说明了教师备课和教学检查的重要作用。

（二）博士研究生师生互动影响因素

（1）结果显示，学校类别、学生性别、学科大类、读博动机、期望岗位和年级对师生满意度具有显著影响。具体而言，学校类别对博士研究生师生互动具有正向预测作用。性别、学科大类（农学）、读博动机（其他）、年级（博三、博四）对师生互动具有负向预测作用。相较于女生，男生的师生互动满意度较低；农学相较于社科类满意度较低；相对于因学术研究兴趣主导的博士生，出于“对博士学历情结”和“提高就业竞争力”的博士生师生互动满意度较低；相对于博一学生，博三和博四对师生互动满意度更低（表 1-9 模型 1）。

（2）学校类型、课程与科研活动关系密切度对师生互动具有正向预测作用。性别、学科大类（农学）、读博动机、年级（博三、博四）对师生互动具有负向预测作用（表 1-9 模型 2）。当纳入课程与科研活动后，调整后 R^2 增加了0.056，说明在本研究中，课程与科研活动的关系解释了师生互动5.6%的变异。具体而言，感觉课程与论文选题、论文写作、完成课题关系密切者，师生互动满意度越高。

（3）学校类别、课程与科研活动关系、教师教学情况对师生互动具有正向预测作用。学科大类（农学）、读博动机、年级（博四）对师生互动具有负向预测作用（表 1-9 模型 3）。当纳入教师教学相关指标后，调整后 R^2 增加了0.228，说明在本研究中，教师教学情况解释了师生互动22.8%的变异。具体而言，教师教学方法灵活，课后反馈及时，师生互动满意度越高。

表 1-9 博士研究生师生互动影响因素

自变量	类别	因变量：标准化回归系数 β 师生互动满意度		
		模型 1	模型 2	模型 3
学校类别（参照组：“双一流”高校）	一流学科高校	0.058**	0.043*	0.033*
性别（参照组：女）	男	-0.042*	-0.050**	-0.022
招考方式（参照组：普通考试）	申请考核	0.001	0.022	0.015
学习方式（参照组：全日制）	非全日制	-0.009	-0.009	-0.006
学位类型（参照组：学术型）	专业型	-0.017	-0.018	-0.005
录取类型（参照组：跨一级学科录取）	一级学科内跨二级学科	-0.018	-0.017	-0.015
	二级学科内录取	-0.001	0.008	0.001

续表

自变量	类别	因变量：标准化回归系数 β 师生互动满意度		
		模型 1	模型 2	模型 3
学科大类(参照组：社科类)	人文类	0.029	0.025	0.004
	理学	-0.024	-0.028	-0.029
	工学	-0.026	-0.024	-0.028
	农学	-0.055**	-0.054**	-0.039**
	医学	0.003	-0.007	-0.016
本科毕业学校(参照组：原“985 工程”院校)	原“211 工程”院校	-0.037	-0.032	-0.035
	海外(含港澳台)高校	-0.004	-0.007	-0.006
	科研机构	0.001	-0.001	-0.007
	其他	-0.050*	-0.033	-0.027
硕士毕业学校(参照组：原“985 工程”院校)	原“211 工程”院校	0.010	0.010	0.002
	海外(含港澳台)高校	0.009	0.010	0.010
	科研机构	0.004	0.001	-0.003
	其他	0.020	0.025	0.012
读博动机(参照组：对学术研究的兴趣)	对博士学历的情结	-0.087***	-0.071***	-0.049**
	提高就业竞争力	-0.068***	-0.055**	-0.034*
	他人的期望	-0.047**	-0.039*	-0.027*
	延迟就业	-0.063***	-0.055***	-0.023
	从众、随大流	-0.048**	-0.046**	-0.030*
毕业后期望岗位(参照组：高校(或科研机构)科研岗)	高校(或科研机构)教学岗	-0.007	-0.007	0.002
	国内外高校博士后	0.008	0.008	0.004
	企业研发岗	-0.029	-0.029	-0.012
	企业技术(或行政)岗	0.000	0.005	0.009
	政府部门行政岗	-0.021	-0.016	-0.025
	事业单位行政岗	-0.007	-0.001	0.000
	其他岗位	-0.038*	-0.027	-0.020

续表

自变量	类别	因变量:标准化回归系数 β 师生互动满意度		
		模型 1	模型 2	模型 3
年级(参照组:博一)	博二	-0.004	-0.003	-0.006
	博三	-0.052**	-0.045**	-0.028
	博四	-0.048**	-0.040*	-0.030*
	五年	-0.003	0.002	0.000
	六年及以上	-0.017	-0.009	0.018
课程与科研活动关系密切度(五级评分)	课程与科研活动关系—论文选题		0.056*	0.020
	课程与科研活动关系—论文写作		0.082**	0.020
	课程与科研活动关系—论文发表		0.002	-0.001
	课程与科研活动关系—完成课题		0.134***	0.043*
教师教学情况	备课充分、内容丰富、条理清楚			0.179***
	课后布置自学或作业			0.044**
	教学方法灵活			0.180***
	课后反馈及时有效			0.230***
R^2		0.033	0.090	0.316
调整后 R^2		0.024	0.080	0.308
ΔR^2			0.056	0.228

注:* 表示 $p<0.05$, ** 表示 $p<0.01$, *** 表示 $p<0.001$。

(三) 博士研究生课程安排满意度和教学管理满意度影响因素

(1) 招考方式对课程安排满意度具有正向预测作用,录取方式、学科大类(农学)、读博动机对课程安排满意度具有负向预测作用(表 1-10 模型 1)。具体而言,相对于普通考试者,申请考核者对课程满意度较高。相对于跨一级学科读博者,二级学科内录取者对课程满意度较低。相对于社科类,农学生对课程管理满意度较低。相对于因研究兴趣而读博者,因“博士学历情结”和“延迟就业”而读博者对课程安排满意度较低。

(2) 课程与科研活动关系密切度对课程安排满意度具有正向预测作用,学科大类(农学)对课程安排满意度具有负向预测作用。当纳入课程与科研活动关系后,调整后的 R^2 增加了0.062,

说明在本研究中课程与科研活动的关系密切度解释了课程安排满意度6.2%的变异(表 1-10 模型 2)。具体而言,感受到课程与论文选题、论文写作、完成课题紧密相关者,对课程安排满意度越高。

(3) 招考方式、课程与科研活动关系密切度、课程设置情况对课程安排满意度具有正向预测作用,读博动机对课程安排具有负向预测作用。当纳入课程设置情况后,调整后 R^2 增加了0.083,说明课程设置情况(课程总数、选修课选择范围、专业课知识面、专业课深度、专业课前沿性)解释了课程安排满意度8.3%的变异(表 1-10 模型 3)。

(4) 学校类别对教学管理满意度有正向预测作用,读博动机对教学安排满意度具有负向预测作用(表 1-11 模型 1)。相对于因研究兴趣而读博者,因“博士学历情结”“提高就业竞争力”和“延迟就业”而读博者的教学管理满意度较低。

(5) 学校类别、学习方式、学位类型、教学规范对教学管理满意度具有正向预测作用,读博动机、年级对教学管理具有负向预测作用。当纳入教学规范后,调整后的 R^2 增加了0.15,说明在本研究中教学规范解释了教学管理满意度 15%的变异(表 1-11 模型 2)。具体而言,当学生感受到教师上课期间不迟到、早退,停课、调课现象很少或没有以及调课后及时补课时,学生对教学管理的满意度越高。

(6) 学习方式、学位类型、教学规范、具体教学情况对教学管理满意度具有正向预测作用。当纳入教学情况后,调整后的 R^2 增加了0.097,说明在本研究中,教学情况(教学目标、教学计划、课程考核、教学检查、学生评教)解释了教学满意度9.7%的变异(表 1-11 模型 3)。具体而言,感受到教师上课目标明确、遵循教学计划、课程考核清晰且有稳定授课团队,学校定期组织教学检查和要求评教时,教学管理满意度越高。

表 1-10 课程管理满意度影响因素

自变量	类别	因变量:标准化回归系数 β 课程安排满意度		
		模型 1	模型 2	模型 3
学校类别(参照组:双一流高校)	一流学科高校	0.038	0.025	0.021
招考方式(参照组:普通考试)	申请考核	0.002*	0.023	0.033*
学习方式(参照组:全日制)	非全日制	0.008	0.007	-0.008
学位类型(参照组:学术型)	专业型	-0.027	-0.029	-0.029
录取类型(参照组:跨一级学科录取)	一级学科内跨二级学科	-0.014	-0.013	-0.006
	二级学科内录取	-0.038*	-0.030	-0.014

续表

自变量	类别	因变量：标准化回归系数 β 课程安排满意度		
		模型 1	模型 2	模型 3
学科大类（参照组：社科类）	人文类	0.029	0.024	0.022
	理学	0.017	0.013	0.020
	工学	0.015	0.013	0.007
	农学	-0.034*	-0.033*	-0.029
	医学	0.024	0.017	0.012
读博动机（参照组：对学术研究的兴趣）	对博士学历的情结	-0.049**	-0.030	-0.040*
	提高就业竞争力	-0.030	-0.012	0.002
	他人的期望	-0.028	-0.020	-0.021
	延迟就业	-0.041*	-0.032	-0.031*
	从众、随大流	-0.022	-0.018	-0.010
年级（参照组：博一）	博二	0.001	0.001	0.005
	博三	-0.027	-0.021	-0.016
	博四	-0.007	0.001	0.007
	五年	-0.012	-0.008	-0.008
	六年及以上	-0.004	0.003	0.017
课程与科研活动关系密切度（五级评分）	课程与科研活动关系—论文选题		0.064**	0.053*
	课程与科研活动关系—论文写作		0.108***	0.086***
	课程与科研活动关系—论文发表		-0.040	-0.046
	课程与科研活动关系—完成课题		0.149***	0.081**
课程设置情况	课程总数			0.051**
	选修课的选择范围			0.099***
	专业课的知识面			0.081***
	专业课内容的深度			0.072***
	专业课内容的前沿性			0.110***
R^2		0.011	0.074	0.157

续表

自变量	类别	因变量:标准化回归系数 β 课程安排满意度		
		模型 1	模型 2	模型 3
调整后 R^2		0.006	0.068	0.151
ΔR^2			0.062	0.083

注:* 表示 $p<0.05$,** 表示 $p<0.01$,*** 表示 $p<0.001$。

表 1-11 教学管理满意度影响因素

自变量	类别	因变量:标准化回归系数 β 教学管理满意度		
		模型 1	模型 2	模型 3
学校类别(参照组:双一流高校)	一流学科高校	0.038*	0.033*	0.022
招考方式(参照组:普通考试)	申请考核	0.012	-0.008	0.006
学习方式(参照组:全日制)	非全日制	0.019	0.040**	0.039**
学位类型(参照组:学术型)	专业型	0.009	0.030*	0.038**
录取类型(参照组:跨一级学科录取)	一级学科内跨二级学科	-0.011	-0.006	-0.002
	二级学科内录取	-0.025	-0.029	-0.022
学科大类(参照组:社科类)	人文类	0.034	0.021	0.011
	理学	0.012	0.001	0.003
	工学	0.014	0.011	0.011
	农学	-0.026	-0.014	-0.006
	医学	0.034	0.029	0.019
读博动机(参照组:对学术研究的兴趣)	对博士学历的情结	-0.048**	-0.023	-0.006
	提高就业竞争力	-0.042*	-0.044**	-0.023
	他人的期望	-0.019	-0.017	-0.007
	延迟就业	-0.042**	-0.010	-0.001
	从众、随大流	-0.026	-0.013	-0.006
年级(参照组:博一)	博二	0.004	-0.003	0.003
	博三	-0.025	-0.017	-0.003
	博四	-0.032	-0.031*	-0.021
	五年	0.000	-0.003	0.000
	六年及以上	-0.002	-0.006	-0.004

续表

自变量	类别	因变量:标准化回归系数 β 教学管理满意度		
		模型 1	模型 2	模型 3
教学规范	无停课与调课		0.212***	0.075***
	调课后补课		0.107***	-0.020
	无迟到、早退		0.159***	0.031
教学情况	目标明确			0.116***
	按教学计划教学			0.096***
	课程考核要求清晰			0.069***
	有稳定授课团队			0.088***
	定期组织教学检查			0.142***
	要求学生对教学进行评价			0.080***
R^2		0.011	0.160	0.257
调整后 R^2		0.005	0.155	0.252
ΔR^2			0.150	0.097

注:* 表示 $p<0.05$,** 表示 $p<0.01$,*** 表示 $p<0.001$。

五、研究结论与对策

通过问卷结果的分析,本次调查发现,在博士研究生课程教学规范化的现状和效果中存在以下值得注意的问题:

(1) 在博士研究生课程结构方面,总体较为合理,但研究方法的课程量较少,选修课的选择范围较窄。仍有 44.3%的学生认为研究方法类课程量很少或较少,29.2%的学生认为博士研究生选修课程选择范围很小或较小。与此同时,73.2%学生认为研究方法类课是对博士研究生科研能力培养有重要作用,但实际课程设置中研究方法课程量却难以满足学生需求。另外,现实中仍然存在选修课设置的形式化,名为选修,实际选择范围较小,一定程度上沦为选修中的必修课。在课程内容上,前沿性知识占专业课程中比重不足,仍有 38.8%的学生认为前沿性知识比重很少或较少。同时,还有 45.3%的学生认为跨学科知识在专业课程中比重不足。

(2) 课程学习与科研训练的整合度不高。调查发现,有 60.2%的学生认为目前的博士研究生课程与论文选题毫无关系或略有关系或关系一般;54.6%的学生认为目前的博士研究生课程与论文写作毫无关系或略有关系或关系一般;有 58.0%的学生认为博士研究生课程与论文发表毫无关系或略有关系或关系一般;58.4%学生认为博士研究生课程与完成课题毫无关系或略有关系或关系一般。通过课程与论文选题、论文写作、论文发表及完成课题的关联性可见,目前博士研究生培养中科研与教学分离,课题资源没能合理应用于课程教学中,课程教学的情境性不足。

(3) 在博士研究生课程教学的规范化上,总体情况良好,教师能够严格遵守上课时间,不迟到、早退,调、停现象较少,调课后能及时补课,但教学目标不够明确、教学方法单一、师生互动及课后反馈不足。

(4) 从博士研究生课程学习后的知识欠缺类型来看,博士研究生在跨学科知识、专业前沿知识和研究方法知识上比较欠缺。认为欠缺跨学科知识的占 59.8%,其次是专业前沿知识 58.9%,研究方法知识占 46.5%。调查结果与前文课程设置结果一致,课程设置中所缺乏的也正是博士研究生知识结构中所欠缺的。结果表明,形成博士研究生良好的知识结构这一课程设置目标并未很好地实现,实践中应当加以关注。

(5) 课程学习效果明显,但在教学技能、跨学科研究、跨文化学习等能力上提升不足。近年来博士研究生教育开始关注对博士研究生教学技能的训练,提升博士研究生未来教书育人的素质能力,然而,调查结果显示,此题均分为 3.32,相对其他能力提升较低。而跨学科研究与跨文化学习均分分别为 3.33 和 3.36,相比其他指标仍有较大进步空间。同时,对比不同读博动机下的博士研究生课程学习效果发现,出于内发动机读博(如对学术研究兴趣、对博士学历的情结)的学生,其各项能力提升显著。而源于外部动力(如提高就业竞争力、他人的期望、延迟毕业、从众、随大流)的学生各项能力提升相对较低。

(6) 在满意度方面,满意度总体较高,但政治理论课和研究方法课和跨学科/跨专业课程满意度偏低。教师教学水平略低于教师研究水平。

(7) 课程与科研活动关系对博士研究生课程的前沿性影响显著。尤其当课程与论文写作、论文发表、完成课题相关时,课程的前沿性增加。而教师备课、教学方法、课后作业和课后反馈会显著影响师生互动。教师的教学规范与学生对教学管理的满意度显著相关。即教师的停课、调课、补课、迟到早退等行为反映了高校的教学管理水平,当此类行为出现的频率越低,学生对教学管理的满意度越高。

针对以上问题,本文提出如下关于进一步改进博士研究生培养的建议:

第一,加强博士研究生课程的系统性、规范化建设。研究方法类课程、前沿性知识、跨学科知识等与博士研究生从事学术创新工作密切相关,因而此类课程应设置齐全,各类课程应按照一定的顺序和比例相互协调,相互补充,从而形成纵向深化、横向拓展的博士研究生课程结构,体现课程的系统性。强调主辅修结合的跨学科课程修读,帮助学生拓宽视野,激发学术创新。同时,明确博士研究生培养方案中对跨学科课程、研究方法课程要求,并对其学分进行适当规定,使博士研究生尽可能多地接触各门学科,打下坚实的跨学科基础,体现博士研究生课程建设的规范化。

第二,重视研究方法课程的数量与质量。我国博士研究生培养中对研究方法课程的重视程度不够,存在方法课程种类偏少、学时不多、学分不高等问题。针对学生所反映的研究方法课程量不足,应当重视研究方法课,意识到其对博士研究生科研训练的重要作用,将研究方法课纳入培养方案与课程计划,视其为与基础课、专业课同样不可或缺的一部分,通过制度化的保障,使得博士研究生课程学习期间得到系统的、科学的方法学习和训练。

第三,加强课程学习与科研训练整合,提高课程前沿性。从调查结果来看,目前的博士研究生课程前沿性不足,课程与科研活动的关联程度不高。通过将课程与论文写作、论文发表及完成课题的紧密结合,提高课程的前沿性。课程教学过程中,教师可合理利用课题资源,将学科最新研究成果或尚未发表的、有待讨论和批判的前沿性内容纳入课程讲授中,创设具体情境,加深学生对具体概念、原理的理解,完善博士研究生的知识结构。同时,锻炼博士研究生分析和解决实际问题的能力,培养创新人才。

第四,采用灵活个性的教学方式,促进师生互动。根据不同的课程性质和内容灵活选择教学方式,除常用教师讲解为主的课堂教学方式外,学生为主的讨论式教学方式也应得到广泛使用。尝试以专题讨论形式,聚焦学科内前沿性研究话题,通过对最新研究成果的阅读和讨论,辅之以教师的引导和分析,鼓励博士研究生提出有针对性的意见和解决问题的新思路和新方法。

第五,设置多样化的活动课程,提高博士研究生科研与教学能力。除规范化的学科课程外,各类活动课程也应有所涉及,如学术报告、学术讲座、课题研究、助教助研等。学科课程与活动课程应是有机相连的两个部分,两者相辅相成。通过活动课程培养博士研究生的研究能力、组织能力及交流沟通能力。设置助教制度帮助博士研究生成为高校不可或缺的教学力量,也为博士研究生教学能力的提升提供平台,为博士研究生未来走上大学教师岗位奠定基础。

(执笔:包志梅)

博士研究生学位论文选题来源及创新性调查分析

一、调查背景

博士研究生教育是学历教育的最高层级,是培养高水平拔尖创新人才的重要途径①,是提升国家竞争力、建设创新型国家的重要抓手。21 世纪以来,世界主要国家积极采取实际措施扩大博士生招生规模,美国政府通过加博士学位授予权、提高博士生招生数量等方式实现了博士研究生招生规模扩张。该国拥有博士学位授予权的高校从 2000—2001 学年的 622 所扩张到 2016—2017 学年的 1016 所,授予博士学位数量也从 2000—2001 学年的 11.96 万个增加到 2016—2017 学年的 18.13 万个。② 德国高校授予博士学位的数量也呈现递增的态势③,随着德国应用技术大学(Fachhochschulen,FH)④履行科研职能的增多⑤,德国政府从 2013 年开始逐步放开对应用技术大学授予博士学位的限制,允许应用技术大学过跨校合作、独立办学等方式授予博士学位。⑥我国博士生教育规模也处于稳步增长期,近十年来我国博士生年扩招比例大多维持在 3%以上,2017 年博士生年扩招比例更是达到了 8.58%⑦,《学位与研究生教育发展“十二五”规划》与《学位与研究生教育发展“十三五”规划》都提出了适度扩大博士生招生规模的总体发展目标,可以预期未来的一段时间内我国博士生招生规模仍将维持一定的扩张趋势⑧。本次调查将针对博士生扩招中出现的人口学变化设置相应题项,以期了解扩招趋势下博士生中的特殊群体对调查主题的认知状况。

博士研究生招生规模扩大的同时,难以回避的是博士生教育质量保障问题。博士生教育质量既涉及来自外部由政府及第三方机构主导的各类评估与质量监控,也涉及博士生教育机构内部涵盖博士生教育全流程(如招生录取、课程管理、年度考核、中期考核、学位论文等)的自我监控与管理。在众多质量保障流程中,学位论文是博士研究生培养的关键环节,是博士研究生进入学术职业之前所接受的最为系统化的学术训练,是保障研究生教育质量、提高博士研究生学术水

---

① 罗纳德 G 埃伦伯格,夏洛特 V 库沃.世界研究生教育经典译丛[M].任杰,廖洪跃,译.北京:北京理工大学出版社,2018.

② 相关数据源自 NCES 发布的历年《教育统计要报(Digest of Education Statistics)》;2000—2001 学年数据使用 2011 年更改统计口径(将等同于博士学位的第一级专业学位纳入进来进行统计)后的汇总数据.

③ 朱佳妮,朱军文,刘莉.德国博士生培养模式的变革——“师徒制”与“结构化”的比较[J].学位与研究生教育,2013(11):64-69.

④ 依据联邦统计局(Statistisches Bundesamt)数据,截至 2018—2019 学年全德共有应用技术大学 216 所,占全德高校总数的 51%。

⑤ 王世岳,秦琳.艰难的衔接:德国应用科学大学毕业生攻读博士的权利之争[J].学位与研究生教育,2018,311(10):69-75.

⑥ 周海霞.德国应用科技大学(FH)获博士学位授予权之争议[J].外国教育研究,2014,292(10):96-108.

⑦ 相关数据根据教育部发布的历年《教育统计数据》计算。

⑧ 王传毅,杨佳乐.中国博士教育规模扩张:必要性、可行性及其路径选择[J].中国高教研究,2019,305(01):83-89.

平的重要抓手。近年来,世界一流大学大都针对学位论文质量保障设计了各具特色的质量保障流程,以下以美国哈佛大学、瑞士苏黎世联邦理工学院、中国香港大学三所世界一流高校为例,简要介绍世界一流高校在学位论文质量保障方面的新做法。

哈佛大学要求研究生在开题时详细论述选题意义、研究方案及论文撰写方案,在撰写学位论文过程中研究生除了需要接受指导教师帮助与督促外,还要与所在学位论文指导委员会相关教授进行多次协商,改进既定研究方案。① 为适应日趋增长的企业合作需求,苏黎世联邦理工学院设立了外部学位论文项目(External Thesis Project),该项目允许博士生在接受企业资助的情况下在企业完成博士学位论文,但是博士生在学位论文选题时需要征得指导教师及所在院系的许可,并提交学位论文大纲经由学院博士委员会推荐及学院议会批准后,方可开展相关研究。② 香港大学设立了院系层面的学院高等学位委员会(Faculty Higher Degrees Committees,FHDC),该委员会通过定期对博士生学位论文进展进行监督和阶段性评价切实保障博士生学位论文质量。③ 从前述高校案例可以看出,世界一流大学大多重视博士生学位论文撰写流程的规范性,以期通过对这一流程的规范化管理,保障博士生学位论文质量,为回应这一趋势,本次调查拟设有关博士生学位论文撰写过程中的选题过程、导师指导等变量,了解我国一流大学对学位论文撰写流程的管理状况,并依据调查结果预测学位论文质量。

创新性是博士学位论文有别于其他层次学位论文的本质属性,在学位制度确立之初,国务院学位委员会即确立了以研究成果是否具备创新性作为区分硕士学位论文与博士学位论文的标准④,博士生学位论文应是学位论文创作者独立从事科学研究工作的产物,理应具备一定的创新性。尽管创新性是博士学位论文之魂,但是由于学术工作的特殊性,不同国家、不同高校、不同学科的学术文化差异大,对学术创新性的理解也千差万别。大体上来看,目前学术界关于学术创新性的争论大致包括以下两种价值取向:其一,知识取向,即认为学位论文创新性的本质是知识创造;其二,能力取向,即认为学位论文创新性的本质是独立从事科学研究工作的能力。⑤ 基于此,本次调查在拟定有关学位论文创新性指标时同时考虑了不同学科学位论文创新性的差异,并兼顾了研究能力与研究成果的知识贡献,设置了相应指标,以期全面考察博士生学位论文创新性。

二、调查方法与样本信息

(一) 调查目的

本次调查主要有以下三个方面的目的:一是全面了解博士生学位论文选题情况,包括选题缘由、选题来源、选题类型、选题时间及选题特征;二是全面了解博士生对学位论文创新性的理解,即博士生学位论文创新意识;三是通过自我报告的方式了解博士生对自己所撰写的学位论文创新性的评价状况,并在此基础上进一步探讨人口学变量、学术资本、选题过程、导师指导及博士生

① 马健生,陈玥.21 世纪世界高水平大学研究生教育:新特点与新趋势.[M]北京:高等教育出版社,2016:47-49.

② ETH Zurich.External thesis project.[EB/OL].(2013-07-01)[2019-07-29].

③ 谢梦,王顶明.质量保障与权责关系:香港大学博士生教育管理组织与制度研究[J].学位与研究生教育,2017(2).

④ 国务院.国务院批转国务院学位委员会《关于国务院学位委员会第一次(扩大)会议的报告和中华人民共和国学位条例暂行实施办法》的通知.[A/OL].(1981-05-20)[2019-07-29].

⑤ 岳英.重识博士论文的价值危机:知识、技术与权力[J].北京大学教育评论,2018,v.16;No.61(1):8-20+192.

学位论文创新意识对博士生学位论文创新性的综合影响。

（二）调查对象

1. 抽样与回收情况

本次调查依托中国研究生教育年度报告（2018）课题，课题组于 2019 年 3 月至 5 月间采用分层抽样的方式对全国 59 所“双一流”高校博士生进行问卷调查。问卷通过直接邮寄纸质版问卷的形式进行发放，47 所高校响应了本次调查，共计发放问卷 18 100 份，回收 10 651 份，问卷总的回收率为 58.85%。经过人工筛选剔除无效样本后得到有效样本 7986 份，问卷总体有效率为 74.98%。抽样高校问卷发放与回收情况如表 2-1 所示。

表 2-1 抽样四大区域①高校问卷发放与回收情况

区域	学校类别	高校数量	发放数量	回收数量	有效样本量	问卷回收率	问卷有效率
东北	“双一流”高校	3	1200	826	590	68.83%	71.43%
	一流学科高校	2	800	534	365	66.75%	68.35%
东部	“双一流”高校	15	6050	3619	2713	59.82%	74.97%
	一流学科高校	11	3500	1942	1434	55.49%	73.84%
西部	“双一流”高校	8	3350	1728	1350	51.58%	78.13%
	一流学科高校	2	800	453	365	56.63%	80.57%
中部	“双一流”高校	5	2000	1269	964	63.45%	75.97%
	一流学科高校	1	400	280	205	70.00%	73.21%

从抽样高校类型来看，本次调查侧重于双一流高校，是我国当前博士生教育的主力军。所有抽样高校中“双一流”高校共 31 所，占全国“双一流”高校总量的 73.8%；一流学科高校共 16 所，占全国一流学科高校总量的 16.8%。从抽样高校区域分布来看，本次调查抽样基本符合我国现阶段优质博士生教育资源分布情况。其中，东北地区高校 5 所，有效样本量 955 份，有效样本占比 11.96%；东部地区高校 26 所，有效样本量 4147 份，有效样本占比 51.93%；西部地区高校 2 所，有效样本量 1715 份，有效样本占比 21.48%；中部地区高校 10 所，有效样本量 1169 份，有效样本占比 14.64%。

2. 调查对象基本情况

从抽样对象人口学特征（如表 2-2 所示）来看，抽样对象性别分布与我国现阶段博士生性别结构基本相符，抽样对象中女性博士生总量为 3143 人，占总体的 39.4%。抽样对象年龄主要集中在 24—29 周岁，处于这一年龄段的博士生总数为 6450 人，占总体的 80.70%，符合当前我国博士生年龄特征。抽样对象中，普通招考博士生占比 51.0%、申请考核博士生占比 30.2%，与目前我国博士生招生现状基本吻合。抽样对象绝大多数为全日制博士（占比 97.4%），可能与抽样方式及非全日制博士占比较小有关，专业型博士占比 4.3%，基本符合我国现阶段专业博士招生状况。

---

① 四大区域依据国家统计局相关标准划分。

表 2-2 调查对象基本信息概况

	类别	N	百分比		类别	N	百分比
性别	男	4 843	60.6%	所属区域	东部	4 147	51.9%
	女	3 143	39.4%		中部	1 169	14.6%
年龄	16—23	338	4.2%		西部	1 715	21.5%
	24—26	2 812	35.2%		东北	955	12.0%
	27—29	3 638	45.5%	学校类别	"双一流"高校	5 196	65.1%
	30—32	858	10.8%		一流学科高校	2 790	34.9%
	33—49	340	4.3%	导师身份	院士	275	3.4%
录取方式	普通招考	4 075	51.0%		长江学者、千人或杰青等	1 599	20.0%
	硕博连读	3 124	39.1%		普通教授或研究员	5 705	71.4%
	本科直博	787	9.9%		普通副教授或副研究员	407	5.1%
学习方式	全日制	7 782	97.4%	父亲学历	小学及以下	839	10.5%
	非全日制	204	2.6%		初中	2 309	28.9%
学位类型	学术型	7 642	95.7%		高中或中专	2 459	30.8%
	专业型	344	4.3%		大专	1 017	12.7%
录取类型	跨一级学科录取	2 060	25.8%		大学本科	1 120	14.0%
	一级学科内跨二级学科录取	2 052	25.7%		研究生及以上	242	3.0%
	二级学科内录取	3 874	48.5%	母亲学历	小学及以下	1 449	18.1%
学科大类	人文类	410	5.1%		初中	2 129	26.7%
	社科类	1 290	16.2%		高中或中专	2 462	30.8%
	理学类	1 387	17.4%		大专	955	12.0%
	工学类	4 059	50.8%		大学本科	833	10.4%
	农学类	371	4.6%		研究生及以上	158	2.0%
	医学类	469	5.9%				
年级/就读时间	博一	2 467	30.9%				
	博二	2 742	34.3%				
	博三	1 660	20.8%				
	博四	679	8.5%				
	五年	308	3.9%				
	六年及以上	130	1.6%				

抽样对象中工学博士占比 50.8%、理学博士占比 17.4%、人文类博士占比 5.1%、社科类博士占比 16.2%，大致符合我国博士总体结构特征。抽样对象中博一、博二、博三人数占大多数，总占比 86.0%，分布基本均匀，博四学生较少，可能与部分高校现行学制及抽样时间有关。抽样对象中导师为普通教授及副教授的人数最多，占总体的 76.5%，其次是导师入选长江学者、千人计划或家杰出青年科学基金获得者的人数占比 20.0%，导师为院士的占比仅为 3.4%。抽样博士中父亲为研究生及以上学历的博士占比为 3.0%、母亲为研究生及以上学历的博士占比为 2.0%，表明抽样对象多数为新一代研究生。

（三）调查工具

本次调查使用自编《博士研究生学位论文选题来源及创新性调查问卷》进行调查，问卷由个人信息、选题过程、导师指导、学位论文选题来源、学位论文创新意识、学位论文创新性六个部分组成：个人信息部分通过 11 道题采集博士生的性别、年龄、录取方式、学习方式、年级、论文发表、导师身份、父母亲学历等信息；选题过程部分通过 4 道题了解博士学位论文选题缘由、选题类型、选题特征、选题时间等学位论文选题相关信息；导师指导部分通过 2 道常规题收集导师指导基本信息，并通过 6 道五点量表题（$\alpha=0.825, r_{it}>0.30$）测量导师指导类型；学位论文选题来源部分通过 7 道五点量表题测量博士生选题与导师课题、读博前后科研经验、读博前后课程学习经验、硕士学位论文选题及工作经验之间的相关程度，进而了解博士生学位论文选题的主要来源；学位论文创新意识部分通过 8 道五点量表题（$\alpha=0.860, r_{it}>0.30$）测量博士生对学位论文各个维度创新性重要程度的理解；学位论文创新性通过 8 道五点量表题考查博士生对所撰写的学位论文创新性的自我评价状况。

借助前述调查工具得到有效样本后，调查组使用 SPSS 25.0 对调查结果进行了统计分析，并借助 Excel 2016 与 ECharts 2.2.2 对部分数据进行了可视化处理。

三、调查发现

（一）学位论文选题特点

1. 研究兴趣、知识水平与研究价值是影响学位论文选题的主要因素

从学位论文选题缘由来看，研究兴趣、知识水平与研究价值是影响学位论文选题的主要因素。其中，绝大多数的博士生（62.00%）认为自身研究兴趣是影响学位论文选题关键性的因素，半数以上（56.40%）的博士生认为导师研究兴趣是制约学位论文选题的重要因素。除研究兴趣外，知识水平是制约学位论文选题的主要原因，近一半博士生（46.70%）认为自身知识水平影响了学位论文的选题。此外，1/3 以上的博士认为选题创新性（37.30%）与研究成果价值（37.60%）影响了学位论文的选题。此外，23.70% 的博士生认为研究方法偏好是影响学位论文选题的主要原因，而选题难度（14.80%）与职业发展需要（9.8%）对学位论文选题的影响最弱（图 2-1）。

为深入分析选题缘由各要素之间的关系，对学位论文选题缘由的 8 个变量进行 K-means 聚类分析，得到如表 2-3、表 2-4 所示的 4 个聚类①。从聚类结果来看，选题价值主导的博士生在学位论文选题时最为关注学位论文研究成果的理论价值或应用价值，他们在学位论文选题时除

---

① 聚类数量为探索所得，当聚类数量为 4 时所得聚类能够最好地体现调查样本特征。

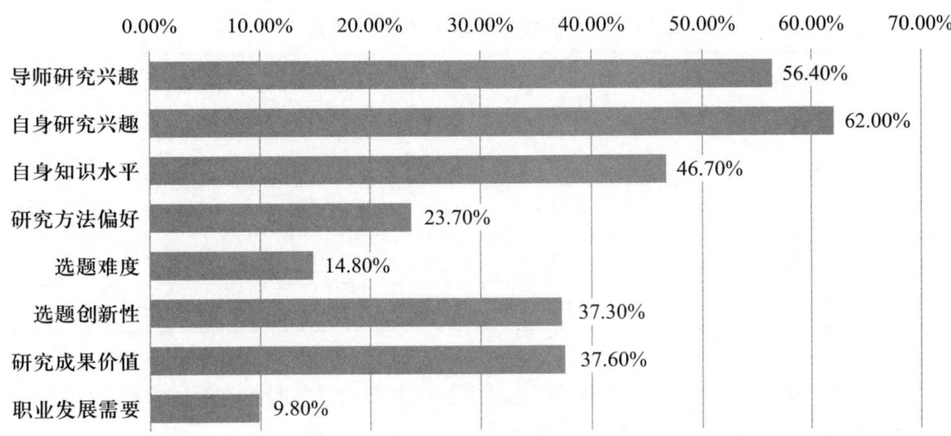

图 2-1 学位论文选题影响因素

考虑选题价值外还优先考虑选题创新性及自身研究兴趣,同时兼顾导师研究兴趣及自身知识水平;自身兴趣主导的博士生在选题时优先考虑自身研究兴趣,兼顾选题创新性、自身知识水平及研究方法偏好;多重兴趣主导的博士生在学位论文选题时主要考虑导师研究兴趣与自身研究兴趣的冲突,同时兼顾自身知识水平与研究成果价值;导师兴趣主导的博士生在导师研究兴趣与自身研究兴趣的博弈中放弃了自身研究兴趣,主要考虑导师研究兴趣与自身知识水平,同时兼顾研究方法偏好及选题创新性。

表 2-3 学位论文选题缘由聚类中心①

	选题价值主导	自身兴趣主导	兴趣冲突主导	导师兴趣主导
导师研究兴趣			1	
自身研究兴趣	1	1	1	
自身知识水平				1
研究方法偏好				
选题难度				
选题创新性	1			
研究成果价值	1			
职业发展需要				

① 表中的 1 表示选中该选项,空白表示未选中。

表 2-4 学位论文选题缘由聚类均值①

	导师研究兴趣	自身研究兴趣	自身知识水平	研究方法偏好	选题难度	选题创新性	研究成果价值	未来职业发展
选题价值主导	0.30	0.56	0.32	0.06	0.09	0.69	1.00	0.13
自身兴趣主导	0.32	1.00	0.46	0.42	0.13	0.46	0.06	0.08
多重兴趣主导	1.00	0.75	0.44	0.04	0.08	0.00	0.42	0.08
导师兴趣主导	0.62	0.00	0.68	0.43	0.33	0.39	0.07	0.11

从学位论文选题缘由聚类结果的分布(如图 2-2)来看,自身兴趣主导的博士生占比最高(占比为 28.51%),这部分博士生在选题过程中优先考虑自身研究兴趣并能兼顾选题创新性;超过 1/4(占比为 27.40%)的博士生的学位选题属于多重兴趣主导的选题,他们在学位论文选题时在自身研究兴趣与导师研究兴趣之间能够找到平衡点,并能同时考虑导师研究兴趣与自身研究兴趣,还能兼顾自身知识水平与研究成果价值;近 1/4(23.07%)的博士生在选题时受选题价值主导,他们在选题时优先考虑选题本身的价值及选题的创新性;另有 21.02%的博士生在学位论文选题时放弃了自身研究兴趣,转而转向导师兴趣主导的选题。

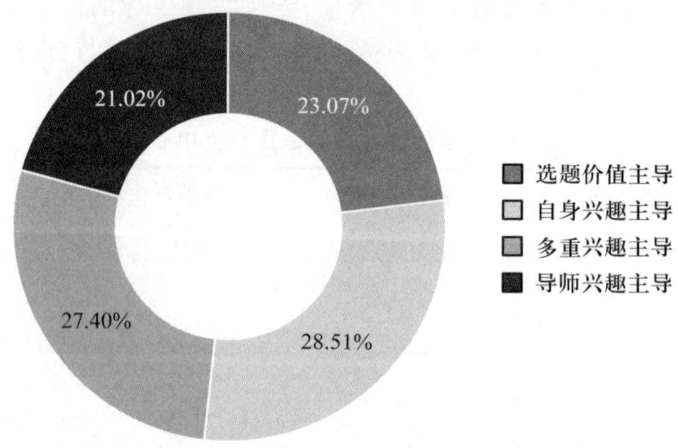

图 2-2 学位论文选题缘由分布

2. 读博期间科研经历与导师课题是博士生学位论文选题的主要来源

博士生学位论文选题来源丰富,导师课题、科研经验、学习经验、硕士学位论文等因素都有可能是选题的直接或间接来源。为了解博士生学位论文来源情况,本调查使用五点量表测量博士生学位论文选题来源情况,按照 1("完全无关")到 5("关系密切")进行计分。从调查结果来看(如图 2-3 所示),读博期间科研经验(均值为 3.80)与导师课题(均值为 3.74)是博士生学位论文选题的主要来源,读博期间课程学习与读博前科研经验(均值分别为 3. 43、3. 42)次之,工作经验并不是学位论文选题的主要来源(均值仅为 3. 13)。

① 表中数值大小表示选中各个选项的可能性,数值越高选中该选项的可能性越大。

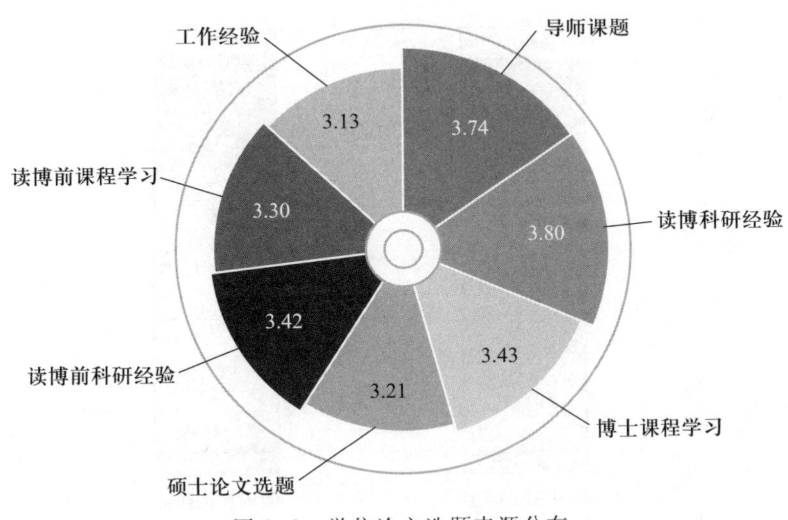

图 2-3 学位论文选题来源分布

3. 博士生学位论文选题更青睐基础研究

从选题类型来看,尽管总体来看博士生学位论文选题类型分布较为均衡,没有出现比例严重失衡的现象①,但是博士研究生在学位论文选题时似乎更青睐基础研究,受访博士生中累计有4946位博士生(占比61.90%)报告其学位论文选题为基础研究,3040位博士生(占比38.10%)报告的学位论文选题为应用研究。

4. 博士生学位论文选题倾向于选择常规型选题、外向型选题与开创型选题

除选题类型外,与学位论文选题相关的国内外研究状况也是影响学位论文选题的重要指标,本次调查针对这一指标设置了“与您的学位论文选题相关的国内研究”以及“与您的学位论文选题相关的国外研究”两个题项,每个题项均按1(“没有”)到5(“非常多”)进行计分。

从国外相关研究状况(如图2-4所示)来看,1/3以上(33.40%)博士生的学位论文选题国外相关研究较多,约1/3(33.00%)博士生的学位论文选题国外相关研究一般多,约1/5(21.80%)博士生的学位论文选题国外相关研究较少,6.90%的博士生学位论文选题国外相关研究几乎没有,4.90%的博士生学位论文选题国外相关研究非常多。从国内相关研究状况来看,1/3以上(33.40%)博士生的学位论文选题国内相关研究一般多,29.80%的博士生学位论文选题国内相关研究较多,26.30%的博士生学位论文选题国内相关研究较少,学位论文选题国内相关研究几乎没有或非常多的博士生占比均为5.20%。

为进一步分析博士生学位论文选题特征,构建了如图2-5所示的学位论文选题分类模型。其中,常规型选题即国内外相关研究均较多的学位论文选题,外向型选题即国外研究较多、国内研究较少的学位论文选题,内向型选题即国内研究较多、国外研究较少的学位论文选题,开创型选题即国内外研究均较少的学位论文选题。基于这一分类,通过K-means聚类将博士生学位论文选题划分为如表2-5、表2-6所示的4个聚类。从最终聚类中心与各聚类国内外相关研究均值来看,聚类结果符合预设模型。

① 相对已有文献有关具体学科博士生学位论文选题类型相关研究而言。

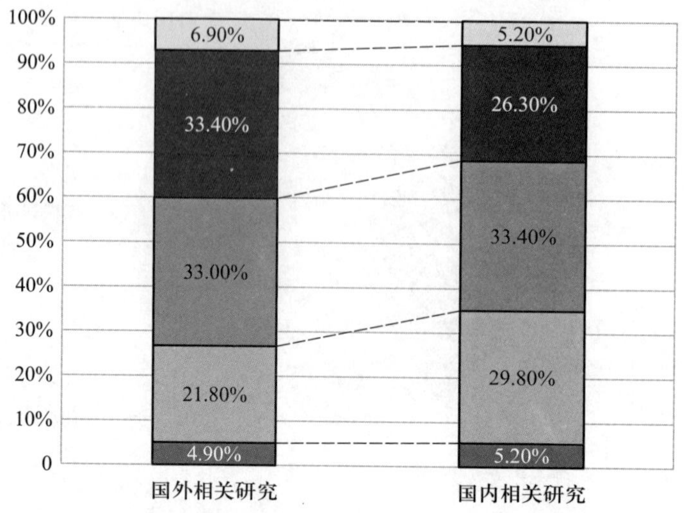

图 2-4 学位论文选题国内外相关研究分布

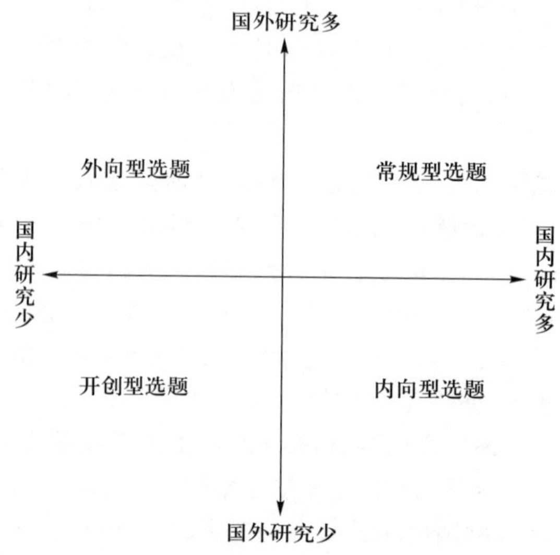

图 2-5 学位论文选题特征理论分类

表 2-5 学位论文选题特征聚类中心

	常规型选题	外向型选题	内向型选题	开创型选题
国外研究	4	3	2	2
国内研究	4	2	3	2

表 2-6 学位论文选题特征聚类均值

	选题相关国外研究	选题相关国内研究
常规型选题	3.69	3.59
外向型选题	3.48	1.95
内向型选题	1.82	3.43
开创型选题	1.81	1.76

从选题特征来看(如图 2-6 所示),常规型选题、外向型选题与开创型选题是博士生学位论文选题的主要类别。一半以上博士生(56.36%)学位论文选题属于常规型选题,与选题相关的国内外研究均较多(均值分别为 3.59、3.69);18.09%的博士生学位论文选题属于开创型选题,与选题相关的国内外研究均较少(均值分别为 1.76、1.81);16.94%的博士生学位论文选题属于外向型选题,与选题相关的国外研究较多(均值为 3.48)、国内相关研究较少(均值为 1.95);8.60%的博士生学位论文选题属于内向型选题,与选题相关的国内研究较多(均值为 3.43)、国外相关研究较少(均值为 1.82)。

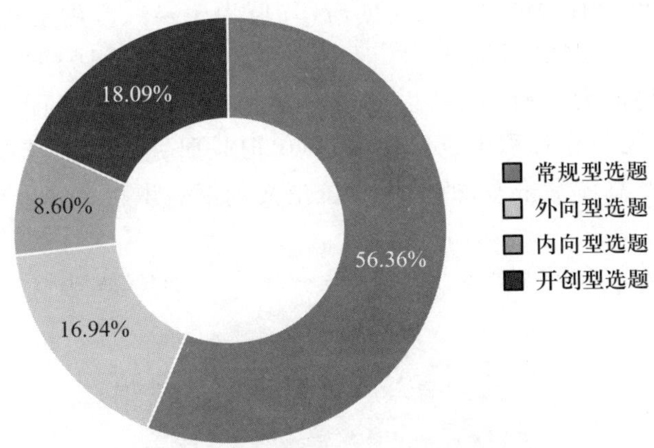

图 2-6 学位论文按选题特征分布情况

5. 完成学位论文选题大致需要一年时间

在选题所用时间(如图 2-7 所示)方面,44.20%的博士生完成学位论文选题时间在半年到一年之间,27.70%的博士生完成学位论文选题用了一年至一年半的时间,13.00%的博士生在半年内完成了学位论文选题,9.9%的博士生完成选题花了一年至两年时间,另有 5.20%的博士生选题时间超过总学制的一半(即两年)。

(二)重选题创新,轻研究过程创新

学位论文创新性包括研究选题、研究假设、研究视角、研究方法、引证资料、研究结论、理论价值、应用领域 8 个指标,本调查使用五点量表测量博士生对学位论文创新性的主观认识,按照 1("最不重要")到 5("非常重要")进行计分。

调查结果(图 2-8)表明,在博士生看来,学位论文创新性(均值为 3.90)比较重要,其中研究选题创新(均值为 4.07)是博士学位论文创新性指标中最为重要的一项,其次是研究视角创新

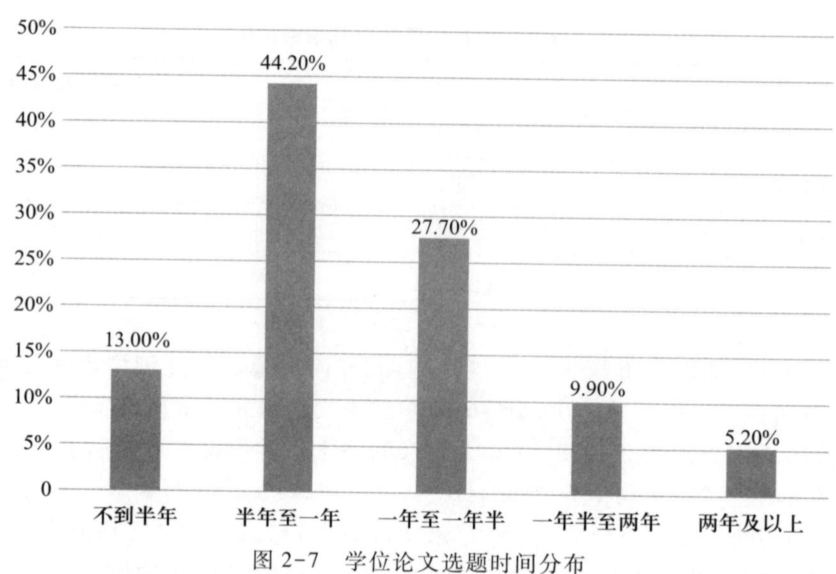

图 2-7 学位论文选题时间分布

（均值为 4.02），与研究价值有关的研究结论创新（均值为 3.94）、应用领域创新（均值为 3.92）、理论创新（均值为 3.88）等的重要程度次之，而与学位论文写作相关的研究假设创新（均值为 3.87）、研究方法创新（均值为 3.86）以及引证资料创新（均值为 3.67）的重要程度则较为靠后。尽管研究视角是学位论文写作过程中重要的切入点，但是研究视角的选择往往在学位论文选题之初即已大致明确，因此总体上来看，博士生学位论文创新意识存在着重选题创新轻研究过程创新的趋势。

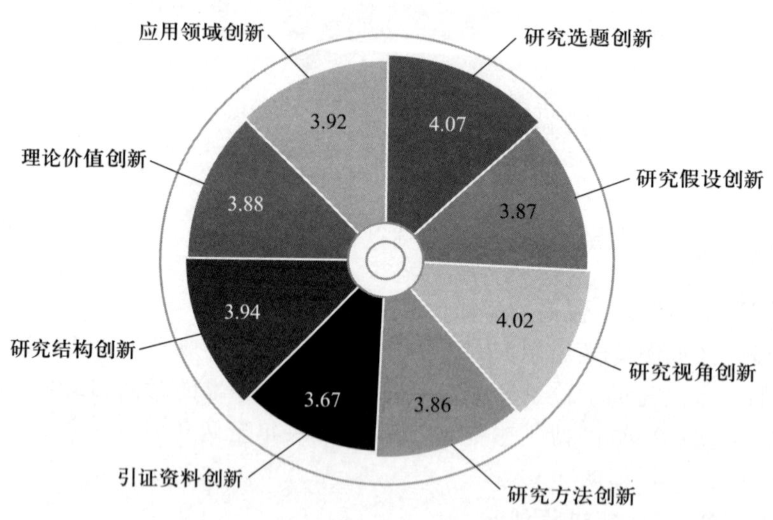

图 2-8 博士生感知的学位论文创新意识

（三）结论创新突出，过程创新不足

与创新意识调查类似，博士生学位论文创新性采取自我报告的形式进行，博士生就自己的学位论文在 8 个创新性指标的表现进行主观评价，评价计分按 1（“没有创新”）到 5（“创新极多”）

记录。从调查结果(图 2-9)来看,博士生认为自己所创作的学位论文创新性(均值为 3.59)较多,其中研究结论(均值为 3.69)是学位论文最为主要的创新点,应用领域(均值为 3.66)、研究视角(均值为 3.65)、研究选题(均值为 3.60)、理论贡献(均值为 3.58)次之,与学位论文写作过程有关的研究方法(均值为 3.52)、研究假设(均值为 3.51)及引证资料(均值为 3.47)创新性最差,总的来说,博士生自我报告的学位论文创新性呈现出结论创新突出而过程创新不足的特征。

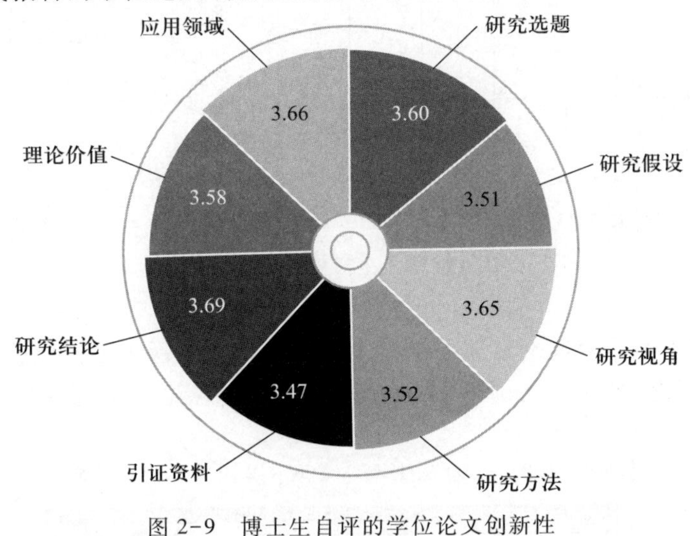

图 2-9 博士生自评的学位论文创新性

四、学位论文选题来源特征分析

(一) 性别对学位论文选题来源的影响

随着博士生教育规模的扩大,女性博士生招生人数不断增多,女性在博士生招生人数中的占比也不断扩大(如图 2-10),女性博士生招生人数由 2012 年的 2.55 万人增加到 2017 年的 3.51 万人,五年间女性博士生扩招比例达 37.6%。另一方面,女性博士生在整个博士生招生计划中的占比也由 2012 年的 37.28%稳步提高到 2017 年的 41.81%。作为不断成长的特殊群体的女性博士生,她们在学位论文选题来源、学位论文创新意识、学位论文创新表现方面是否与男性博士生存在差异是本次调查关注的重要议题之一①。

图 2-11 为不同性别博士生选题来源差异比较,卡方检验结果表明,不同性别博士生的学位论文选题来源与导师课题($\chi^2=10.179, p=0.038<0.05$)、工作经验($\chi^2=17.294, p=0.002<0.01$)两个指标之间的相关程度存在显著差异,女性博士生学位论文与导师课题相关程度显著低于男性博士生学位论文与导师课题相关程度,对于有工作经验的博士生群体而言,女性博士生学位与工作经验的相关程度显著低于男性博士生学位论文与工作经验的相关程度,可能的原因是与男性

① 由于年龄对学位论文选题来源、学位论文创新意识及学位论文创新性影响不显著,因此本次调查忽略年龄对调查指标的影响,在学位论文创新性回归模型(表 2-10)中年龄对学位论文创新性的影响也不显著。

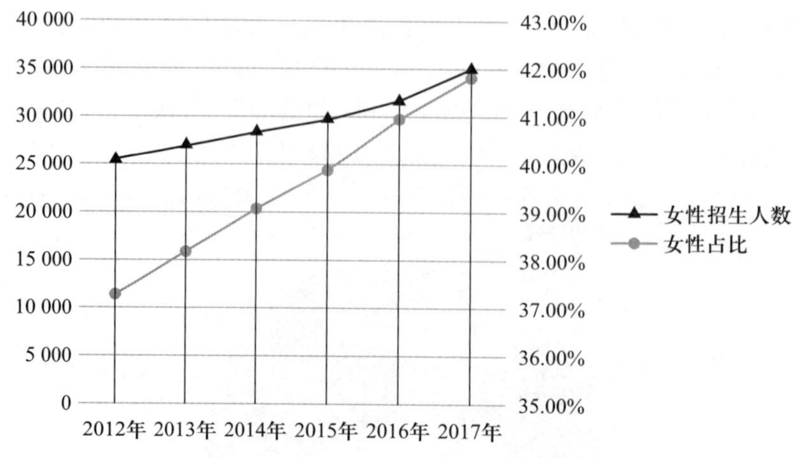

图 2-10 女性博士生招生人数及占比变化①

博士生相比,女性博士生在学位论文选题时不太善于从导师课题或工作经验中迁移出对学位论文选题有益的学术问题,博士生导师在指导女性博士生学位论文选题时应予以适当重视这一问题。

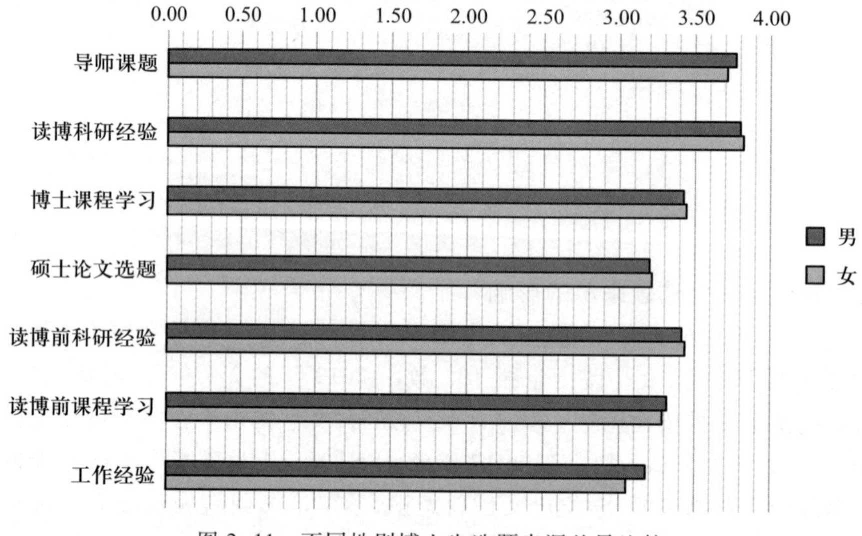

图 2-11 不同性别博士生选题来源差异比较

(二)不同学科学位论文选题来源特征分析

随着经济新常态的到来,国民经济开始进入"调结构稳增长"发展阶段,产业结构呈现出不断优化调整的态势。为应对日益加剧的国际竞争,适应新经济的发展,国家对不同学科博士研究生招生计划也进行了适时调整。从图 2-12 可以看出,近六年六个学科大类②中除农学外的其他五个学科招生计划都呈现出统一的趋势,即工学、理学、医学招生人数与占比稳步提升,而人文类

① 数据来源教育部发布的历年《教育统计数据》。

② 由于农学与医学与理学或工学的学科差异较大,本次调查将农学与医学单独进行分析。

学科、社科类学科尽管招生人数略有增加但其在整个博士生招生计划中的占比却在稳步下滑。基于对博士生招生结构调整的考量,同时考虑不同学科文化可能对博士生学位选题、学位论文创新性造成的影响,在后续分析中将学科大类作为重要的自变量进行探讨。

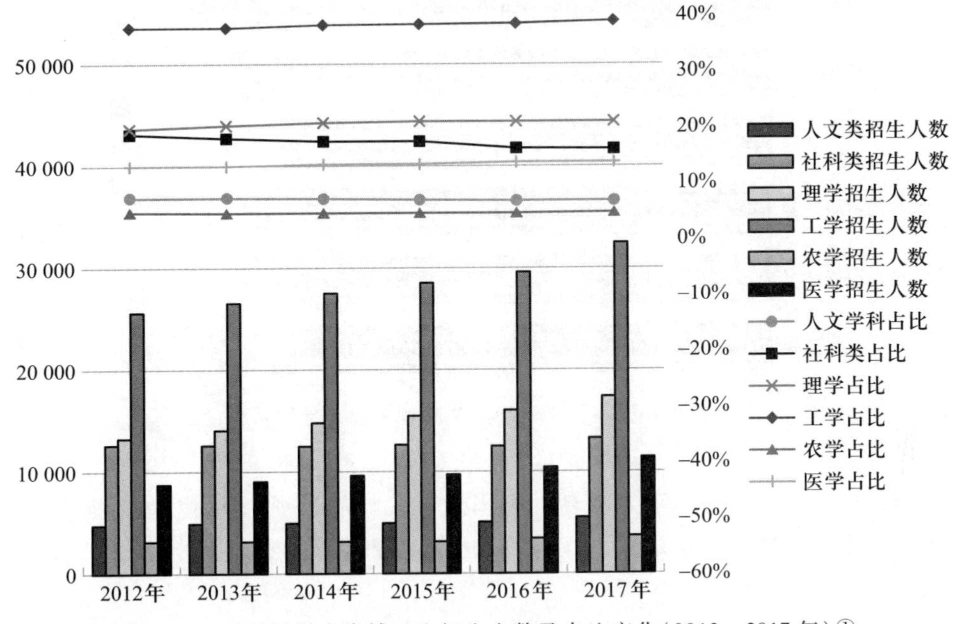

图 2-12 不同学科大类博士生招生人数及占比变化(2012—2017 年)①

方差分析及事后检验②的结果(如图 2-13)表明,不同学科大类博士生在选题来源各个指标上的表现均具有显著差异,农学、理学、工学博士生学位论文选题与导师课题相关程度(均值依次为 3.91、3.88、3.82)显著高于其他学科,理学、工学、医学博士生学位论文选题与读博期间科研经历相关程度(均值依次为 3.89、3.82、3.78)显著高于其他学科,人文类、社科类博士生学位论文选题与博士课程学习相关程度(均值依次为 3.78、3.48)显著高于其他学科,理学博士生学位论文选题与硕士论文选题(均值为 3.26)相关程度最大,理学、农学博士生学位论文选题与读博前科研经验相关程度最大(均值均为 3.48),人文类博士生学位论文选题与读博前课程学习相关程度最大(均值为 3.40),医学博士生学位论文选题与工作经验相关程度最大(均值为 3.29)。

(三) 学术资本对学位论文选题来源的影响

学术资本(academic capital)即与控制学术再生产手段的权力相联系的资本③,学术资本既包括学者的学术发表也包括学术工作过程中所积累的外部声誉④,还包括因学术工作所占据的学术职位⑤。学术资本是学者进入学术职业的基础,是学者学术再生产能力的表征,已有文献表

① 数据来源教育部发布的历年《教育统计数据》。

② 限于报告篇幅,具体分析过程从略,下同。

③ Bourdieu P, Wacquant L J D.An invitation to reflexive sociology [M].University of Chicago Press, 1992:76.

④ Bourdieu P.Homo Academicus [M].Stanford University Press, 1988:98.

⑤ McSherry C.Who owns academic work? ——Battling for control of intellectual property [M].Harvard University Press, 2009:235.

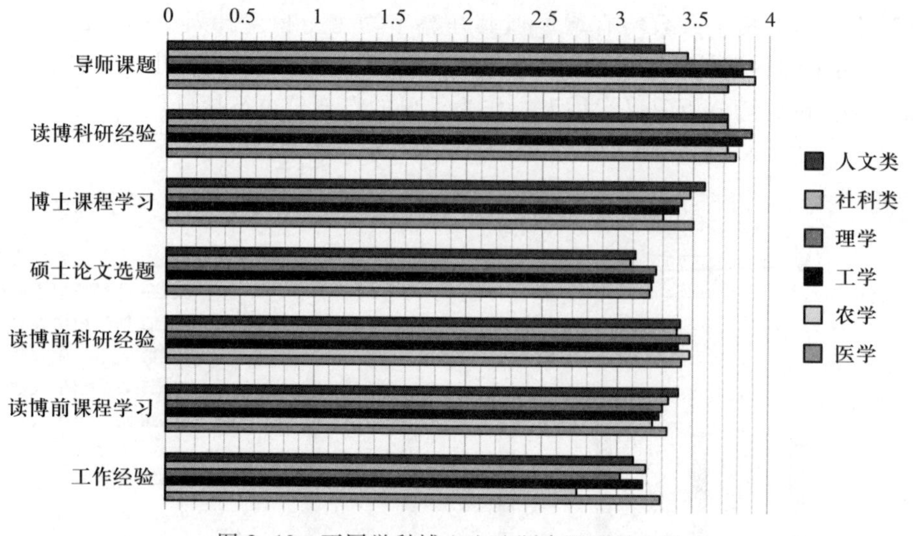

图 2-13 不同学科博士生选题来源差异比较

明,学术资本与学者的学术工作、学术创新性等因素有关。从学理上来说,博士生学位论文选题是博士生在导师指导下独立完成的学术工作,不同学术资本的博士生在学位论文选题时可能会有不同的表现。

博士生尚未正式迈入学术职业,其学术资本与一般学者的学术资本应有所区别,有学者指出博士生的学术资本主要包括学术发表、教学经验、学术网络①,考虑到我国博士生教育特点,大多数博士生未能通过博士生教育获得正式的教学经验,本调查主要考察学术发表及学术网络②方面的学术资本。

1. 学术发表③对学位论文选题来源的影响

结合博士生整体学术发表状况,定义无发表(发表篇数④为 0)的博士生为无产出博士生(占比 48.48%),发表篇数 2 篇及以下的为低产出博士生(占比为 23.99%),发表篇数在 2 至 6 篇之间(不含)的为一般产出博士生(占比为 23.57%),发表篇数为 6 篇及以上的为高产出博士生(占比 3.96%)。

方差分析及事后检验结果(如图 2-14)表明,不同学术发表状况的博士生在读博科研经验、博士课程学习、硕士论文选题、读博前科研经验与读博前课程学习五个选题来源指标上存在显著差异。学术产出越多的博士生学位论文选题与读博科研经验、博士课程学习、读博前科研经验相关程度越高。在硕士学位论文选题相关程度指标上,高产出博士生博士学位论文选题与硕士学位论文选题相关程度较高(均值为 3.23),一般产出与低产出博士生博士学位论文选题与硕士学位论文选题相关程度差异不大(均值分别为 3.10、3.11),低产出博士生博士学位论文选题与硕士

---

① Eddy M D. Academic capital, postgraduate research and British universities: A Bourdieu inspired reflection[J]. Discourse: Learning and Teaching in Philosophical and Religious Studies, 2006, 6(1): 211-223.

② 以家庭学术地位、学校学术地位与导师学术地位三个指标进行衡量。

③ 此处的学术发表指博士生读博后的学术发表,读博前学术发表对学位论文选题来源没有显著影响。

④ 发表篇数为各类学术论文加权结果,并不都为整数。

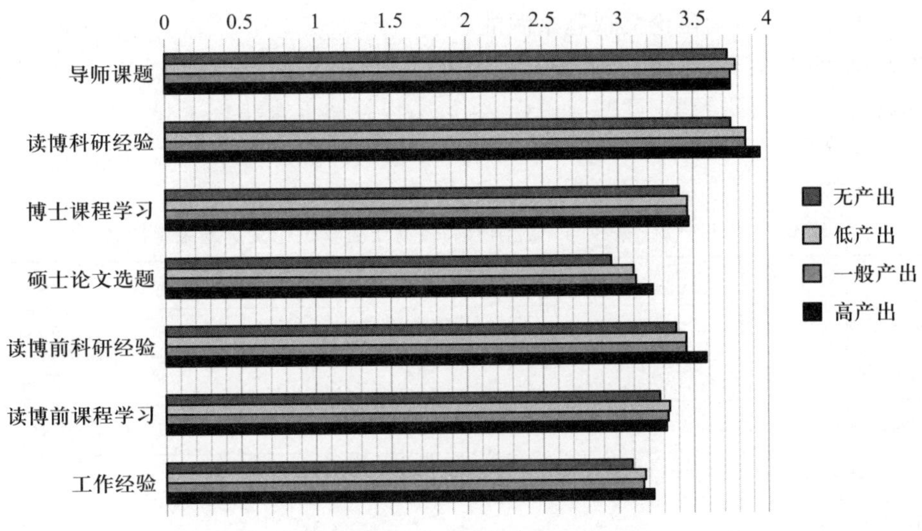

图 2-14 不同学术发表状况下学位论文选题来源比较

学位论文选题相关程度最小(均值仅为 2.95)。

2. 学术网络对学位论文选题来源的影响

(1) 家庭学术地位对学位论文选题来源的影响

定义父亲或者母亲中至少有一人学历为研究生及以上学历的博士生为研二代(占比 3.69%),父母中没有研究生及以上学历的博士生为非研二代(占比 96.31%)。卡方检验结果表明,家庭学术地位不同的博士生仅在学位论文选题与读博期间科研经验相关程度上具有显著差异,研二代博士学位论文选题与读博期间科研经历的相关程度显著(均值为 3.68)低于非研二代博士学位论文选题与读博期间科研经历的相关程度(均值为 3.81)。($\chi^2 = 11.671, p = 0.020 < 0.05$)(如图 2-15 所示)。

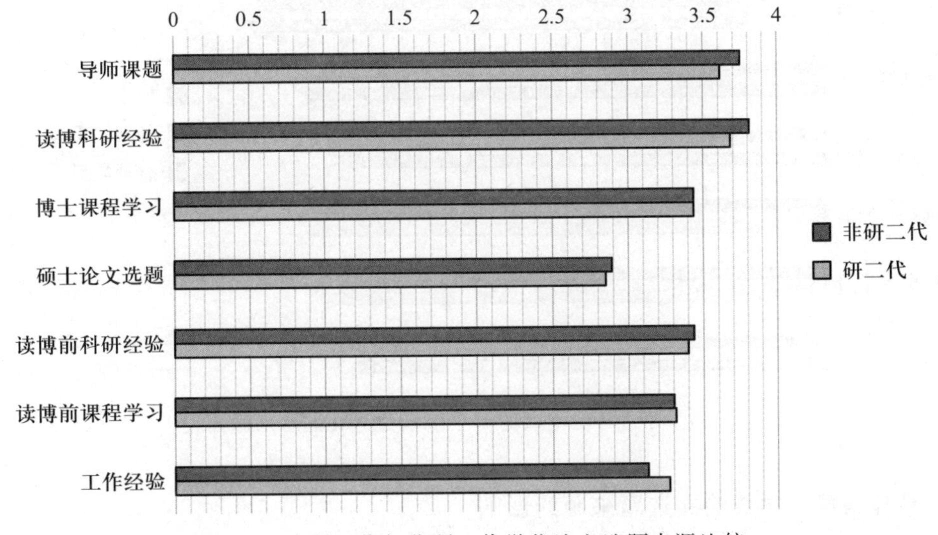

图 2-15 研二代与非研二代学位论文选题来源比较

(2) 学校学术地位对学位论文选题来源的影响

卡方检验结果(如表2-7)表明,"双一流"高校博士生学位论文选题来源在博士课程学习、硕士论文选题、读博前科研经验、读博前课程学习、工作经验五个指标上显著低于一流学科高校博士生学位论文选题与上述指标之间的相关程度,可能的原因是"双一流"高校博士生学位论文选题来源更加多样化。

表2-7 "双一流"高校与一流学科高校博士生学位论文选题来源比较

	"双一流"高校	一流学科高校	卡方
导师课题	3.75	3.73	5.609
读博科研经验	3.81	3.79	3.649
博士课程学习	3.40	3.49	20.818***
硕士论文选题	2.77	3.11	114.784***
读博前科研经验	3.38	3.51	40.675***
读博前课程学习	3.24	3.40	55.514***
工作经验	3.03	3.31	67.922***

(3) 导师学术地位对学位论文选题来源的影响

方差分析及事后检验结果表明,导师为长江学者、千人计划或杰青的博士生学位论文选题与导师课题、硕士论文选题、读博前科研经验、工作经验四个指标的相关程度显著高于导师为普通教师的博士生的学位论文选题在前述四个指标上的相关程度(如图2-16)。

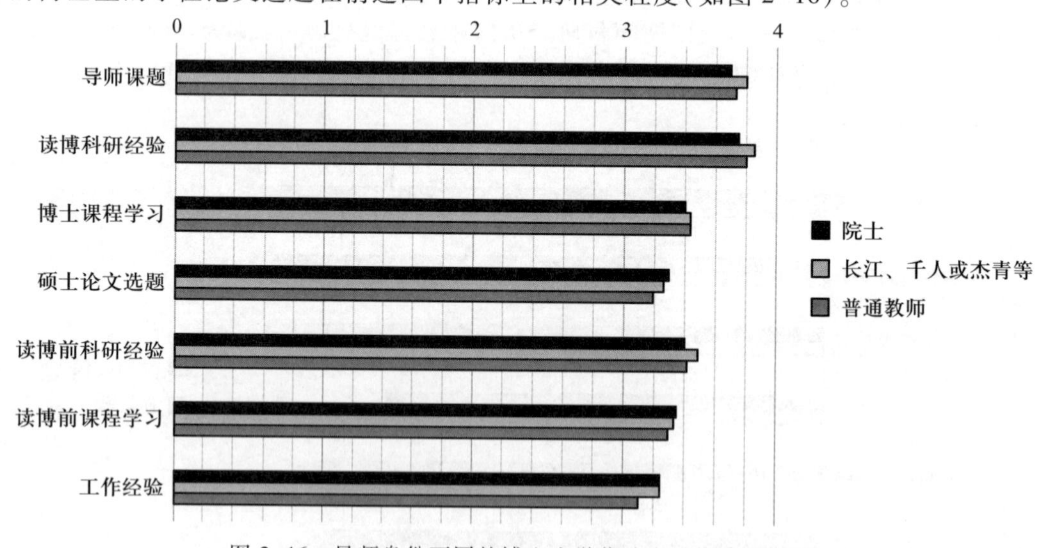

图2-16 导师身份不同的博士生学位论文选题来源比较

(四) 导师指导对学位论文选题来源的影响

在学位论文选题写作过程中,导师能够利用自身学术所长对博士生选题、写作与修订进行指导,在学位论文指导过程中,导师对博士生的指导状况如何将影响到博士生选题、创新意识、创新性。在本次调查中,设置了两个题项分别就导师对导师指导频次①、导师指导类型进行了测量,以下简要介绍导师指导频次与导师指导类型对博士生学位论文选题来源的影响。

1. 导师指导频次对选题来源的影响

方差分析及事后检验结果(参考图 2-17)表明,导师指导频次不同的博士生在学位论文选题来源各个指标上存在显著差异,大致呈现出导师指导频次越多博士生学位论文选题与学位论文选题来源各个指标之间的相关程度越高的趋势。

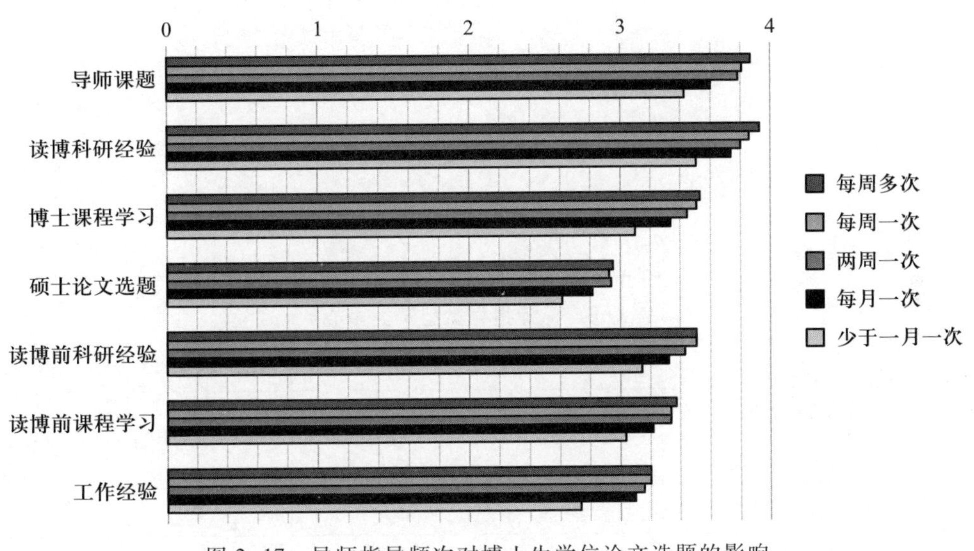

图 2-17 导师指导频次对博士生学位论文选题的影响

2. 导师指导类型对选题来源的影响

导师指导类型参考加特菲尔德(Terry Gatfield)对导师指导类型的分类维度②,采用 6 道五级量表题从“支持(对立)”与“放任(管理)”两个维度对导师指导类型进行测量。参考加特菲尔德的导师指导类型分类(如图 2-18),通过 K-means 聚类分析将博士生导师指导类型划分为如表 2-8、表 2-9 所示的 4 个聚类。其中,放任型指导(占比 15.72%,如图 2-19)是指导师在指导博士生的过程中在不提供过多支持的情况下,以放任的形式任由博士生选择研究方向及研究内容的指导方式;田园型指导(占比 41.89%)是指导师既提供较多支持便于其进行研究,又不对博士生的研究加以限制,任由其自己进行研究的指导方式;契约型指导(占比 22.26%)是指导师既提供较多支持,又对其研究加以适当管理的指导方式;管理型指导(占比 20.14%)是指导师在指导博士生的过程中不仅不提供足够支持,反而对其研究提出限制的指导方式。

① 导师指导频次题项限定为导师针对学术问题对博士生进行指导的频次。

② Gatfield T.An investigation into PhD supervisory management styles: Development of a dynamic conceptual model and its managerial implications [J].Journal of Higher Education Policy and Management, 2005, 27(3): 311-325.

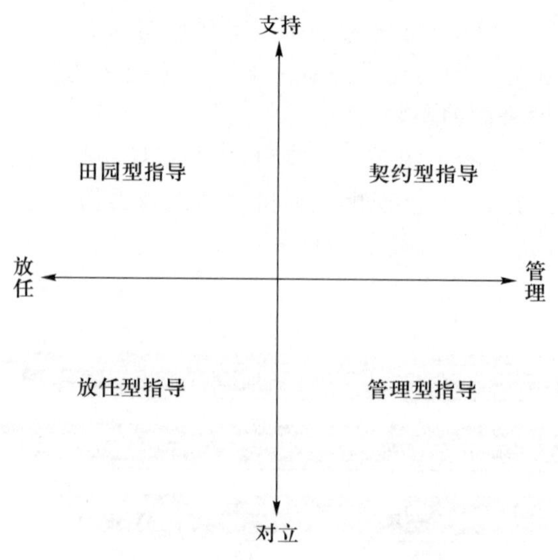

图 2-18 导师指导方式理论分类

表 2-8 导师指导类型聚类中心

		放任型指导	田园型指导	契约型指导	管理型指导
支持	支持观点	3	4	4	3
	听从研究建议	3	4	3	3
	提供研究帮助	3	4	4	3
放任	自选研究方向	4	4	3	3
	自定研究内容	4	4	3	3
	自行开展研究	4	4	3	3

表 2-9 导师指导类型聚类均值

		放任型指导	田园型指导	契约型指导	管理型指导
支持	支持观点	2.98	4.01	3.65	2.80
	听从建议	3.05	3.96	3.45	2.75
	提供帮助	3.38	4.28	4.24	2.98
放任	自选方向	3.85	4.10	3.05	2.65
	自定内容	4.01	4.13	3.05	2.68
	自行研究	3.82	4.19	3.40	2.76

方差分析及事后检验结果(参考图 2-20)表明,四种导师指导方式下的博士生学位论文选题在学位论文选题来源各指标上都呈现出显著差异,田园型指导与契约型指导下的博士生学位论文选题与导师课题、读博科研经验、博士课程学习、硕士论文选题、读博前科研经验、读博前课程学习、工作经验之间的相关程度显著高于放任型指导与管理型指导下的博士生学位论文选题与

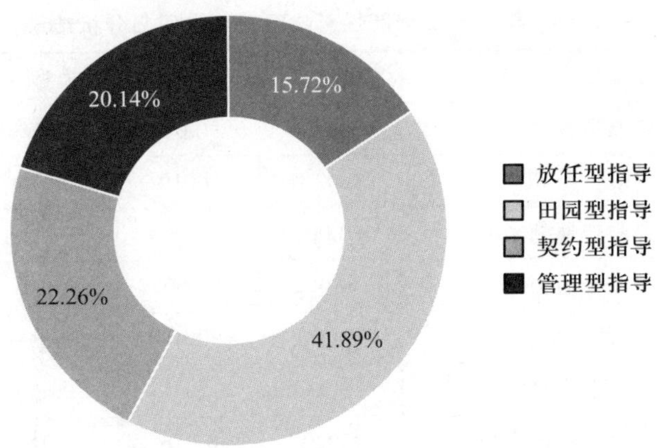

图 2-19 导师指导方式理论分类

前述指标的相关程度。其中,管理型指导方式下的博士生学位论文选题与前述学位论文选题来源指标之间的相关程度最差,这说明在管理型的指导方式下,博士生学位论文的选题可能面临更大的不确定性。

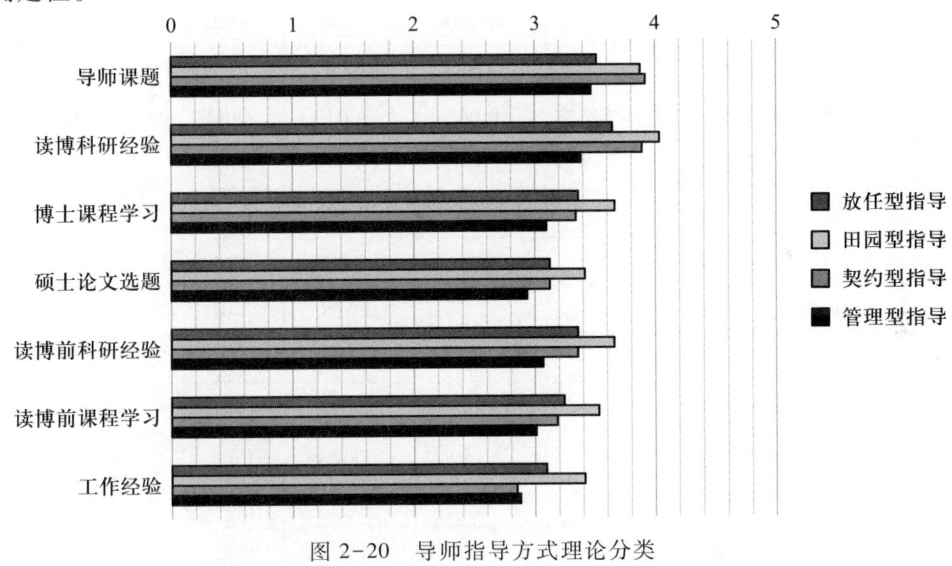

图 2-20 导师指导方式理论分类

五、博士研究生学位论文创新性影响因素分析

为进一步分析博士生学位论文创新性影响因素,构建了如表 2-10 所示的学位论文创新性影响因素逐步回归模型。该模型因变量为博士生自我报告的学位论文创新性,自变量由学术资本、选题过程、导师指导、学位论文创新意识四个维度组成,每个维度变量仅选取最有代表性的变量纳入回归模型。

表 2-10 学位论文创新性影响因素逐步回归分析结果

层级	预测变量	模型 1	模型 2	模型 3	模型 4	模型 5
控制变量	女性(参照男性)	-0.021	-0.019	-0.020	-0.026*	-0.036***
	年龄	0.021	0.019	0.017	0.017	0.014
	硕博连读(参照普通招考)	-0.004	-0.008	-0.011	-0.014	-0.007
	本科直博(参照普通招考)	-0.012	-0.007	-0.012	-0.015	-0.008
	非全日制(参照全日制)	-0.011	-0.013	-0.005	-0.001	-0.004
	专业型(参照学术型)	-0.012	-0.014	0.000	0.007	0.008
	跨学科录取(参照学科内录取)	0.020	0.016	0.019	0.018	0.011
	社会学科(参照人文学科)	-0.013	-0.021	-0.030	-0.020	-0.015
	理学(参照人文学科)	-0.026	-0.035	-0.074**	-0.052*	-0.051
	工学(参照人文学科)	0.021	-0.003	-0.046	-0.016	-0.016
	农学(参照人文学科)	0.003	-0.001	-0.027	-0.008	-0.018
	医学(参照人文学科)	0.006	0.006	-0.018	-0.003	-0.006
	博二(参照博一)	-0.002	-0.009	-0.005	-0.011	-0.002
	博三(参照博一)	-0.001	-0.017	-0.01	-0.012	0.001
	博四(参照博一)	0.003	-0.013	-0.008	-0.012	-0.002
	五年(参照博一)	-0.008	-0.022	-0.02	-0.021	-0.009
	六年及以上(参照博一)	0.005	-0.002	0.003	0.005	0.016
学术资本	读博前学术发表		0.016	0.017	0.014	0.012
	读博后学术发表		0.065***	0.063***	0.047***	0.038***
	非研二代(参照研二代)		0.004	0.001	0.001	0.006
	“双一流”高校(参照一流学科高校)		-0.042***	-0.044***	-0.039***	-0.026*
	院士(参照普通教师)		0.009	0.011	0.013	0.012
	长江、千人或杰青等(参照普通教师)		0.027*	0.027*	0.027*	0.019
选题过程	自身兴趣主导(参照选题价值主导)			0.010	0.006	0.016
	多重兴趣主导(参照选题价值主导)			-0.058***	-0.038**	-0.02
	导师兴趣主导(参照选题价值主导)			-0.071***	-0.041**	-0.023
	导师课题相关程度			0.168***	0.118***	0.059***
	应用研究(参照基础研究)			-0.014	-0.013	-0.011
	选题时间			-0.022	-0.003	0.009
	外向型选题(参照常规型选题)			0.013	0.01	0.015
	内向型选题(参照常规型选题)			-0.02	-0.01	-0.002
	开创型选题(参照常规型选题)			0.024*	0.037**	0.029**

续表

层级	预测变量	模型 1	模型 2	模型 3	模型 4	模型 5
导师指导	导师是选题指导关键人(参照不是)				0.021	0.011
	导师指导人数				0.02	0.016
	导师指导频次				-0.068***	-0.066***
	田园型指导(参照放任型指导)				0.148***	0.102***
	契约型指导(参照放任型指导)				-0.009	-0.007
	管理型指导(参照放任型指导)				-0.102***	-0.054***
学位论文创新意识	研究选题创新重要度					0.023
	研究假设创新重要度					0.095***
	研究视角创新重要度					0.014
	研究方法创新重要度					0.057***
	引证资料创新重要度					0.189***
	研究结论创新重要度					0.048***
	理论价值创新重要度					0.039**
	应用领域创新重要度					0.033**
F		1.811*	3.704***	11.632***	22.219***	47.99***
R^2		0.004	0.011	0.045	0.096	0.218

注：* $p<0.05$，** $p<0.01$ ，*** $p<0.001$。

从表 2-10 可以看出，在以性别、招考方式、学位类型、录取方式、学科类别、就读年级为主要变量的基准模型中，各个变量对模型均未达到显著性影响，模型解释度仅为 0.4%，逐步将学术资本、选题过程、导师指导、学位论文创新意识四个维度的变量纳入回归模型后，预测变量的解释度得到明显提高，模型 5 的解释度达到了 21.8%。

从模型 2 可以看出，读博后的学术发表是影响博士生学位论文创新性的重要因素，读博后的学术发表越多学位论文创新性越高。其次，学校所拥有的学术地位(即学校类别)对博士生学位论文创新性的影响为负向，说明“双一流”高校博士生自我报告的学位论文创新性不如一流学科高校博士生自我报告的学位论文创新性。此外，虽然导师学术地位(即导师学术头衔)在模型 2、模型 3、模型 4 中对学位论文创新性有显著影响，但在纳入博士生学位论文创新意识后这一影响弱化，这说明与导师学术地位相比，博士生的学位论文创新意识更能影响其学位论文的创新性。

模型 3 中博士生学位论文选题与导师课题相关程度对学位论文创新性的影响最大，博士生学位论文选题与导师的课题相关程度越大，其报告的学位论文创新性越高。从选题特征来看，仅选择开创性选题(即国内外相关研究均较少的选题)的博士生自我报告的创新性较高。此外，学位论文选题缘由也对博士生学位论文创新性造成了一定的影响，但在纳入学位论文创新意识这种影响趋于消失。

模型 4 纳入了导师指导相关变量，导师指导类型对学位论文创新性的影响最大，田园型指导的博士生自我报告的学位论文创新性最大。导师指导对学位论文的影响为负向,说明随着导师指导频次的降低,博士生自我报告的学位论文创新性逐渐降低。纳入导师指导相关变量后,性别对学位论文创新性的影响由无影响变为负向影响,这说明在相同的导师指导模式下女性博士生学位论文的创新性不如男性博士生。

模型5纳入了博士生的学位论文创新意识,回归分析结果表明,博士生学位论文创新意识越高,其自我报告的学位论文创新性越大。

六、政策建议

(一)关注女性博士生学位论文写作

调查结果说明女性博士生的学位论文选题与导师课题的相关程度显著低于男性博士生,在相同的导师指导模式下女性博士生学位论文创新性显著低于男性博士生。博士生导师在指导博士生开展学位论文选题、进行学位论文研究的过程中,应全面了解女性博士生选题及学位论文写作过程中遇到的困难,给予她们适时、适度的帮助。

(二)强调选题价值在学位论文选题过程的地位

调查结果表明,学位论文选题是影响学位论文创新性的重要因素之一,当前博士生学位论文选题呈现出常规型选题集中的趋势,选题价值主导的学位论文选题比例较低,选题价值主导的学位论文选题的创新性显著优于其他选题缘由得到的学位论文选题。在博士生学位论文选题过程中,应积极引导博士生结合自身研究兴趣,从选题的理论价值与实践价值出发,找到既符合自身研究兴趣,也符合导师研究兴趣的新颖选题。

(三)注重培养博士生学位论文创新意识

调查发现,博士生学位论文创新意识能够显著影响博士生学位论文创新性。创新意识的培养并非一日之功,各培养单位在课程教学、科研经历设置的过程中,应采取相应措施帮助博士生树立创新意识。创新意识的培养并非无本之木,调查结果还揭示出,在博士生在研究方法、研究技巧上的创新意识最为薄弱,据此可以以博士生研究方法类课程为依托,着力培养博士生学位论文创新意识。

(四)改善导师对博士生的指导方式

调查结果显示,导师指导方式及指导频率对博士生学位论文创新性有显著影响,以田园型指导的博士生的学位论文选题与导师课题相关程度最大,博士生自我报告的学位论文创新性也最大。建议博士生导师在博士生参与科研项目、进行学位论文选题时,适当提高与博士生就学位论文选题的沟通频率,主动与博士生进行沟通,积极为博士生提供必要的帮助,并适当给予博士生选题的自由,以此保障博士学位论文的创新性。

(执笔:丁飞己)

博士研究生学术交流活动参与及收获情况调查分析

一、问题起源

"交流"在《现代汉语大词典》中有"交错的流淌"以及"彼此把自己有的提供给对方"两种释义。[①] "学术"则指"系统的、专门的学问"。[②] 从对概念的追溯来看,学术交流即指研究者彼此把自己系统的、专门的学问提供给对方。大学与研究图书馆协会曾对"学术交流"进行过明确的界定:"进行创造性研究并创作学术著作,对其进行质量评估,在学术社区中传播并存档供将来使用的系统"。[③] 由此可见,传统的学术交流概念包含了学术出版的含义,常与图书馆学与出版学紧密联系。[④] 伴随着学术交流形式的完善和发展,学术交流的概念也开始逐步拓展为"任何领域内的学者通过正式或非正式交流渠道所进行的学术信息交流活动"。[⑤] 其中,正式的交流渠道继承了传统概念界定的内涵,囊括了期刊论文、学术专著、文献索引等,而非正式的学术交流活动则包含各类学术会议、学术论坛、学术讲座、研讨班等。在如今的研究生培养体系中,学术交流活动主要涉及研究生基于自愿而参与的各种类型或层次的访学、学术会议、论坛、讲座、沙龙等。该类活动为研究生培养体系提供辅助作用,它的价值体现在形成群体凝聚力、规范研究生行为、促进共同体内部沟通及激发创造力等方面。

改革开放 40 多年来,伴随高等教育的飞速发展,国家对高素质人才的需求逐年攀升。2017 年,国家总计招收研究生 80.6 万人,其中博士研究生 8.4 万人。继 2017 年人数迅速增加后,2018 年研究生录取人数仍呈递增趋势。近十年来,研究生年均增长率保持在 4%左右。研究生人数的迅速增加成为建设创新国家的重要力量,而该力量的有效发挥必须以研究生质量的提升作为前提和保障。为了提高研究生培养质量,国家于 2013 年出台《关于深化研究生教育综合改革的若干意见》并积极鼓励各高校开展研究生教育创新工程。在此背景下,学术交流作为研究生培养的一种重要方式被纳入多所高校的研究生教育创新工程规划中。近年来,各种规模和形式的学术交流活动在高校中相继展开,对以课程和论文为主的传统研究生培养方式带来了机遇和挑战。如今,众多高校已将参加学术交流活动纳入研究生申请学位的一项重要考核指标之中,并对受邀参加学科顶尖学术会议的优秀研究生给予奖励。

---

① 汉语大字典编纂处.现代汉语词典[M].四川:四川辞书出版社,2018:214+501.

② Clendenning, Lynda Fuller. Association of College and Research Libraries Conference[J]. Academic Journal, 2011, 37(3)226.

③ 韩丽,王敏,初景利.生态学视角下开放获取驱动的学术交流系统变革研究[J].中国科技期刊研究,2017,28(02):105-111.

④ 肖宏,马彪."互联网+"时代学术期刊的作用及发展前景[J].中国科技期刊研究,2015,26(10):1046-1053.

⑤ Bennett J B. Constructing Academic Community: Power, Relationality, Hospitality, and Conversation[J]. Interchange, 2003, 34(1):51-61.

由此观之,学术交流活动因其在研究生培养中的重要作用而备受国家及高校重视。各级教育部门和培养单位也均投入了不少经费与精力,鼓励研究生通过参加国内外学术会议、论坛、学术讲座等方式开拓视野。然而多年以来,众多措施究竟哪些有明显成效,哪些仅仅是流于形式仍然未知。因此本专题即围绕博士研究生学术交流活动,通过自编博士生学术交流活动参与及收获情况调查问卷,对博士生学术交流活动的参与现状、特征及影响因素等进行深入分析。在此基础上,为我国博士研究生学术交流资源的合理配置提供经验借鉴。

二、研究方法及样本信息

基于博士生学术交流活动的相关研究,本调研组自行开发了博士生学术交流活动参与及收获情况调查问卷,问卷形式主要分为选择题、填空题、5 分值李克特量表以及开放题。问卷内容包括以下三部分:第一部分为基础信息部分,其中包括性别、年龄、录取方式、招考方式、学习方式、学位类型、录取类型、就读学科、毕业院校、读博动机等;第二部分为学术交流基本情况,其中包括学术交流活动参与类型、境外访学次数、访学时长、参会频率、经费来源、制约因素、参会收获、参会动机等;第三部分为开放题项,其中涉及学术交流活动存在的问题及改进建议。

本次调查数据采集于 2019 年 3 月至 5 月期间,参与高校共 59 所,回收问卷 47 所,总样本量为 7986 份。其中一流大学样本量占总体的 65.1%,一流学科高校样本量占总体的 34.9%。因此,本调查结果仅代表“双一流”高校的基本情况。从回收的样本特征来看,男生占 60.68%,女生占 39.32%。年龄集中在 24 岁至 30 岁之间,其中 27 岁占比最大,为 18.18%。录取方式包括普通招考、硕博连读和本科直博,三者样本的占比分别为 50.83%、39.25%、9.91%。学科门类涵盖哲学、经济学、法学等十三大门类,其中工学样本占比最大,为 50.82%,其次为理学 17.36%,最少为军事学,占比 0.05%。本科及硕士毕业高校多为原“985 工程”及“211 工程”高校,其中硕士毕业于“985 工程”高校的样本比例(43.57%)大于本科毕业于“985 工程”高校的样本比例(28.24%),而硕士毕业于“211 工程”高校的样本比例(35.92%)则小于本科毕业于“211 工程”高校的样本比例(31.47%)。本科及硕士毕业于其他类型高校的样本比例各占 38.75%和 17.43%。在攻读学位动机方面,“对学术研究的兴趣”占比最多,为 47.44%,其次为对博士学历的情结(12.34%)。在毕业后就业岗位方面,选择高校科研岗的人数占 48.19%,其次为高校教学岗 24.52%。样本中不同就读年级的人数比例分别为,博一 30.85%,博二 34.31%,博三 20.89%,博四 8.43%,五年及以上的占比为 5.51%。每天学习时间集中在 4~8 小时(32.27%)和 8~12 小时(53.79%)。导师身份中以“普通教授或研究员”以及“长江学者、千人或杰青”居多,占比分别为 71.24%和 20.22%。父母学历集中在初中、高中或中专。

通过对以上信息的采集,本报告拟运用描述性统计分析和回归分析对博士研究生学术交流活动参与和收获情况进行分析。本次调查结果分三部分予以呈现,第一部分为博士生学术交流活动参与及收获情况的基本描述性统计,其中包括博士生学术交流活动参与的基本情况,参与收获及满意度情况以及对未来学术交流活动的期望。第二部分从博士生参加学术交流活动机会的影响因素、博士生学术交流活动参与质量的影响因素及博士生学术交流活动收获满意度的影响因素三方面进行分析。在此基础上,第三部分对博士研究生学术交流活动的改革提供决策性的参考意见。

三、问卷调查结果分析

(一) 博士生学术交流活动参与及收获基本情况

调研组在分析已有研究成果及政策文本的基础上,将博士生学术交流活动关注度较高的几大问题作为本次调查的基本维度,其中包括博士生在学术交流活动上的参与情况,博士生对学术交流活动的满意度,博士生通过参与学术交流活动的收获及博士生对学术交流活动的期望四部分。在博士生学术交流活动参与情况部分,问卷维度分为学术交流活动参与类型、参会总次数、参会频率、会议论文提交次数、汇报或发言次数及经费来源。在博士生学术交流活动满意度调查部分,问卷维度分为境外学习收获、境外学习制约、学术会议收获、参会机会评价、参会制约。在博士生学术交流活动参与收获部分,问卷维度分为专业基础知识收获、热点捕捉能力收获、论文写作能力收获、独立科研能力收获、科研创新能力收获、应用实践能力收获、方法及工具的掌握、口头表达与沟通能力收获、团队意识与合作能力收获、多学科学术视野收获及投身学术热情收获。在博士生学术交流活动参与动机和期望部分,问卷维度分为学术交流活动参与动机、学术交流活动参与类型期望及学术交流活动参与内容期望,详细情况如表 3-1 所示。该部分即围绕以上维度,对本次调查所收集的数据进行描述性统计。

表 3-1 博士生学术交流活动参与及收获整体情况分析维度

问卷维度	测量指标
博士生学术交流活动参与情况	活动参与类型
	活动参与总次数
	活动参与频率
	会议论文提交次数
	汇报或发言次数
	经费来源
	参会动机
博士生学术交流活动满意度	境外学习收获评价
	境外学习制约评估
	学术会议收获评价
	参会机会评价
	参会制约评估

续表

问卷维度	测量指标
博士生学术交流活动参与收获	专业基础能力
	热点捕捉能力
	论文写作能力
	独立科研能力
	科研创新能力
	应用实践能力
	方法及工具的掌握
	口头表达与沟通能力
	团队意识与合作能力
	多学科学术视野
	投身学术热情
博士生学术交流活动参与动机和期望	学术交流活动参与动机
	学术交流活动参与类型期望
	学术交流活动参与内容期望

1. 博士生学术交流活动参与情况

博士生学术交流活动类型丰富多样,通过对已有研究成果及院校新闻网的归纳与分析,调查组对出现频次较多的活动类型进行了整理,其中包括博士生境外访学、境内访学、国外学术会议、国内学术会议、学术论坛、学术讲座、学术沙龙等。如图 3-1 所示,通过对以上各类学术交流活动参与情况的调查,结果显示,博士生参与最多的学术交流活动为国内学术会议,参会比率达到 72%。学术讲座和学术论坛的参与比率紧随其后,分别为 66%和 50%。其他学术交流活动的参与情况分别为:国际学术会议 28%、学术沙龙 26%、境内访学 13%、境外访学 12%。总体来看,博士生参加国内学术会议、学术讲座及学术论坛较多,而对学术沙龙、国际学术会议、境内访学和境外访学参与程度较低。尤其是境外访学的参与程度最低。

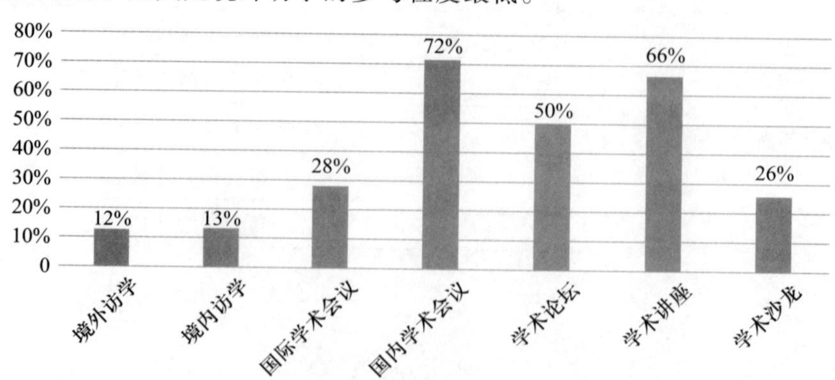

图 3-1 各类学术交流活动参与比率

博士生境外访学作为一项重要的人才培养方式,早已纳入国家高水平人才培养计划及高校发展战略规划之中。多年以来,国家留学基金委连续出台多项举措支持博士研究生进行出国访学和交流。例如,2019 年国家陆续颁布《2019 年国家建设高水平大学公派研究生项目选派办法》《2019 年创新型人才国际合作培养项目实施办法》等,专门选派攻读博士学位研究生、联合培养博士研究生等博士生出国进行中长期学习。资助内容涵盖了一次往返国际旅费和资助期限内的奖学金(包括伙食费、住宿费、注册费、交通费、电话费、书籍资料费、医疗保险费、交际费、一次性安置费、签证延长费、零用费和学术活动补助费等)。与此同时,为了提高研究生出国访学的概率,学校层面还出台了诸如《关于博士研究生申请短期出国(境)访学项目资助的通知》等,对未申请到国家留学基金委资助的学生予以不同程度的经费支持。因此,对我国博士生境外访学的情况进行调查,不仅能够了解众多举措惠及的人员比例,同时可以对学生境外访学的收获进行整体的评估。

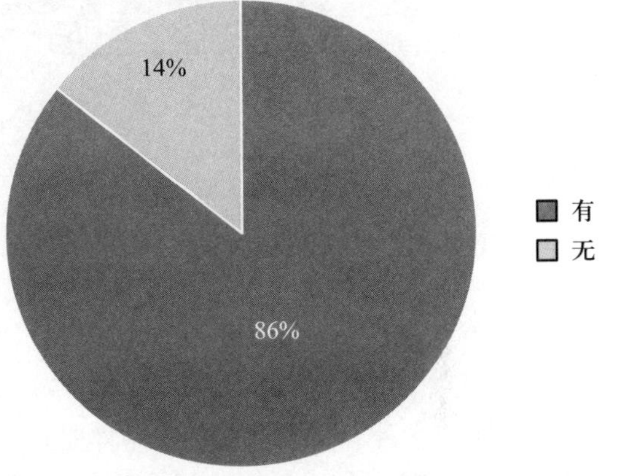

图 3-2 境外访学人数占比

如图 3-2 所示,从现有的统计结果来看,参与过境外交流的博士研究生的比例占总体的 14%。参与过境外访学的学生中,参与过一次的学生占比为 10.79%,参与过两次的学生占比为 2.32%,三次及以上的学生极少,占比为 1.06%。如图 3-3 所示,从境外学习时长来看,学生出国访学的时间集中在 3 个月以下,占总学生比例的 7.2%,其次为 3 至 6 个月(3.51%)以及 7 至 12 个月(3.14%),出国访学 12 个月以上的学生最少,占总人数的 1.9%。

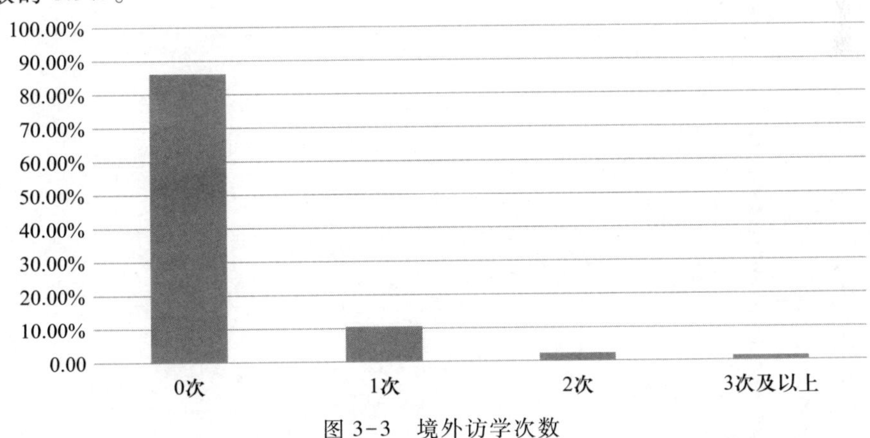

图 3-3 境外访学次数

如图 3-4 所示,境外访学经费来源反映出国家层面、高校层面及导师个人层面在博士生境外访学中的支持力度。从现有的统计结果来看,高校及科研机构在博士生境外访学中的支持面较广。受高校及科研机构资助出国访学的学生占到出国访学总人数的 43.12%。其次为政府部分的基金资助,受其资助的学生比率为 26.76%。随后为院/系/所的资助,资助比率为 15.10%。

导师的资助比率为 11.32%。自费出国访学的学生占比最少,仅为 3.69%。从总体来看,博士研究生境外访学的资助类型较为丰富,出国访学的学生大部分都受到来自不同层面的外部资助。

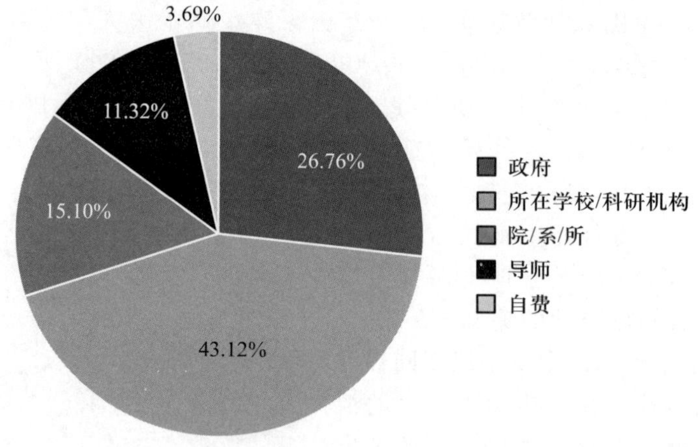

图 3-4 境外访学经费来源

除境外访学外,各类学术会议同样是博士生学术交流活动的重要组成部分,并且在博士生学术交流活动类型中占主要的地位。从统计数据来看,如图 3-5 所示,较多的博士研究生自入学以来参与学术会议的次数为三次及以下。具体来说,参会一次的博士研究生占比为 20.48%,参会两次的博士研究生占比 20.32%,参会三次的博士研究生最多,占比为 37.6%,除此之外,参会四次的博士研究生占比为 6.3%,参会五次的博士研究生占比为 6.75%,参会六次的博士研究生占比为 2.02%,参会 10 次的博士研究生占比为 2.34%。其他参会次数的博士研究占比较小,在此不一一详细列举。对博士研究生参会总次数的数据求均值,结果为 3.17。由此观之,现阶段我国博士研究生的参会总数平均为 3 次。

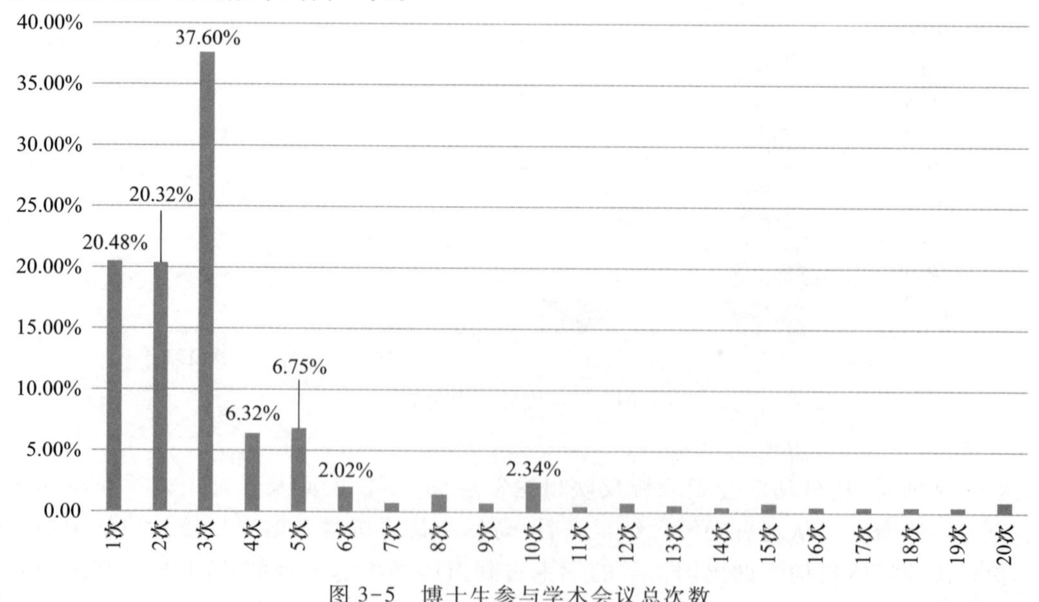

图 3-5 博士生参与学术会议总次数

在参会的学生群体中,22.8%的学生拥有赴境外参加学术会议的经历。如图 3-6 所示,绝大多数拥有境外参会经历的博士研究生曾参加过一次境外学术会议。参加 2 次国际学术会议学生的比率为 17.63%,参加 3 次及以上国际学术会议的学生比率为 9.9%。概而述之,赴境外参加学术会议的博士研究生占总体的 1/5,其中大部分学生拥有一至两次的参会经验,仅有极少数学生拥有三次及以上的国际参会经验。

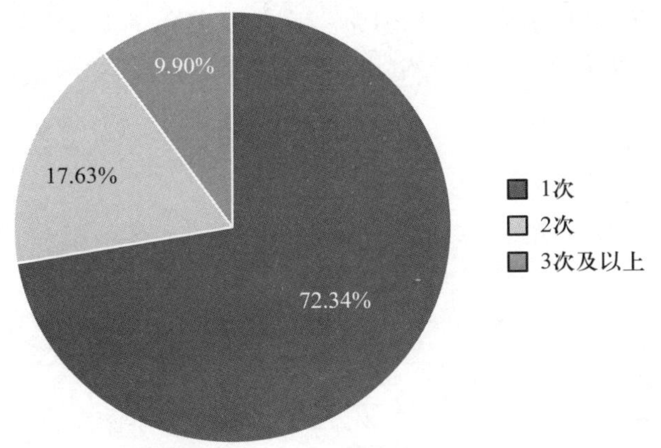

图 3-6 博士生赴境外参会次数

从参加学术会议的频率来看,如图 3-7 所示,23.27%的博士生每学期参加多次不同类型的学术会议,23.2%的博士生每学期仅参加一次学术会议,20.90%的博士生一年仅参加一次学术会议,17.56%的博士生甚至一年参加一次以下学术会议。从未参加或每月一次或更多的博士生居少数,分别为 9.82%和 5.21%。从现有统计数据来看,大多数博士研究生一年都有一次以上的参会经历,但是与预期不同的是,每学期参会一次及以上的博士生占总体比例相对较小。从"双一流"高校学术会议开展的频率来看,一学期多次是大多数高校的平均水平。部分资源丰富的高校及学院甚至每周都有不同主题的会议、论坛或学术讲座。因此,博士生对即有现状是否满意以及究竟哪些原因制约了博士生的参会机会是下一部分我们将要探究的核心议题。

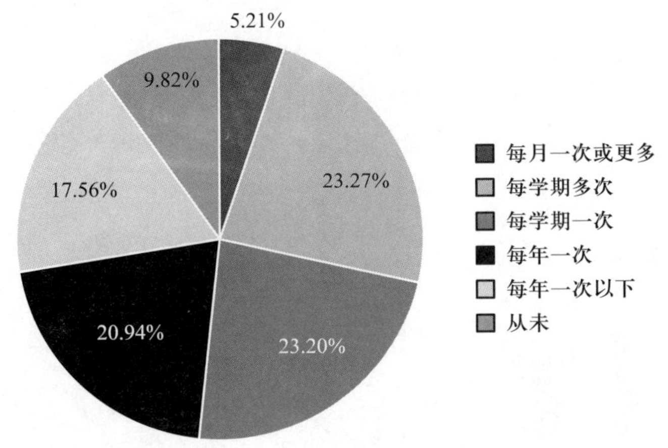

图 3-7 博士生学术会议参会频次

博士生参会总次数及参会频次能够反映博士生参会的基本情况，但是对于已参会的博士生是否进行了深度参与却无法评判。为了对博士生参会的深度进行调查，课题组将学术会议论文发表情况以及学术会议汇报发言次数作为博士生深度参与的表征。如图 3-8 所示，从博士生提交会议论文的情况来看，尚未提交会议论文的博士生较多，占到总人数的 45.24%。提交一篇会议论文的博士生占到总人数的 23.43%。提交两篇会议论文的博士生占总人数的 15.59%。提交三篇会议论文的博士研究生占总人数的 8.61%。其他提交会议论文篇数的博士生比率较大，在此不赘述。由此观之，纵使大部分的博士生均参加过不同类型的学术会议，但是真正提交论文的博士生却占少数。

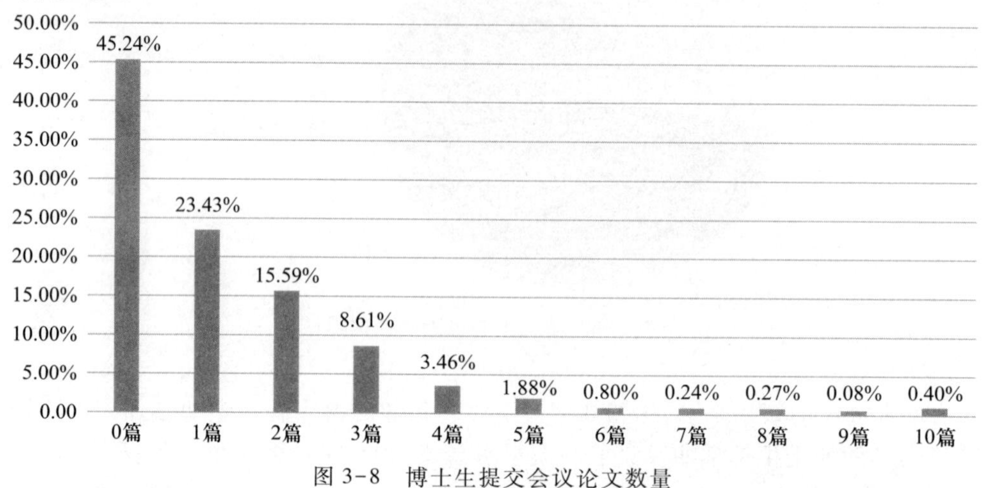

图 3-8 博士生提交会议论文数量

比提交学术会议论文更能衡量会议参与深度的指标为在学术会议中汇报或发言的次数。从现有统计结果来看，如图 3-9 所示，半数以上的博士生在读博后还没有在学术会议中发言和汇报的经历，发言或汇报过一次的博士生占 24.7%，发言或汇报过两次的博士生占 11.86%，发言或汇报过三次的博士生占 4.77%，发言或汇报过四次的博士生占 1.78%，其他发言次数的博士生居少数，在此不赘述。

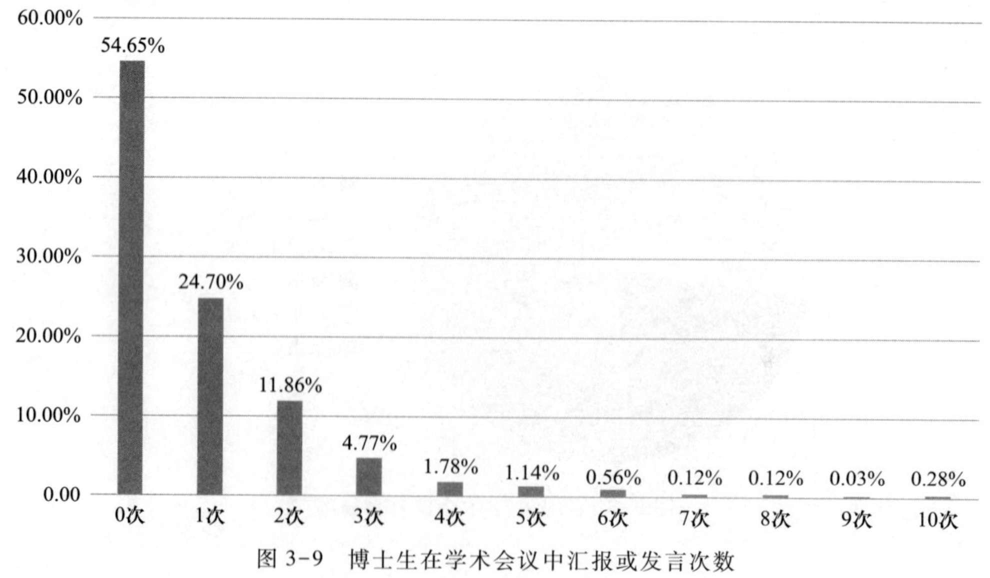

图 3-9 博士生在学术会议中汇报或发言次数

由此观之,博士生在学术会议中的参与程度并不是很理想。虽然绝大多数博士生在入学后均有参会经验,但是无论在会议论文提交还是会议发言和汇报上表现都未达到预期。博士研究生作为学术人才的后备军,理应在预期社会化阶段便学会适应和融入学术共同体之中。融入学术共同体的表现即学术成果的公开和汇报,它是博士生作为学术人被认可的前提和基础。

从博士生学术会议参会的经费来源来看,如图 3-10 所示,47%的博士生表示参会经费来自导师,23%的博士生表示参会经费来自所在院/系/所/实验室,23%的博士生表示参会经费来自所在学校/科研机构,4%的博士生表示参会经费来自自费,3%的博士生表示参会经费来自政府部门。

由此观之,参加学术会议的经费来源不同于访学。访学经费较多来自国家政府部门的支持,而学术会议的经费则更多来自导师及学生所在学校和院系。总体来看,博士生参会经费较少来自自费,绝大部分的参会经费来自外部的支持,但如何合理协调参会经费的来源,减轻导师的经费压力是需要予以重视的问题。

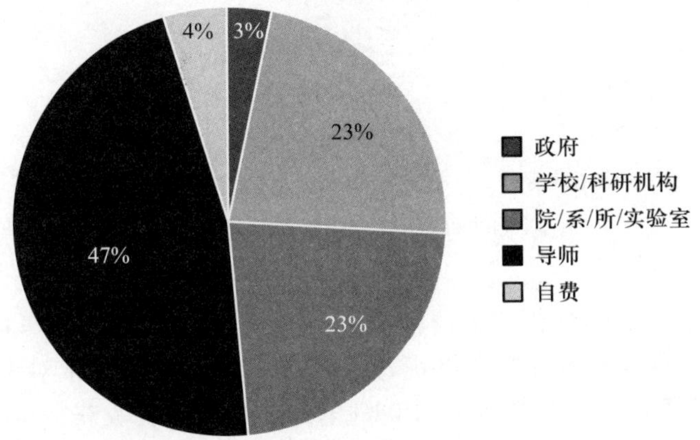

图 3-10 博士生参会经费来源

2. 博士生学术交流活动参与满意度情况

如图 3-11 所示,在参与过境外访学的博士生中,表示对境外学习收获非常满意的占 21%,表示满意的占 33%,表示基本满意的占 32%,表示不满意及非常不满意的学生仅占 14%。因此,从整体来看,博士生对境外访学的满意程度较高,近九成的博士生对境内外访学表示出满意及以上的水平。

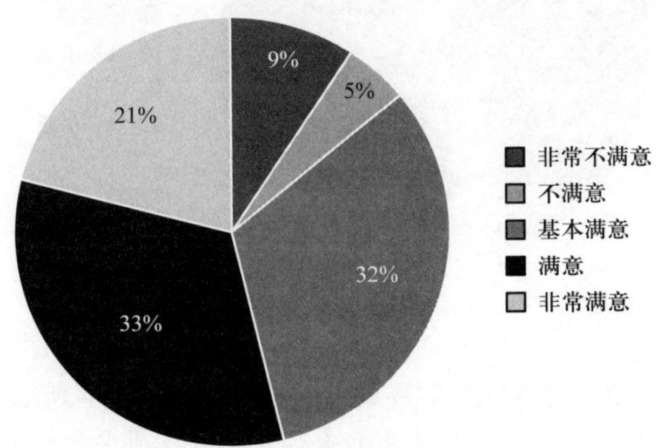

图 3-11 博士生境外访学满意程度

为了进一步完善现有的博士生境外访学制度,调研组对参加境外学习活动的制约因素进行了调查。如图 3-12 所示,缺乏经费资助及学业压力大是博士生无法实现境外访学的主要原因。除此之外,无主观意愿、学校宣传不到位及导师不鼓励是博士生无法实现境外访学的次要原因。因此对于大部分学生而言,他们具备想要出境访学的意愿,但是由于缺乏经费资助加之学业压力大而导致经费和时间都存在障碍,综合因素致使学生最终无法实现境外访学。

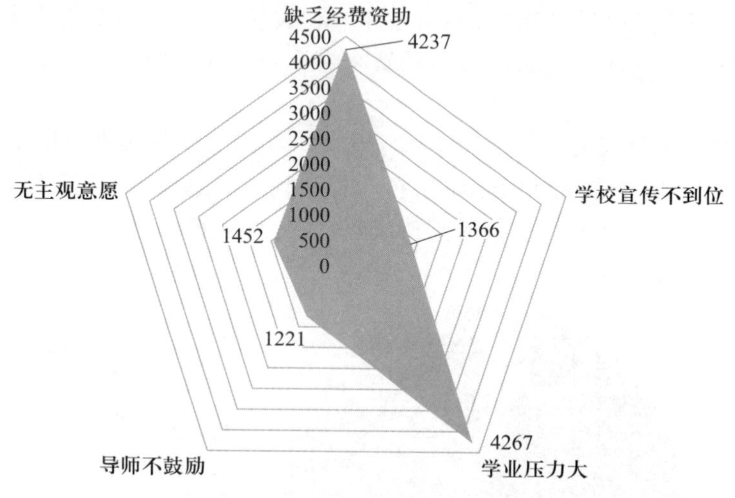

图 3-12　境外访学制约因素

从博士生参加学术会议的收获满意情况来看,如图 3-13 所示,51.3%的博士生对参会收获表示基本满意,32.94%的博士生对参会收获表示满意,7.12%的博士生对参会收获表示不满意,6.60%的博士生对参会收获表示非常满意,2.04%的博士生对参会收获表示非常不满意。从总体来看,大部分博士生对参加学术会议的收获表示出满意及以上的态度。

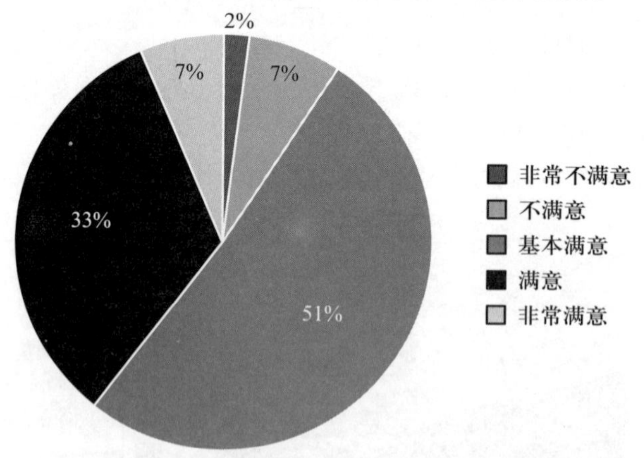

图 3-13　博士生学术会议收获满意度

从博士生对参加学术会议机会满意程度的情况来看,如图 3-14 所示,49.14%的博士生对参加学术会议机会表示基本满意,32%的博士生对参加学术会议机会表示满意,6.02%的博士生对参加学术会议机会表示非常满意。在被调查者中,表示对参加学术会议机会不满意的博士生占10.06%,表示对参加学术会议机会非常不满意的博士生仅占2.78%。整体来看,大部分博士生对参加学术会议机会表现出满意及以上水平的态度,仅有少部分的学生表示出不满意。

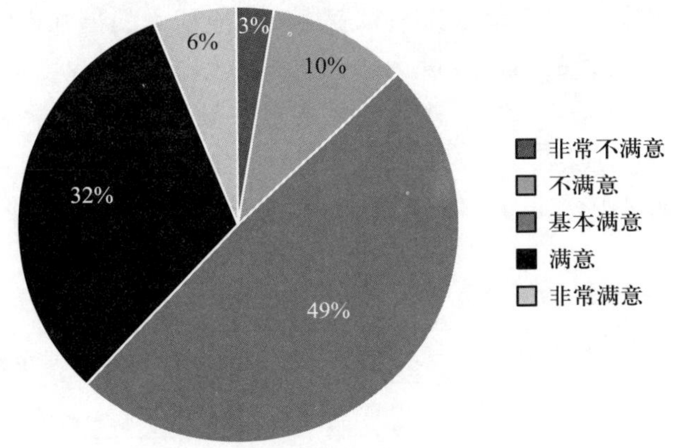

图 3-14 博士生学术会议机会满意度

为了对制约博士生参加学术会议的原因进行更全面的了解,本调研组在调查了博士生学术会议收获满意度和机会满意度的基础上增加了参会制约因素题项。如图 3-15 所示,缺乏经费资助、学业压力大及活动时间不合适是制约学生参加学术会议的主要原因。与此同时,学校宣传不到位,活动主题不够吸引、活动开展频率低及需要提交与研究方向无关的论文也是影响学生参与学术会议的次要原因。除此之外,活动地点不合适、名额限制、导师不鼓励、无主观意愿及以往参加后收获不大所起到的制约作用较小,但是同样需要引起注意。

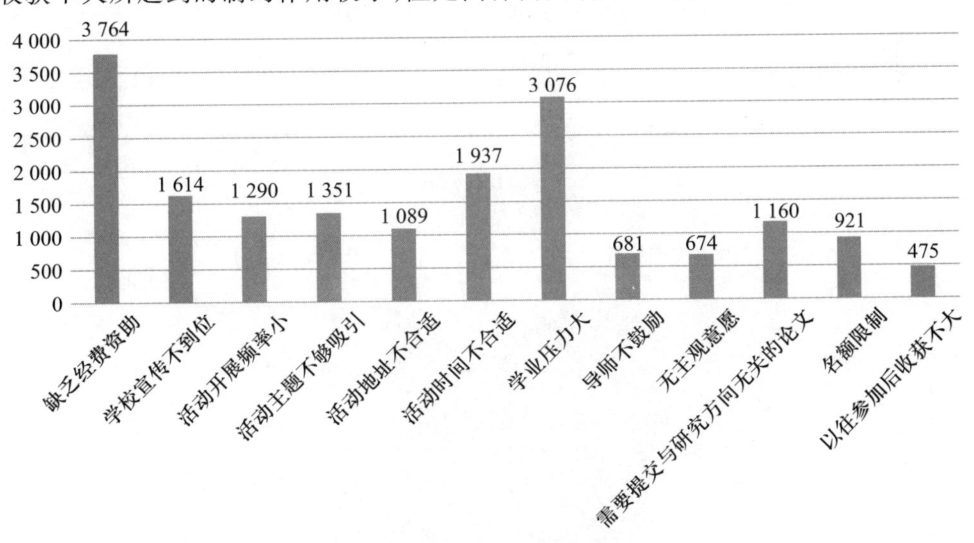

图 3-15 博士生参会制约因素

3. 博士生学术交流活动参与收获情况

为了对参加学术交流活动对博士生能力提升的类型和程度进行调查,调研组分别对博士生学术交流活动可能提升的各方面能力进行了考察，并采用李克特五级量表调查能力提升的程度。如表 3-2 所示，专业基础能力提升均值为 3.4、热点捕捉能力提升均值为 3.8、论文写作能力提升均值为 3.5、独立科研能力提升程度为 3.6、科研创新能力提升程度为 3.7、应用实践能力提升均值为 3.6、方法及工具掌握方面的提升程度为 3.6、表达及沟通能力的提升程度为 3.7、团队合作能力的提升程度为 3.6、多学科视野的拓展程度为 3.8、学术热情的增加程度为 3.7。从雷达图（见图 3-16）来看，学术交流活动在拓宽多学科视野方面的贡献最大，其次为学术热情、热点捕捉能力、表达及沟通能力等，最后为方法及工具的掌握、独立科研能力等。除此之外，学术交流活动对促进学生论文写作能力、应用实践能力及专业基础知识方面同样具有一定的作用，但是相较其他方面，此类作用并不明显。

表 3-2　学术交流活动对博士生各方面能力提升均值表

变量	样本量	均值	标准差	最小值	最大值
专业基础知识	7 986	3.389	0.766	1	5
热点捕捉能力	7 986	3.776	0.689	1	5
论文写作能力	7 986	3.477	0.799	1	5
独立研究能力	7 986	3.607	0.759	1	5
科研创新能力	7 986	3.715	0.709	1	5
应用实践能力	7 986	3.561	0.772	1	5
方法及工具	7 986	3.614	0.759	1	5
表达及沟通	7 986	3.726	0.762	1	5
团队合作能力	7 986	3.643	0.791	1	5
多学科视野	7 986	3.833	0.77	1	5
学术热情	7 986	3.742	0.818	1	5

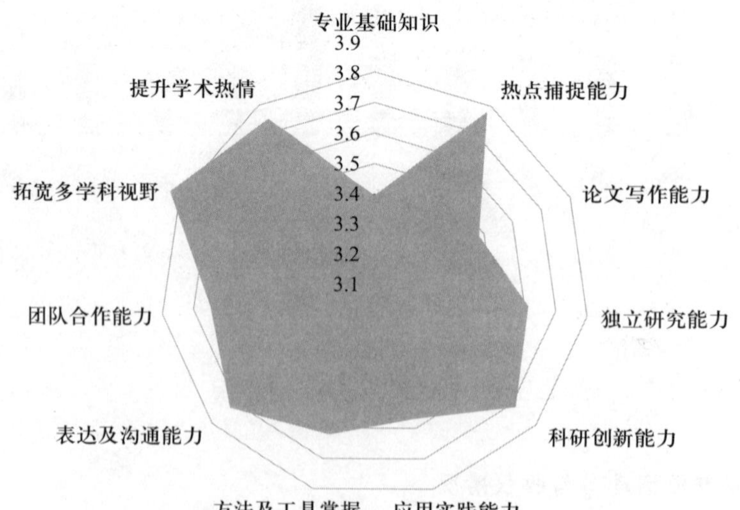

图 3-16　学术交流活动对博士生各方面能力提升雷达图

4. 博士生学术交流活动参与动机和期望

从博士生参加学术交流活动的动机来看，如图 3-17 所示，基于学术兴趣的博士生占总数的 68.84%，基于学业要求的博士生占总人数的 16.20%，基于就业需求的博士生占总人数的 6.80%，基于拓宽学术人脉的博士生占总人数的 7.2%。因此从总体来看，博士生参加学术交流活动更多是基于学术兴趣的动机，这十分有利于博士生在学术交流活动中取得收获。

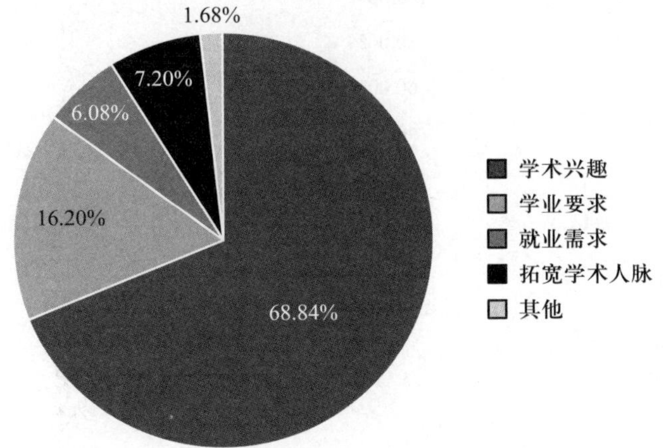

图 3-17　博士生学术交流活动参与动机

从博士生参加学术会议的期望来看，如图 3-18 所示，67.92%的博士生希望能有更多机会参与境外访学，67.46%的博士生希望能有更多机会参与国外学术会议，36.38%的博士生希望能有更多机会参与国内学术会议，25.1%的博士生希望能有更多机会参与境内访学，20.26%的博士生希望能有更多机会参与学术论坛，12.15%的博士生希望能有更多机会参与学术讲座，7.37%的博士生希望能有更多机会参与学术沙龙。从总体来看，希望参与境外访学、国外学术会议及国内学术会议的人数最多。这也能从侧面反映出，目前基于院校层面内部的学术讲座和学术会议等已经无法满足博士生拓宽学术视野和建立学术人脉的需求，学生更期望通过境外学习的经验及跨校学习的经验来提升自己的能力和水平。

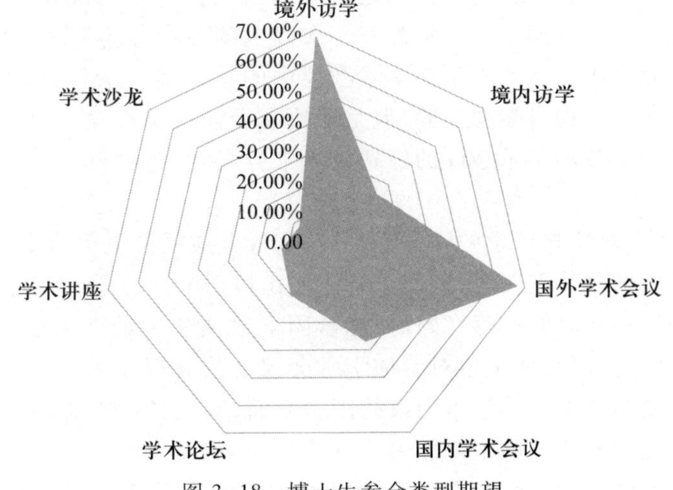

图 3-18　博士生参会类型期望

除学术交流活动类型外,博士生对活动内容也有一定的期望。如图 3-19 所示,83.22%的博士生期望参加关于学科前言动态的学术交流活动,61.73%的博士生期望参加关于研究方法的学术交流活动,38.95%的博士生期望参加关于科研工具的学术交流活动,9.75%的博士生期望参加关于其他学科的学术交流活动。总体来看,博士生更期望的学术交流活动内容为学科前沿动态。

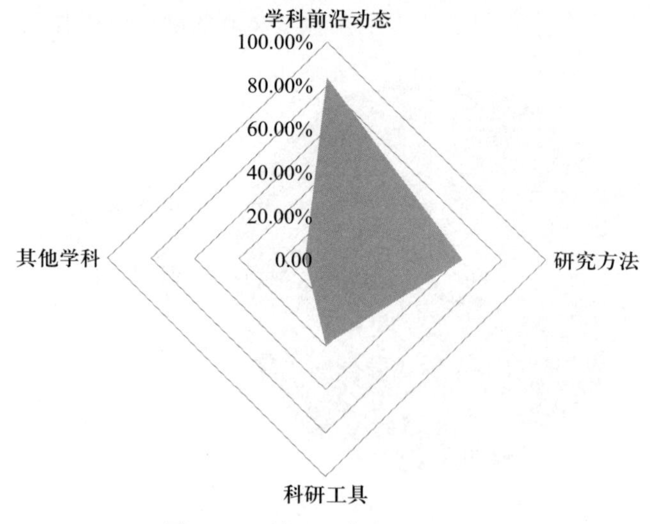

图 3-19 博士生参会内容期望

综上所述,在博士生学术交流活动参与及收获整体情况部分,对博士生学术交流活动参与的基本情况、博士生学术交流活动满意度、博士生学术交流活动参与收获以及博士生学术交流活动参与动机和期望进行了基本的描述统计分析,统计结果显示:

博士生参加国内学术会议、学术讲座及学术论坛较多,而在学术沙龙、国际学术会议、境内访学和境外访学方面参与程度较低,尤其是境外访学的参与程度最低。参与过境外访学的博士生的比例占总体的 14%,其中参与过一次的学生占比最多,而出国访学的时间集中在 3 个月以下。博士研究生境外访学的资助类型较为丰富,出国访学的学生大部分都受到来自不同层面的外部资助,其中资助面覆盖最广泛的是高校,其次是政府部门。在学术会议方面,现阶段我国博士生参会总数平均为 3 次。大多数博士生一年都有一次以上的参会经历,每学期参会一次及以上的博士生占总体比例相对较小。从博士生在学术会议中的参与程度来看,结果并不是很理想。虽然绝大多数博士生在入学后均有参会经验,但是无论在会议论文提交还是会议发言和汇报上表现都未达到预期。博士生参加学术会议的经费较少来自自费,绝大部分的参会经费来自外部的支持。

从整体来看,博士生对境外访学的满意程度较高,近九成的博士生对境内外访学表示出满意及以上的水平。对于大部分学生而言,他们具备想要出境访学的意愿,但是由于缺乏经费资助加之学业压力大而导致经费和时间都存在障碍,综合因素致使学生最终无法实现境外访学。在学术会议参会满意度方面,大部分博士生对参加学术会议的收获以及参加学术会议机会表示出满意及以上的态度。在制约学生参加学术会议的因素方面,缺乏经费资助、学业压力大及活动时间不合适是制约学生参加学术会议的主要原因。

在博士生学术交流活动参与收获方面,学术交流活动在拓宽多学科视野方面的贡献最大,其次为学术热情、热点捕捉能力、表达及沟通能力等，最后为方法及工具的掌握、独立科研能力等。除此之外，学术交流活动对促进学生论文写作能力、应用实践能力及专业基础知识方面同样具有一定的作用，但是相较其他方面，此类作用并不明显。

从总体来看，博士生参加学术交流活动更多是基于学术兴趣的动机，这十分有利于博士生在学术交流活动中取得收获。在参会类型期望方面，博士生希望参与境外访学、国外学术会议及国内学术会议的人数最多。这也能从侧面反映出，目前基于院校层面内部的学术讲座和学术会议等已经无法满足博士生拓宽学术视野和建立学术人脉的需求，学生更期望通过境外学习的经验及跨校学习的经验来提升自己的能力和水平。与此同时，在参会内容上博士生更期望的学术交流活动内容为学科前沿动态。

(二) 博士生学术交流活动参与及收获影响因素分析

博士生学术交流活动的参与和收获情况受到众多因素的影响，为了探究哪些因素起到显著的影响效果，本调查组在上一部分描述统计的基础上进一步对学术交流活动的参与及收获影响因素进行了回归分析。本次分析选取的因变量为学术交流活动参与机会、学术交流活动参与质量及学术交流活动收获程度。自变量为基本信息部分的系列变量，如包含性别和年龄在内的个体特征变量，包含学科、院校出身、高校声誉和导师身份等在内的组织因素，包含读博动机、求职意向及学术时间投入等在内的主观能动性因素，包含父亲和母亲学历在内的家庭因素。具体呈现结果分为三部分：第一部分分析了境外学习机会和学术会议参加机会的影响因素；第二部分分析了学术交流活动参与质量的影响因素；第三部分分析了学术交流活动收获程度的影响因素。本次分析使用的工具为 STATA 15.1。

1. 博士生学术交流活动参与机会的影响因素

从现有的分析结果来看，如表 3-3 所示，对博士生境外访学机会具有显著影响的因素有学校类别、导师身份、本科毕业院校及求职意向等。在控制了其他变量的前提下，个体特征变量对博士生参加境外学术交流活动无显著影响。就学校类别而言，就读于一流学科高校比一流大学更倾向于出国访学。究其原因，一流大学的境外访学机会虽优于一流学科高校，但由于一流大学毕业要求普遍高于一流学科高校，因此就读于一流大学的博士生承担着更大的毕业压力。在问卷的开放题项，部分一流大学的博士生表示论文压力大，时间精力不足成为制约其申请境外访学的关键因素。导师身份对博士生参加境外访学也具有显著的影响，在控制其他变量的前提下，导师为长江学者/千人/杰青的博士生参加境外访学的机会显著低于导师为院士的博士生，导师为普通教授/研究员的博士生以及副教授/副研究员更不占据优势，但是后两类差异并不显著。除此之外，本科毕业学校类型对博士生的境外访学机会也具有影响。在控制其他变量的前提下，本科就读于原“211 工程”高校和其他类型高校的博士生比本科就读于“985 工程”高校的博士生出国访学概率更高。对于本科便就读于“985 工程”高校的博士生，他们在本科和研究生期间即拥有丰富的出国访学机会，部分学生甚至在本科和硕士期间即有过短期的访学经历，而对于本科就读于原“211 工程”高校甚至普通地方本科院校的学生，则更希望在攻读博士学位期间借助该平台获取出国访学的机会。在攻读学位动机方面，在控制了其他变量的前提下，从众随大流的博士生对参加境外访学具有正向预测作用。在求职意向方面，相较求职意向为高校科研岗的博士生，求职意向为教学岗、行政岗的博士生参加境外访学的概率较低，但结果并不显著。相反，求职意向为高校博士后或研发岗位的博士生参加境外访学的概率更大，尤其是求职意向为研发岗的博士生正向预测作用显著。由此观之,组织因素在预测博士生参加境外访学方面起到主要作用。但是与预期不同的是,参加境外访学的学生更多来自非一流大学并且本科同样就读于非"985 工程"高校的博士生。因此,如何鼓励真正优秀的学术型人才积极参加境外访学,并为其提供便利的访学条件是需要予以思考和关注的问题。

表 3-3 博士生境外访学多重线性回归分析

	模型 1	模型 2	模型 3	模型 4
性别(参照组:男性)	0.01	0.005	0.01	0.011
年龄	0.001	-0.002	-0.002	-0.002
学校类别(参照组:一流大学)		0.039*	0.042*	0.042*
录取方式(参照组:普通招考)				
硕博连读		-0.015	-0.019	-0.019
本科直博		-0.016	-0.025	-0.024
招考方式(参照组:普通考试)		-0.003	-0.004	-0.004
学习方式(参照组:全日制)		-0.065	-0.065	-0.065
学位类型(参照组:学术型)		-0.014	-0.014	-0.014
录取类型(参照组:跨一级学科录取)				
一级学科内跨二级学科录取		-0.001	-0.001	-0.001
二级学科内录取		-0.006	-0.006	-0.006
学科门类(参照组:人文类)				
社科类		-0.038	-0.042	-0.04
理学		-0.04	-0.05	-0.049
工学		-0.04	-0.051	-0.051
农学		0.005	-0.007	-0.006
医学		-0.024	-0.05	-0.05
本科毕业学校(参照组:原"985 工程"院校)				
原"211 工程"高校		0.037+	0.041+	0.041+
海外(含港澳台)高校		0.014	0.014	0.009
科研机构		-0.018	-0.02	-0.018
其他		0.042*	0.046*	0.046*
硕士毕业学校(参照组:原"985 工程"院校)				
原"211 工程"高校		-0.018	-0.019	-0.019
海外(含港澳台)高校		-0.007	-0.013	-0.011
科研机构		-0.004	-0.007	-0.006

续表

	模型 1	模型 2	模型 3	模型 4
其他		-0.016	-0.02	-0.019
导师身份(参照组:院士)				
长江学者、千人或杰青等		-0.097*	-0.096*	-0.093*
普通教授或研究员		-0.057	-0.056	-0.053
普通副教授或副研究员		-0.055	-0.056	-0.054
所在年级(参照组:博一)				
博二		0.033+	0.032+	0.032+
博三		0.039+	0.037+	0.037+
博四		0.016	0.012	0.01
五年		0.037	0.03	0.029
六年及以上		0.028	0.018	0.016
读博动机(参照组:对学术研究兴趣)				
对博士学历的情结			-0.002	-0.003
提高就业竞争力			0.01	0.01
他人的期望			0.047	0.041
延迟就业			0.039	0.038
从众随大流			0.132*	0.130*
求职意向(参照组:高校/科研机构科研岗)				
高校(或科研机构)教学岗			-0.026	-0.026
国内外高校博士后			0.033	0.031
企业研发岗			0.052*	0.053*
企业技术(或行政)岗			-0.009	-0.008
政府部门行政岗			-0.006	-0.007
事业单位行政岗			0.065	0.067
其他岗位			0.066	0.066
每天学习时间(参照组:少于 4 小时)				
4~8 小时			-0.01	-0.007
8~12 小时			-0.012	-0.01
12 小时以上			0.02	0.022
父亲学历(参照组:小学及以下)				
初中				-0.022

续表

	模型 1	模型 2	模型 3	模型 4
高中或中专				-0.022
大专				-0.01
大学本科				-0.004
研究生及以上				-0.053
母亲学历(参照组:小学及以下)				
初中				-0.011
高中或中专				0.003
大专				0.009
大学本科				-0.036
研究生及以上				0.07
常数项	0.163*	0.310**	0.301**	0.317**
样本量	7 986	7 986	7 986	7 986
R^2	0	0.004	0.007	0.008

注:***,**,*,+分别表示 $p<0.001$,$p<0.01$,$p<0.05$,$p<0.1$。

在境内学术交流机会方面,如表 3-4 所示,年龄、学校类别、学科类别、本科毕业院校及求职意向对参加境内学术交流活动有一定的预测作用。首先,在控制了其他变量的前提下,年龄对参加学术交流活动具有显著影响。与此同时,在进行一元线性回归时,所在年级对于参加境内学术交流活动也具有显著影响。结合年龄和就读年级,年级较高的博士生一般年纪也相对较大,而年级高的博士生参加学术交流活动次数较多也在情理之中,因此两者可能存在交互效应。博士生就读高校类别对其参加境内学术交流活动也具有显著影响,就读于一流学科高校的博士生参加境内学术交流活动的机会显著低于一流大学。博士生所在学科门类对于其参加境内学术交流活动也具有显著的预测作用,相比人文社科类的博士生,其他学科门类的博士生参加学术交流活动的机会较低,其中社会科学类和医学类的博士生较为显著。从本科毕业学校来看,相较本科毕业于"985 工程"高校的博士生,其他类型高校毕业的博士生参加学术交流活动的机会较低。从导师身份来看,相比导师为院士的博士生,导师为其他身份的博士生均对其参加国内学术交流活动有正向预测作用,尤其是导师为普通副教授或副研究员的博士生正向预测作用显著。从就业意向来看,企业研发岗和企业技术岗能够正向显著预测博士生参加境内学术交流的机会。

表 3-4 博士生境内学术交流活动多重线性回归分析

	模型 1	模型 2	模型 3	模型 4
性别(参照组:男性)	0.061	0.044	0.06	0.051
年龄(参照组:最小值)	0.022*	0.022+	0.024+	0.025+
学校类别(参照组:一流大学)		-0.241**	-0.233**	-0.235**

续表

	模型 1	模型 2	模型 3	模型 4
录取方式(参照组:普通招考)				
硕博连读		0.118	0.106	0.107
本科直博		0.105	0.069	0.064
招考方式(参照组:普通考试)		0.135	0.125	0.119
学习方式(参照组:全日制)		−0.059	−0.033	−0.033
学位类型(参照组:学术型)		0.051	0.046	0.041
录取类型(参照组:跨一级学科录取)				
一级学科内跨二级学科录取		−0.03	−0.036	−0.04
二级学科内录取		0.041	0.032	0.032
学科门类(参照组:人文类)				
社科类		-0.259^{+}	-0.267^{+}	-0.263^{+}
理学		−0.041	−0.08	−0.074
工学		−0.201	-0.244^{+}	−0.238
农学		−0.163	−0.198	−0.177
医学		-0.306^{+}	-0.345^{+}	-0.352^{+}
本科毕业学校(参照组:原"985 工程"院校)				
原"211 工程"高校		−0.004	−0.014	−0.001
海外(含港澳台)高校		-0.673^{+}	-0.677^{+}	-0.669^{+}
科研机构		−0.238	−0.222	−0.189
其他		−0.016	−0.029	−0.002
硕士毕业学校(参照组:原"985 工程"院校)				
原"211 工程"高校		0.091	0.094	0.092
海外(含港澳台)高校		0.374	0.364	0.344
科研机构		−0.235	−0.229	−0.231
其他		0.07	0.066	0.068
导师身份(参照组:院士)				
长江学者、千人或杰青等		0.207	0.193	0.207
普通教授或研究员		0.193	0.182	0.196
普通副教授或副研究员		0.362^{+}	0.345	0.362^{+}
所在年级(参照组:博一)				
博二		0.09	0.088	0.087

续表

	模型 1	模型 2	模型 3	模型 4
博三		0.144	0.131	0.132
博四		0.129	0.123	0.116
五年		-0.117	-0.136	-0.137
六年及以上		-0.038	-0.035	-0.036
攻读学位动机(参照组:对学术研究兴趣)				
对博士学历的情结			-0.02	-0.015
提高就业竞争力			0.028	0.033
他人的期望			-0.071	-0.084
延迟就业			-0.297	-0.292
从众随大流			0.381	0.384
求职意向(参照组:高校/科研机构科研岗)			0.107	0.102
高校(或科研机构)教学岗				
国内外高校博士后			0.113	0.096
企业研发岗			0.239*	0.233*
企业技术(或行政)岗			0.310*	0.296*
政府部门行政岗			0.212	0.204
事业单位行政岗			-0.281	-0.284
其他岗位			0.128	0.125
每天学习时间(参照组:少于 4 小时)				
4~8 小时			0.091	0.092
8~12 小时			0.179	0.185
12 小时以上			0.18	0.178
父亲学历(参照组:小学及以下)				
初中				-0.293*
高中或中专				-0.280*
大专				-0.2
大学本科				-0.141
研究生及以上				-0.469+
母亲学历(参照组:小学及以下)				
初中				0.052
高中或中专				0.154

续表

	模型 1	模型 2	模型 3	模型 4
大专				0.051
大学本科				0.156
研究生及以上				0.419
常数项	2.476***	2.593***	2.356***	2.474***
样本量	7 986	7 986	7 986	7 986
R^2	0.001	0.006	0.008	0.01

注：***，**，*，+分别表示 $p<0.001$，$p<0.01$，$p<0.05$，$p<0.1$。

总体而言，博士生参加境外访学和境内学术交流活动的机会主要受到组织因素的影响。其中，就读高校类型、所在学科门类、本科毕业高校、导师身份对博士生参加学术交流活动的机会起到显著的影响。除此之外，个人的学习动机和求职意向也对博士生参加学术交流活动的机会产生影响。

2. 博士生学术交流活动参与质量的影响因素

在本次调查中，博士生学术交流活动的参与质量通过提交学术会议论文经历及发言经历表示。通过上一部分的多重线性回归分析，我们将影响学生参加学术交流活动机会的因素聚焦于组织因素，因此本部分仅对基础信息部分的组织因素进行回归分析。通过对已有研究的归纳和分析，我们可以得出，博士生参加学术交流活动的次数、参加学术交流活动的时间段、参加学术交流活动的经费来源、参加学术交流活动的频次及参加学术交流活动的动机同样是影响学术交流活动参与质量的重要因素。鉴于此，该部分主要分析组织因素和学术交流活动背景因素对博士生学术交流活动参与质量的影响。

如表 3-5 所示，从博士生学术交流活动参与质量的影响因素来看，组织因素中的录取类型、学科门类、硕士毕业院校、求职意向、就读年级、导师身份及读博动机等均产生显著影响，学术交流活动背景因素中的境外访学次数、境外访学时长、境外访学经费、参会总数、参会频率、参会经费来源及参会原因均有显著影响。

从组织因素来看，在控制了其他变量的前提下，录取类型中的二级学科内录取对博士生参加学术交流活动的质量起到显著的正向预测。其原因在于，相较跨一级学科录取的博士生，一级学科内跨二级学科录取及二级学科内录取的博士生能够更快地适应学科范式，因此在学术会议中更可能提交论文并积极参与讨论，这一现象在二级学科内录取的学生方面尤为显著。在学科门类上，虽然人文学科比其他学科有更多的参加学术交流活动的机会，但是在参与水平上却显著低于社科、工学及农学。由此观之，在学术会议参与上，并非参与次数多即等同于参与质量高。如何在既保证数量的同时又保证质量才是问题的关键所在。在硕士毕业高校方面，硕士毕业于“985 工程”高校的博士生参加学术交流活动的质量显著高于其他类别的高校，尤其在针对硕士毕业于原“211 工程”高校的博士生时更加显著。在求职意向方面，求职意向为高校教学岗、博士后、企业研发岗的博士生与求职意向为高校科研岗的博士生在学术交流活动参与质量上无显著差异，但是求职意向为行政岗的博士生却显著低于高校科研岗。在博士生就读年级方面，博二和博三的博士生学术交流活动参与质量显著高于博士一年级的学生。在导师身份方面,导师为其他类型的博士生在参会质量上均低于导师身份为院士的博士生,这一区别在导师身份为普通副教授或副研究员的博士生中更为明显。在读博动机方面,其他读博动机的博士生在学术交流活动参会质量上均低于对学术研究出于兴趣的学生。尤其是当学生的读博动机源自他人的期望和延迟就业时,这种差异更加明显。

表 3-5 博士生学术交流活动参与质量影响因素分析

	学术会议论文提交	学术会议发言
学校类别(参照组:一流大学)	0.037	0.032
录取方式(参照组:普通招考)		
硕博连读	-0.11	0.009
本科直博	-0.034	0.01
招考方式(参照组:普通考试)	-0.044	0.012
学习方式(参照组:全日制)	0.092	0.018
学位类型(参照组:学术型)	-0.062	-0.028
录取类型(参照组:跨一级学科录取)		
一级学科内跨二级学科录取	-0.039	0.002
二级学科内录取	-0.015	0.064^{+}
学科门类(参照组:人文类)		
社科类	0.128	0.129^{+}
理学	0.096	0.04
工学	0.132^{+}	0.134^{*}
农学	0.268^{*}	0.241^{**}
医学	0.059	0.01
本科毕业学校(参照组:原“985 工程”院校)		
原“211 工程”高校	0.035	0.025
海外(含港澳台)高校	0.153	-0.102
科研机构	-0.009	0.123
其他	-0.021	-0.018
硕士毕业学校(参照组:原“985 工程”院校)		
原“211 工程”高校	-0.024	-0.095^{*}
海外(含港澳台)高校	-0.109	0.12
科研机构	-0.167	-0.074
其他	-0.057	-0.023

续表

	学术会议论文提交	学术会议发言
求职意向(参照组:高校/科研机构科研岗)		
高校(或科研机构)教学岗	0.008	-0.031
国内外高校博士后	-0.014	0.029
企业研发岗	0.101+	0.054
企业技术(或行政)岗	0.115	0.029
政府部门行政岗	-0.201+	-0.163+
事业单位行政岗	0.098	0.231*
其他岗位	-0.033	-0.006
所在年级(参照组:博一)		
博二	0.070+	0.041
博三	0.085+	0.096*
博四	0.025	0.034
五年	0.14	0.109
六年及以上	0.055	0.088
每天学习时间(参照组:少于 4 小时)		
4~8 小时	-0.043	-0.049
8~12 小时	-0.015	-0.043
12 小时以上	0.005	0.006
导师身份(参照组:院士)		
长江学者、千人或杰青等	-0.032	-0.123
普通教授或研究员	0.054	-0.082
普通副教授或副研究员	-0.013	-0.249*
读博动机(参照组:对学术研究兴趣)		
对博士学历的情结	-0.048	-0.018
提高就业竞争力	-0.052	-0.032
他人的期望	-0.200+	0.011
延迟就业	-0.029	-0.199*
从众随大流	0.208	0.101
境外访学次数(参照组:最小值)	0.233***	0.185***
境外访学时长		

续表

	学术会议论文提交	学术会议发言
3 个月以下	0.511 *	0.738 ***
3~6 个月	0.409+	0.785 ***
7~12 个月	0.395	0.680 **
12 个月以上	0.405	0.762 ***
境外访学经费		
政府	0.132	-0.319
所在学校/科研机构	-0.193	-0.356+
院/系/所	-0.303	-0.455 *
导师	-0.183	-0.324
自费	-0.503 ***	-1.003 ***
参会总数(参照组:最小值)	0.126 ***	0.083 ***
参会频率(参照组:每月一次或更多)		
每学期多次	-0.191 *	0.07
每学期一次	-0.461 ***	-0.209 **
每年一次	-0.429 ***	0.099
每年一次以下	-0.240 **	-0.052
从未	-0.622 ***	-0.671 ***
参会经费来源(参照组:政府)		
所在学校/科研机构	0.089	-0.024
院/系/所/实验室	-0.293 **	-0.212 *
导师	-0.326 ***	-0.217 **
自费	-0.122	-0.174+
参会原因(参照组:学术兴趣)		
学业要求	0.065	0.034
就业需求	0.083	0.033
拓宽学术人脉	0.151 *	0.05
其他	0.124	0.196+
常数项	0.492 *	0.578 **
样本量	7 986	7 986
R^2	0.139	0.121

注:***,**,*,+分别表示 $p<0.001$,$p<0.01$,$p<0.05$,$p<0.1$。

其次,学术交流活动背景因素对于博士生学术交流活动参与质量也具有重要的影响。境外访学次数对博士生学术交流活动参与质量具有显著的正向预测作用,随着境外访学次数的增加,博士生学术交流活动参与质量也会显著提升。与此同时,境外访学时长对于学术交流活动的参与质量也具有显著的预测作用。相较境外访学次数为 3 个月以下的博士生,3~6 月以及 12 个月以上均显著高于 3 个月以下。从境外访学经费来看,自费学生学术交流活动的参与质量显著低于政府资助参与境外访学的学生。从参会总数来看,参加学术会议的次数显著地预测博士生在学术会议中的发言次数。究其原因,参加学术交流活动越多的学生,其在学术交流活动中投稿和发言的概率也越大。从参会频率来看,相较每月一次或更多参会频率的博士生,每学期多次、每学期一次、每年一次等参会频率的博士生,其学术交流活动参会质量显著较低。从参会经费来源来看,相较参会经费来自政府的博士生,参会经费来自院、系、所、实验室及导师的博士生,其参会质量显著较低。究其原因,参会经费源于政府的学术交流活动在会议层次和规模上一般高于院系层面举办的学术会议。对于博士生而言,尤其是理工科类博士研究生在高水平学术会议上发表论文并被邀请发言是被学术领域认可的重要标志。在参会原因方面,拓宽学术人脉对于博士生学术交流活动参会质量具有显著的正向预测作用。

通过以上分析,进一步证实了组织因素及学术交流活动背景因素对学术交流活动参与质量起到了重要的影响作用。尤其是组织因素中的学科门类、求职意向、就读年级及读博动机。在学术交流活动背景因素中,前期选取的变量均对博士生参加学术交流活动的参与质量起到显著影响,例如境外访学次数、境外访学时长、境外访学经费、参会总数、参会频率、参会经费来源及参会原因等。

3. 博士生参加学术交流活动收获满意度影响因素

从已有研究结果中得出,博士生参加学术交流活动的收获满意度与学术交流活动背景因素具有显著关系。为了探究学术交流活动背景因素中哪些分支因素起到显著的作用,课题组对学术交流活动背景因素与博士生参加学术交流活动收获满意度进行了回归分析。与以上两部分类同,在对博士生参加学术交流活动收获满意度的影响因素进行分析时,本小节分为境外学术交流活动和境内学术交流活动两部分进行陈述。

如表 3-6 所示,从影响境外学术交流活动满意度的因素来看,境外学习次数、境外学习时长、交流经费来源及交流制约因素等均对博士生有影响。回归分析结果显示,除境外学习次数和时间外,其他因素均对博士生参加境外学术交流活动收获满意度产生影响。首先,在控制了其他变量的前提下,交流经费来源对博士生收获满意度产生显著影响,尤其是当交流经费来自政府、所在学校及导师时,相关程度显著较高并且能够正向预测博士生参加境外学术交流活动收获的满意度。其次,交流制约因素也对博士生参加境外学术交流活动收获的满意度产生显著影响,其中,缺乏经费资助与宣传不到位对博士生参加境外学术交流活动收获的满意度产生显著的负向预测作用。

表 3-6 博士生参加学术交流活动收获满意度影响因素

境外学术交流活动	相关系数	境内学术交流活动	相关系数
境外学习次数	0.035	参会总次数	0
境外学习时长		参会频率	
3 个月以下	−0.154	每学期多次	0.028
3~6 个月	−0.286	每学期一次	0.044
7~12 个月	0.054	每年一次	0.063
12 个月以上	0.049	每年一次以下	0.003
交流经费来源		从未	−0.235***
政府	0.753**	提交会议论文数	0.028***
所在学校/科研机构	0.608**	汇报发言次数	0.028***
院/系/所	0.344	经费来源(参照组:政府)	
导师	0.925***	所在学校/科研机构	0.120**
自费	0.404	院/系/所/实验室	0.144**
交流制约因素		导师	0.189***
经费资助	0.498***	自费	0.103+
宣传不到位	−0.229**	参会原因(参照组:学术兴趣)	
学业压力大	−0.099	学业要求	−0.129***
导师不鼓励	−0.048	就业需求	−0.055+
无主观意愿	0.202+	拓宽学术人脉	−0.002
		其他	−0.147*
		参会机会满意度	0.472***
常数项	2.778***	常数项	1.609***
样本量	1 232	样本量	7 487
R^2	0.128	R^2	0.302

注:*** , ** , * ,+分别表示 $p<0.001$,$p<0.01$,$p<0.05$,$p<0.1$。

从影响境内学术交流活动满意度的因素来看,参会频率、参会质量、经费来源及参会动机均对博士生产生影响。首先,在控制了其他变量的前提下,博士生参加学术交流活动的频次对收获满意度产生正向预测作用,但是对于低年级及非全日制或在职博士生而言,从未参加学术交流活动会对收获满意度产生显著的负向影响。其次,博士生提交会议论文次数及汇报发言次数对博士生学术交流活动收获满意度产生显著的正向影响,博士生提交会议论文次数及汇报发言次数能够反映博士生的参会质量。由此可知,博士生参会质量对收获满意度有显著的正向影响。再次,学术交流活动的经费来源与博士生学术交流活动收获满意度有显著的正相关,相较参加学术交流活动经费来源于政府的博士生,经费来源于学校、院系所及导师的博士生参加学术交流活动的收获满意度更高。最后,参会动机对博士生学术交流活动满意度也有显著影响,相较基于学术兴趣的参会动机,其他参会动机的博士生在学术交流活动收获满意度方面显著较低,尤其是基于学业要求和其他原因而参会的博士生更显著低于参照组。

由此观之,博士生学术交流活动满意度的高低与参加学术交流活动的次数、频次、时长并无显著的关系,但是参与质量、经费来源、参会动机及制约因素等却与博士生学术交流活动满意度具有显著的关系。因此,博士生学术交流活动的开展规模、层次、主题及宣传等便显得尤为重要。

四、结论及建议

通过对博士生学术交流活动的参与及收获情况进行调查和分析,本报告得出以下结论:

第一,从博士生参加学术交流活动的基本情况来看,在学术交流活动参与类型方面,博士生参加国内学术会议、学术讲座及学术论坛较多,而对学术沙龙、国际学术会议、境内访学和境外访学参与程度较低,尤其是境外访学的参与程度最低。在境外访学方面,博士生访学人数占总体的14%,访学时间多集中在三个月以下。博士研究生境外访学的资助类型较为丰富,出国访学的学生大部分都受到来自不同层面的外部资助。在境内学术交流活动参与方面,博士生参与频次约为一年多次,但是在活动中汇报和发言的比例却不到半数。博士生参会经费较少来自自费,绝大部分的参会经费来自外部的支持。在博士生参加学术交流活动满意度方面,近九成的博士生对学术交流活动表示出满意及以上的水平,但是缺乏经费资助和学业压力大成为制约博士生参加学术交流活动的主要因素。在学术交流活动参与收获方面,学术交流活动在拓宽多学科视野方面的贡献最大,其次为学术热情、热点捕捉能力、表达及沟通能力等,最后为方法及工具的掌握、独立科研能力等。除此之外,学术交流活动对促进学生论文写作能力、应用实践能力及专业基础知识方面同样具有一定的作用,但是相较其他方面,此类作用并不显著。在博士生学术交流活动参与动机方面,博士生参加学术交流活动更多是基于学术兴趣的动机,这十分有利于博士生在学术交流活动中取得收获。在参会期望方面,希望参与境外访学、国外学术会议及国内学术会议的博士生人数最多,而且在内容方面,博士生更期望参与有关学科前沿动态的学术交流活动。

第二,从影响博士生参加学术交流活动机会的因素来看,个体特征变量对博士生参加境外学术交流活动无显著影响。博士生参加境外访学和境内学术交流活动的机会主要受到组织因素的影响。其中,就读高校类型、所在学科门类、本科毕业高校、导师身份对博士生参加学术交流活动的机会起到显著的影响。除此之外,个人的学习动机和求职意向也对博士生参加学术交流活动的机会产生影响。从影响博士生学术交流活动参与质量的因素来看,组织因素及学术交流活动背景因素起到了重要的影响作用。尤其是组织因素中的学科门类、求职意向、就读年级及读博动机。在学术交流活动背景因素中,境外访学次数、境外访学时长、境外访学经费、参会总数、参会频率、参会经费来源及参会原因等对博士生学术交流活动的参与质量起到显著影响。从影响博士生参加学术交流活动收获满意度的因素来看,满意度高低与参加学术交流活动的次数、频次、时长并无显著的关系,但是参与质量、经费来源、参会动机及制约因素等却具有显著的关系。因此,博士生学术交流活动的开展规模、层次、主题及宣传等便显得尤为重要。

第三,总体来看,我国博士生学术交流活动无论在开展的规模、开展的层次、开展的频率及开展的内容方面均得到了较快的发展,并且满足了不同类型和层次博士研究生的基本需求。通过对本次调查数据的分析,课题组认为,我国博士生学术交流活动制度仍有以下三方面可以进一步发展和完善:首先,在境外访学制度方面,虽然在本次调查的博士生群体中已有近两成的博士生拥有境外访学经历,相较于21世纪初的博士生境外访学水平已经有了长足的进步。然而在本次调查中,仍有众多博士生表示因经费限制加之学业压力较大而导致没有机会参与出国访学。因此,如何在进一步扩大对博士生境外访学资助的同时,更好地将境外访学经验同博士生学业发展有效结合是今后予以改革的方向。与此同时,在给予境外访学名额时更好地平衡院校层次及学科间的差异,将名额真正惠及优秀且有学术志向的博士生也是下一阶段改革需要关注的核心议题。其次,从国内学术交流活动发展现状来看,该类活动在开展类型和频次上已经满足了博士生的基本要求,尤其在知识面的拓宽及学术热情的激发方面起到了重要的作用。虽然博士生在参会总次数及参会频率上均取得了良好的表现,但是在参会质量方面却仍有提升空间。从以上分析结果中可以得出,在学术会议中拥有汇报和发言经历的博士生在各方面能力收获中的表现均显著优于只“参加”而不“参与”的学生。鉴于此,博士生学术交流活动在下一阶段的发展应从量转为质,积极调动博士生在学术交流活动中投稿并发言是促进博士生提高学习收获的有效举措。最后,在对已有关于学术交流活动的研究成果进行搜集和分析时,调查组发现,该方向的研究成果明显较少。博士生学术交流活动作为培养博士生的一项重要举措早已纳入各高校人才培养体系之中,但是在学术研究领域却尚未给予同样重视。理论研究的稀缺势必会造成对实践指导的缺失和不足。因此,尽快建立同美国准博士普查项目(SED)类似的课题,并对博士生学术交流活动情况进行定期追踪调查才能为博士生学术交流活动制度改革提供准确和及时的经验支撑。

(执笔:杨青)

研究生国家奖学金实施状况调查分析

研究生国家奖学金是财政部、教育部于2012年印发的《研究生国家奖学金管理暂行办法》(财教〔2012〕342号,以下简称《暂行办法》)开始设立并在研究生培养单位评选,延续至今的一项研究生最高荣誉奖项。根据《暂行办法》的规定,研究生国家奖学金每年遴选博士生1万名,硕士生3.5万名,各给予3万元和2万元的物质奖励。据教育部全国学生资助管理中心历年编写的《中国学生资助发展报告》的统计,从2012年至2018年,奖学金名额及其奖励标准一直延续,每年总奖励金额为10亿元,全部由中央财政出资。

设立至今,研究生国家奖学金已运行7年(2019年尚未评选),累计共有24.5万名硕士生和7万名博士生获得这项荣誉。就其设立初衷而言,研究生国家奖学金旨在奖励学习成绩优异、科研能力显著、发展潜力突出的研究生,进而期望激励研究生投身科研实践活动,提高科研能力,坚定学术志向。在实践过程中,国家奖学金在多大程度上发挥着导向、激励功能?获得国家奖学金的研究生是否具有脱颖而出的科研能力和学术志向,进而更倾向于走向学术道路?获奖者在科研投入、学术投入、学习方法等方面,具备什么样的特点?此外,诚如一些研究者指出的,研究生国家奖学金在评选过程中也暴露出一系列问题,如评价体系有待完善,评选导向出现偏差;①评选标准中科研主导的价值取向异化为“唯科研论”;②对于研究生会带来功利心、消极怠学等负面激励效应,③等等。为了解研究生国家奖学金评选过程的状况、经验和问题,了解国家奖学金获得者的基本特征,我们对全国传统研究生院高校进行了有关研究生国家奖学金实施状况的调查研究,试图通过较大样本的调查,了解研究生国家奖学金实施过程中有关评选标准、评选程序中存在的问题,了解国家奖学金评选对研究生的学习、科研等活动带来的正面激励作用和可能存在的负面影响,以及国家奖学金获得者的主要特征等,为进一步完善国家奖学金评选提供参照。

一、研究生国家奖学金实施的基本状况

如前所述,研究生国家奖学金名额自设立起至今固定不变,然而,由于研究生招生规模同期不断扩大,总体而言研究生获得国家奖学金的比例处于下降趋势。根据教育部和财政部颁布的《普通高校研究生国家奖学金评审办法》,研究生培养单位需在每年10月31日之前将评审结果报教育部和财政部备案,因此培养单位一般在每年9、10月份开展国家奖学金评选工作。因国家

---

① 冯涛,陆根书,柳一斌.硕士研究生国家奖学金绩效实证研究[J].黑龙江高教研究,2017(3).

② 张茂聪,陈萍,范晓婷.我国研究生国家奖学金政策的价值取向分析:应然、异化及回归之道[J].学位与研究生教育,2018(12).

③ 张晓伟.研究生国家奖学金激励效果的实证分析——以N大学为例[J].科技广场,2016(2).

奖学金评选开始时间较早，许多培养单位的国家奖学金评选不对当年入学的新生开放，但也有一些单位为新生分配了一定的奖学金名额。我们将每年在校生数扣除招生数后作为国家奖学金评选的基数进行比例计算，可以发现研究生获得国家奖学金的比例一直在下降，2012 年博士生获奖比例为 4.64%，2017 年下降至 3.60%；而硕士生获奖比例在 2012—2016 年间降幅稳定，2012 年为 3.98%，2017 年则由于总体规模的大幅度增长而急剧下降至 2.25%①（见图 4-1）。

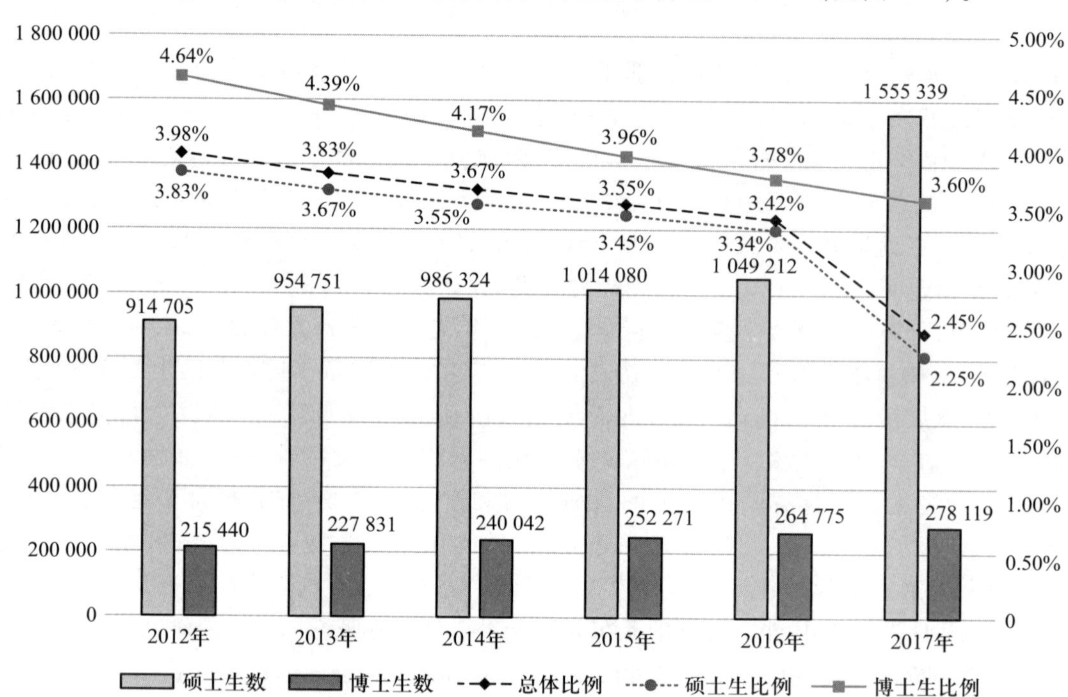

图 4-1 2012—2017 年研究生在校生数（扣除招生数）与获奖比例（数据来源：教育部门户网站）。

如果不扣除当年招生数，以年度研究生在校生总数进行统计，获奖比例的变化趋势也类似，博士生从 2012 年的 3.52%稳定下降至 2017 年的 2.76%，硕士生从 2012 年的 2.44%稳定下降至 2016 年的 2.14%，2017 年骤降至 1.54%。

关于国家奖学金具体的评审办法，虽然教育部和财政部联合制定了《评审办法》，但该办法主要涉及评审组织与领导、评审程序、评审原则、禁止性规则等较为粗略的原则性、指导性办法，而各培养单位在实施过程中，一般都会参照两部的《评审办法》制定出适用于本单位的更加细致的评审办法或管理办法。但是，由于学科之间、学院（系、部）之间的巨大差异，学校一级的评审办法或管理办法仍然不是奖学金评选的直接依据，各培养单位的校级评审办法或管理办法依旧以两部颁布的《评审办法》为底稿，在原则上规定了评审组织与领导、评审程序、评审资格等，并结合本单位实际确定名额分配的基本原则和分配方案。国家奖学金评选的工作细则一般由学院乃至系部层级制定，在这些评审细则中，详细规定了评审委员会名单、申请条件、评选的工作程序及最重要的评选办法。

① 2017 年研究生数统计口径发生变化，招生数包含全日制和非全日制研究生；在校生数包含全日制、非全日制研究生和在职人员攻读硕士学位学生，故 2017 年统计数据中的在校生数大幅上升。

根据搜集的部分高校下属学院(系)研究生国家奖学金评审细则可以发现,直接影响奖学金评选结果的是各单位制定的评选计分规则。如清华大学交叉信息研究院的评定细则中,采用了“参考基础积分,根据现场答辩情况综合票选”的评选办法。① 其中基础积分包括“学术积分”和“德育积分”两项,学术积分的具体细则尤为详尽(表 4-1):

表 4-1 清华大学交叉信息研究院研究生国家奖学金评审细则计分规则

成果分类	成果级别	积分
学术成果/活动	顶级会议/期刊	3
	A 类会议/期刊	2
	B 类会议/期刊	1
	C 类会议/期刊	0.2
	FOCS/Nature 级别会议/期刊	额外加分,上限 2 分
贡献度	第一作者或通讯作者	100%
	第二作者	最高 60%
	第三作者及以后	30%
	共同第一作者	各 80%
	署名按姓氏排序	导师认定
额外奖励	获最佳论文或最佳学生论文奖励,或物理重要期刊编辑推荐论文	对应级别分数 *150%
	有重大贡献或重大影响的论文,由评审委员会审议单独评分	单篇最高 4 分

对于德育积分,由于该项积分难以精确量化并可能引起一定争议,故在该评选细则中,德育积分满分只有 1 分,由研究生所在班级三名主要学生干部及学院德育组进行评定。在计算积分之后,根据研究生现场答辩情况,由评审委员会投票决定最终入选名单。

该学院评审办法未区分硕士生和博士生,可以理解为二者在相同规则框架下进行评选。而有的学院对硕、博士生的评选资格、评选计分规则进行了区分,如清华大学法学院评审实施细则中不仅规定了硕士、法律硕士(专业学位)、博士生的参选条件,还对新入学研究生的参选条件进行了规定(表 4-2):②

① 2018 年清华大学交叉信息研究院研究生国家奖学金评定细则.

② 法学院 2015 年研究生国家奖学金评定实施细则.

表 4-2 清华大学法学院 2015 年国家奖学金评选细则

学生类别	参选条件	备注
博士生(老生)	1. 上一学年学分成绩不低于 85 分	必须满足三项
	2. 已通过博士生资格考试,且成绩不低于 85 分	
	3. 在《中文核心期刊要目总览》和《中文社会科学引文索引》发表一篇以上法学专业学术论文,出版专著或三人以下合著	
硕士生(老生)	1. 上一学年学分成绩不低于 85 分	必须满足 1,同时满足 2 或 3
	2. 已公开发表一定学术成果	
	3. 参与 3 项以上学术活动	
法律硕士	1. 上一学年学分成绩排名年级前 20%	满足两项条件之一
	2. 公开发表一定学术成果	
新生(不区分硕博士)	推研、考研、考博成绩在本专业总排名前 20%	

由于研究生国家奖学金金额较大,荣誉至高,获奖难度大,因此多数培养单位都制定了非常详尽的评选细则,以及颇为严谨的评选组织程序。总体而言,在培养单位学院、系层面制定的评选细则及其评选程序有以下一些特点:

第一,评选细则基本都体现了科研导向,有利于遴选科研成果突出的研究生。在评选细则中最为核心的计分规则主要针对科研成果或科研活动,其规定大多十分细致乃至烦琐。如某高校法学院的评分细则包括学习成绩、科研成绩、司法考试和社会公益四个方面,其中学习成绩和科研成绩各占 40%,科研成绩中包括不同层次期刊论文及署名顺序,专著、译著、参编著作,专业竞赛与相应科研成果,参与不同级别课题等科研成果、科研活动的计分规则。某工科院校的计分细则则包括了学术论文(SCI/SCIE 分区、EI 英文/中文、其他核心、国际会议、国内会议等)、专利、科研创新项目等计分项目。可见,在细致、量化的评审规则面前,经由公式计算得到的个人得分已经基本能够确定参选者排序。

第二,多数高校院系在制定评选细则时则对硕士、博士生加区分,有的高校对专业学位研究生也制定了不同的评选标准。一般而言,对博士生的评选细则更加注重科研成果,科研成果在总得分的比例更大,如某工科高校航空学院的硕士生国家奖学金评选细则中,学习成绩占 40%,论文及其他科研成果占 40%;博士生评选细则中,没有学习成绩部分,论文及其他科研成果占 80%。对学术学位研究生的学术要求一般要高于专业学位研究生,专业学位研究生的评选细则中除学习成绩、科研成果外,一些高校也强调专业学位研究生参与行业实践的表现。

第三,多数高校的评选细则均设置委员会评审环节。虽然学业成绩、科研成果的计分在奖学金评选中起着决定性作用,但许多高校也设置了评审委员会,负责评审细则的解释、操作、答辩、决议等环节,对于某些创新性较强的科研成果价值的认定,一些学术活动和科研成果性质的认定等,均通过评审委员会进行裁决。最终的评选结果,也是通过基础计分和答辩环节,由评审委员会投票或打分等方式决定。

二、研究生国家奖学金实施情况问卷调查简况

为进一步了解研究生国家奖学金评选过程中的问题,以及国家奖学金设置与评选对研究生学习、科研参与和投入等方面的影响,我们实施了有关研究生国家奖学金实施情况的问卷调查。问卷调查的工具为课题组自编问卷,面向全国 56 所传统研究生院高校发放。问卷于 2018 年年底发出,2019 年 3—6 月间陆续回收。一共发放问卷 10 000 份,有 46 所高校返回问卷,在剔除无效问卷后,有效问卷数为 7 530 份。

为获取足够多的信息,本次调查没有采用随机抽样的方式,而是采用了目的性抽样,这是因为国家奖学金评选比例约为 3%左右,如果采用随机抽样的话,即使收回全部问卷,奖学金获得者比例最高也不超过 10%(以连续三年获奖者总数计)。而本次调查的重要问题之一就是了解获奖者的特质以及所带来的影响,并且在很多维度上需要把获奖者与未获奖者作为不同的两个群体进行对比分析。因此,我们希望能够尽量多地得到获奖者的信息,在进行抽样时对获奖者有所侧重,最终回收的问卷中获得过至少一次研究生国家奖学金的有 2 364 人,占有效问卷的 31.4%,为本次研究提供了一个较好的数据集。

参与本次调查的研究生中,学术型硕士生共 3 318 人,占 44.1%;学术型博士生 1 054 人,占 14.0%;专业学位硕士生 2 690 人,占 35.7%,专业学位博士生 79 人,另有 389 人为硕博连读生,占 5.2%。

调查对象主体是 2016、2017、2018 三年入学的研究生,分别占 19.2%、26.4%和 26.0%,另有 129 人为 2019 年入学,有 388 人为 2016 年之前入学,有 1 620 人未提供明确的入学年份信息。男性 4 250 人,占 57.8%;女性 3 157,占 41.9%;有 23 人未提供性别信息。有 2 394 人通过推荐免试方式入学,占 31.8%,4 244 人通过统一招考方式入学,占 56.4%,此外,有 314 名博士生通过申请审核制招生入学,占 4.2%。

在专业学位研究生中,工程硕士 2005 人,占 78.8%,教育硕士 96 人,占 3.8%,法律硕士 86 人,占 3.2%,金融硕士 71 人,占 2.6%,临床医学硕士 63 人,占 2.3%,其他类别 225 人,占 8.4%。其比例分布也基本符合传统研究生高校学科类别分布。学术学位研究生中,来自工学门类的有 1 485 人,占 44.8%,理学门类有 639 人,占 19.3%,医学 305 人,占 9.2%,农学 158 人,法学 156 人,分别占 4.8%和 4.7%,其他门类 521 人,占 15.7%,另有 54 人未提供学科门类信息。

三、问卷结果分析

(一) 评选参与情况

有 4 665 人从未参与过国家奖学金的评选,占比 62.0%,有 2 808 人有过至少一次的参选经历,其中参与过一次的有 2 075 人,占有参选经历者的 96.3%。有 5 076 人(67.4%)从未获得过国家奖学金,获得过至少一次的有 2 364 人。以此推断,在本次问卷的调查对象中,大部分参与评选者都能够成功获奖。这也体现了各培养单位评选细则相对刚性,通过精确复杂的计分方式而得到的相关积分,在很大程度上能够基本确定获奖人选。若非采用这种明确的计量标准选拔,而是通过具有较大变数的评审方式,会使评选结果存在较大的不确定性,那么参与评选的学生人

数比例可能会更多。

（二）国家奖学金获得者的基本特征

1. 国家奖学金获得者个人特征

在本次调查中，学术型博士生获得奖学金者的比例最高，在参与调查的学术型博士生中，国家奖学金获得者占 47.0%；其次，硕博连读生的比例为 44.0%，专业学位博士生为 38.0%，专业学位硕士生为 25.5%，合并统计博士生获得国家奖学金的比例约为 45%（计入硕博连读生），硕士生约为 28%，前者是后者的 1.6 倍，与 2017 年扣除招生数后的全国总体比例之比（3.60%/2.25% = 1.6）持平，与未扣除招生数后的全国总体比例之比（2.76%/1.54% = 1.8）也接近。这一方面反映本次抽样虽然是非随机性抽样，样本的获奖比例也较好地代表了硕博士生之间获奖比例的差异，同时也反映研究生国家奖学金向博士生倾斜，以激励研究生投入科研活动的价值导向。另一方面，学术型学位研究生获奖者比例高于专业学位研究生，也是评选标准科研导向的一个结果，虽然部分高校制订了专门针对专业学位研究生的评选细则，但也有许多高校没有这样做。在相同的评选细则框架下，专业学位研究生在科研导向的评选中难免处于劣势。

获奖者并未体现出明显的性别差异，男性研究生中获奖的占 31.4%，女性占 32.2%，二者非常接近。硕士生中，通过推荐免试方式录取的研究生获奖者比例为 38.6%，而统一招考研究生获奖者比例为 22.1%，推荐免试研究生显示出一定优势。博士生中，申请审核制招生录取的博士生获奖比例为 48.5%，高于统一招考博士生的 40.0%，硕博连读生为 48.3%，几乎与申请审核制博士生持平，显示这两种招考方式在生源质量上具有一定优势。

研究生毕业院校背景反映出一定的前置学历优势。总体上，本科毕业于原“985 工程”高校的硕士研究生中，获奖者比例为 38.3%，本科毕业于原“211 工程”高校获奖者比例为 32.1%，其他类型高校为 26.8%。博士生的硕士毕业院校也体现出类似优势，硕士毕业于这三类院校的比例分别为 32.4%、30.5%和 28.7%，与博士生的本科毕业院校相比（三类院校比例分别为 34.2%、29.5%和 23.1%），硕士毕业院校的前置学历优势更弱一些。

2. 国家奖学金获得者导师特征

研究生的获奖比例与导师的若干特征有明显的关系。导师为两院院士的研究生中，有 55.7%获得了国家奖学金；拥有长江、千人、杰青等“国字号”学术头衔的导师，其研究生中获得国家奖学金比例为 40%左右，而获得其他非国字号学术头衔和无学术头衔的导师中，研究生获奖比例在 30%左右（见图 4-2），这一定程度上反映了不同导师的培养质量差异。研究生获奖比例与导师的职称也有一定关系，研究生获奖比例随导师职称的提高而提高（见图 4-3）。此外，研究生是否获奖与导师指导人数也有一定关系，获奖者导师指导人数（平均 11.3 人）略高于未获奖者导师（平均 10.3 人）。

（三）研究生对国家奖学金评选的认识

1. 对评选细则各维度重要性程度的认识

在所收集的部分高校下属学院（系）国家奖学金评选细则中，我们可以看到研究生的科研成果（论文发表、专著等）分值较高，对评选结果起着举足轻重的作用。调查中研究生对评选细则的回应也印证了这一点。在被问及各评价项的重要性程度时，科研成果的分值达到 4.64 分（五点计分），远高于其他选项。其次，对学习成绩和科研活动的参与得分也达到 3.87 分左右，部分高校的评选细则也比较强调学习成绩和科研活动参与（如参与课题研究、主持科研创新项目

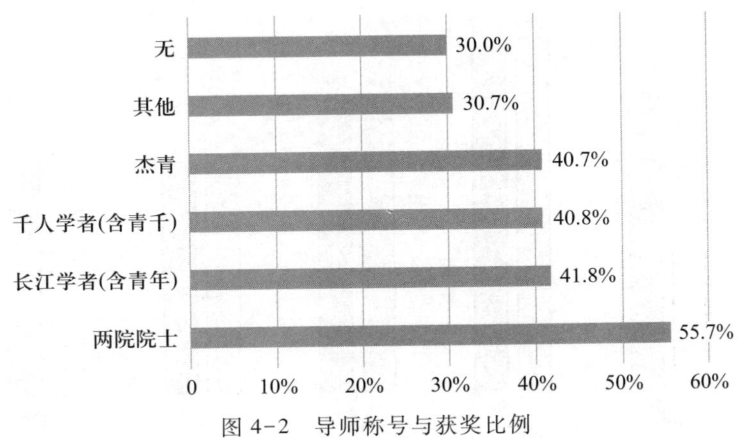

图 4-2 导师称号与获奖比例

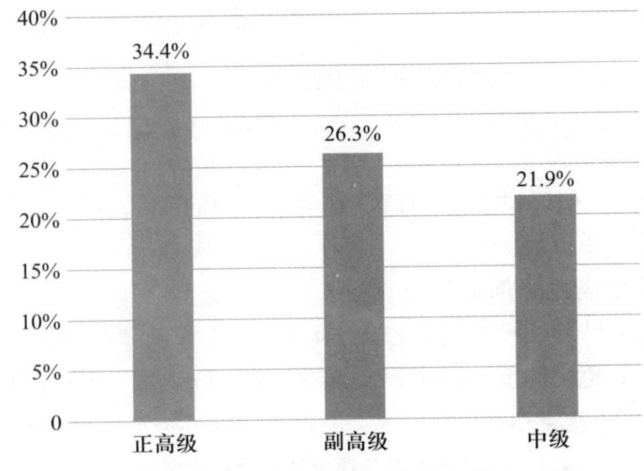

图 4-3 导师职称与获奖比例

等)。而班级管理或学生活动、社会实践的得分分别只有 3.0 分左右,多数高校的评选细则要么未提及研究生以上表现,要么分值较低,无足轻重,或者是作为参选研究生答辩过程中展示的一部分,以供评审委员会在评审时综合考量。但总体而言,起决定作用的仍然是科研成果,评审委员会在评审过程中基本也是尊重计量评价的结果从而避免引起争议。

博、硕士生之间对这个问题的认识有所差异,在博士生看来,评选细则对科研成果更为强调,而学业成绩等其他方面重要性程度均低于硕士生。这表明大多数培养单位对博士生和硕士生制定了差异化的评选细则,博士生评选细则中的科研成果分量更重,相应其他方面重要性程度降低,尤其是有关班级管理、学生活动和社会实践活动等方面,基本进入“不太重要”的区间(参见图 4-4)。

通过前文的数据分析,我们推测国家奖学金的评选的参与度可能不高,研究生在对照评选细则时,如果发现自身参选条件有差距(如无论文发表),则有可能根本不参加评选,那么对于评选规则的了解和细则的评价可能有别于获奖者。但数据分析发现,两者均值非常接近,如对科研成果重要性的认识均值分别为 4.68 和 4.61(前者为获奖者评价,后者为未获奖者评价,下同),学业

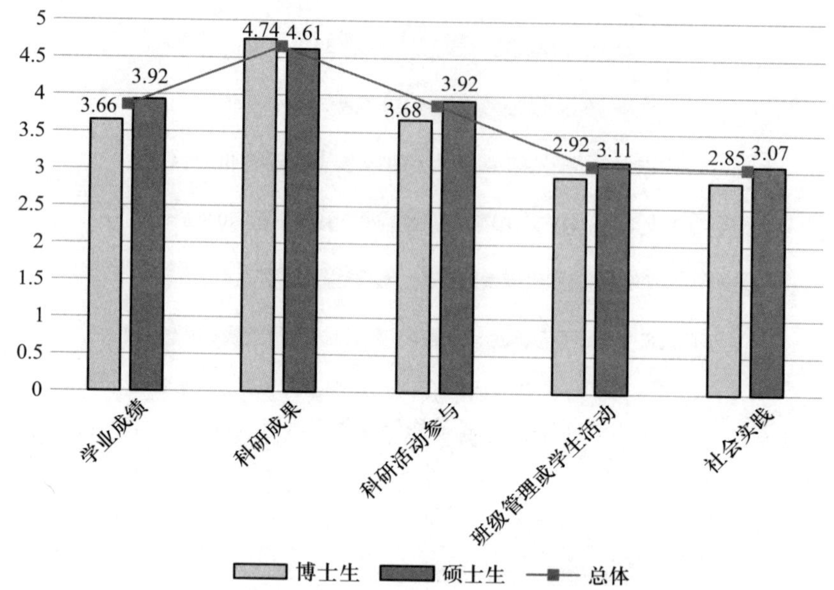

图 4-4 研究生对评选细则中各评价维度重要性的看法(五等级评价)

成绩分别为 3.93 和 3.85,科研活动参与均值分别为 3.85 和 3.88,等等。这表明获奖者和未获奖者对评选细则计分方式的评价较为一致。

2. 对评价细则各维度应占比例的认识

由此便给我们提出了另外一个问题:在研究生看来,这样的评分规则是否合理?对各评价维度的重视程度是否有失偏颇?为此,我们设计了一个半开放式题,由研究生自己对以上五个维度的比重进行设定,其结果见表 4-3:

表 4-3 研究生对各评价维度应占比例的看法

	学业成绩	科研成果	科研活动参与	班级管理或学生活动	社会实践
低于 30%	53.90%	15.70%	89.10%	99.30%	98.90%
30%~50%	40.70%	61.60%	10.10%	0.60%	1.00%
50%及以上	5.40%	22.70%	0.90%	0.10%	0.10%

由上表可知,超过一半的研究生认为学业成绩所占比例应低于 30%,有 40.7%的人认为应在 30%~50%,合计有近 95%的研究生认为成绩比例应低于 50%。其中比较主流的几种意见是学业成绩应占 20%(1 883 人,占 25%)、30%(1 625 人,占 21.6%)、10%(1 148 人,占 15.2%)。此外,占 50%(613 人,占 8.1%)和 40%(578 人,7.7%)也有一定支持率。可见,多数研究生认为学业成绩应占一定比例,但比例不宜过大。

对于科研成果应占比例的看法,多数人认为应在 30%~50%,认可这个区间的人数占比超过 60%,另有 15.7%的人认为科研成果占比应低于 30%。其中比较主流的几种意见分别是:占 30%(共 1 537 人,20.4%);占 50%(共 1 497 人,19.9%);占 40%(共 1 192 人,15.8%);占 20%(共 699 人,9.3%);占 60%(共 638 人,8.5%)。从调查结果来看,研究生对科研导向的评价细则是比较认可的。

对于另外三个评价维度应占比例,研究生的态度是比较一致的,均有90%左右甚至接近99%的研究生认为这几项所占比例应在30%以下。科研活动参与,有56.8%的研究生认为占比应在10%及以下水平,有87.5%认为应在20%及以下,其中最主流的意见是10%(2 565人,34.1%)和20%(1 828人,24.3%);班级管理或学生活动,认为应占10%及以下的达89.2%,2 461人(32.7%)认为比例应为10%,2 090人(27.8%)认为比例应为5%,另有1 334人(17.7%)认为其比例应当为0%;社会实践活动也类似,86.8%的人认为应在10%及以下,其中2 429人(32.3%)认可10%的比例,1 894人(25.2%)认为应为5%,1 375人(18.3%)认为应为0%。

若计算研究生对各评价维度设定比例的平均数,则总体上五项平均数分别为26.6%、43.4%、14.2%、0.7%和0.8%。硕博士生对该问题的认识有一定差异,硕士生分别为28.3%、40.9%、14.6%、0.07%和0.08%,博士生相应数值分别为19.8%、53.3%、12.8%、0.06%和0.07%,博士生对科研成果赋予了更高的权重。

对照部分搜集到的培养单位评选细则,我们发现与研究生的期望既有一致之处,也存在一定差异。如科研成果作为最重要的维度,硕士生和博士生对其期望比重都在40%以上,这在绝大多数培养单位的评选细则中都得以体现,同时也与两部相关管理办法和评选办法精神一致;对于学业成绩,硕博士生对其期望比重在25%左右,说明学业成绩也应作为奖学金评选中的一个重要考量因素,但其比例不宜与科研成果同等;科研活动参与都在15%左右。也就是说,学业成绩与科研活动参与两者相加的比重,堪与科研成果接近。这一点对于硕士生奖学金评选而言较具有参考意义,因为对于刚进入科研之门的硕士生而言,要发表高水平科研成果具有一定难度。假如发表高水平科研成果的人数较少(少于奖学金名额)或是没有,那么其主要评选依据应是学业成绩和科研活动参与情况。

总体而言,目前研究生对所在院系的评选细则认可度较高,以科研成果为主,辅之以学业成绩、科研活动参与等要素的评价指标较为合理。此外,我们也设置了一个评价题项,由研究生对"我所在院系的国家奖学金评选细则合理"这一陈述进行五等级评价,该题项得分均值达到4.13分,74.3%的研究生选择了"比较同意"和"非常同意"这一陈述。另外,对于"能否获奖主要看论文发表,其他方面不够重视"这一陈述,得分均值为3.22,有41.9%的研究生"比较同意"和"非常同意"这一陈述。综合而言,研究生认可科研成果占主导,但也认为应适当考虑其他方面的表现。

3. 对评选程序的认识

国家奖学金评选细则一般都详细规定了奖学金的评选程序,其过程一般包括评选规则的制定与修订、公示,个人申请,导师推荐,院系评审,学校审定和公示等几个主要环节。其中具有决定作用的是院系评审环节,也就是依据计分规则对参评研究生各方面表现进行量化评价,并结合面试或答辩、评审委员会审议等程序最终决定入选名单的过程。

从调查结果看,研究生对所在院系国家奖学金的评审过程的满意度较高。问卷中设置了四个题项来考察这个问题,其一是直接正向评价题"我所在院系的国家奖学金评选过程透明";其二是直接反向评价题"基本上我不知道国家奖学金是怎么评出来的";另两道题是反向评价题,旨在考察研究生能否获奖是否与导师的争取或院系领导决定有密切关系。反向评价题经反向赋值,在五等级评价中,四个题项的得分均值分别为4.26、3.44、3.69和3.47,均超过了中间得分,偏向于较为满意一端。尤其是对评选过程透明度的直接正向评价得分较高,这表明培养单位在进行国家奖学金评选过程中较为重视,操作谨慎,过程透明,得到学生的认可。

研究生对评选过程的满意度较高也使他们对评选的结果认可度较高。在问卷中也设置了一个正向评价题项"总体上获奖的同学都挺优秀的",和一个反向评价题项"现行的评选标准使评选出来的人并不是最优秀的",从两个方面来对评选结果满意度进行考察,其均值分别为4.19和3.34,其中反向评价题项,对这一表述"比较同意"和"非常同意"的人分别只占14.1%和7.0%,反映研究生对评选结果基本是认可的。

此外,问卷还设计了一组题项,要求作答者从9个方面评价,与未获得国家奖学金者相比,国家奖学金获得者在这些方面的表现如何。评价为五等级评价,3为基本没有差异,数值越大表明国家奖学金获得者越优于未获奖者。9个方面的总体均值为3.75,其中对获奖者认可度较高的是论文发表、科研能力、学术发展潜力、学习能力和专业知识,其均值都在3.8以上,尤其是科研能力和论文发表能力都超过了4.0,认可获奖者在这两方面表现比未获奖者"好很多"(得分为5分)的比例分别达到46.4%和35.9%。这表明国家奖学金突出科研导向在实践中得到比较好的贯彻,论文发表以及因此而体现的科研能力成为能否获奖的关键因素。而与此相关的学术发展潜力、学习能力和专业知识也有较高认可度。此外应注意的是,研究生对获奖者所有方面的评价均值都超过3,也就是说,国家奖学金获得者不仅在学术能力和学术成果方面能够脱颖而出,在其他非学术因素或者说综合素养方面也表现良好(见图4-5)。

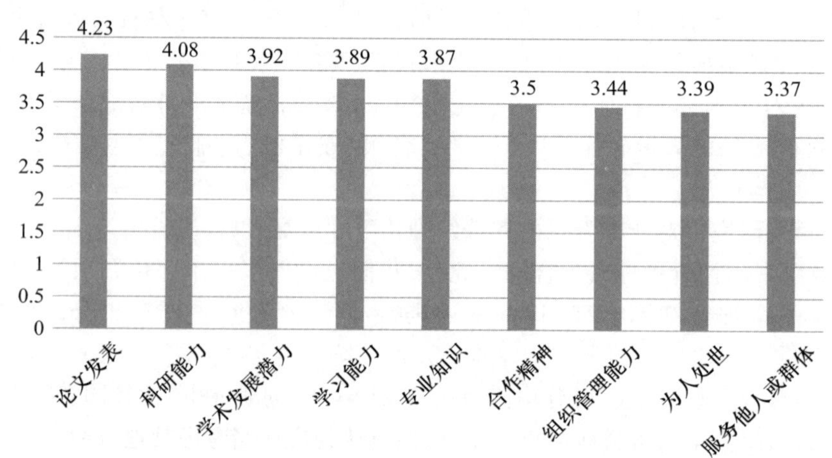

图4-5 国家奖学金获得者各方面表现得分均值

4. 对国家奖学金负面效应的认识

由于国家奖学金的奖金金额多、影响大、荣誉高,各培养单位为之制订了详细的评选规则和公开透明的评选程序。但是正因为其重要性,研究生对于国家奖学金也有较高的渴求,加之名额较少,竞争较为激烈。那么,国家奖学金的设置和评选是否会带来一些负面效应,如学习目标异化,学习行为功利,同学关系紧张,乃至为发表论文增加参评资本而产生学术不端行为?本次调查设置了一系列问题来进行了解。

调查发现,研究生较为认可国家奖学金设置和评选带来的学习目标和学习动机功利化的负面效应,其总体均值分别达到3.67和3.56,而对于国家奖学金可能带来的学术不端、同学关系紧张、不愿交流科研项目等负面效应,研究生的认可度较低。也就是说,根据研究生们自己的观察和感受,虽然国家奖学金导致了学习的功利化,但带来恶性后果的可能性较低,其负面效应尚在可控范围之内(见图 4-6)。

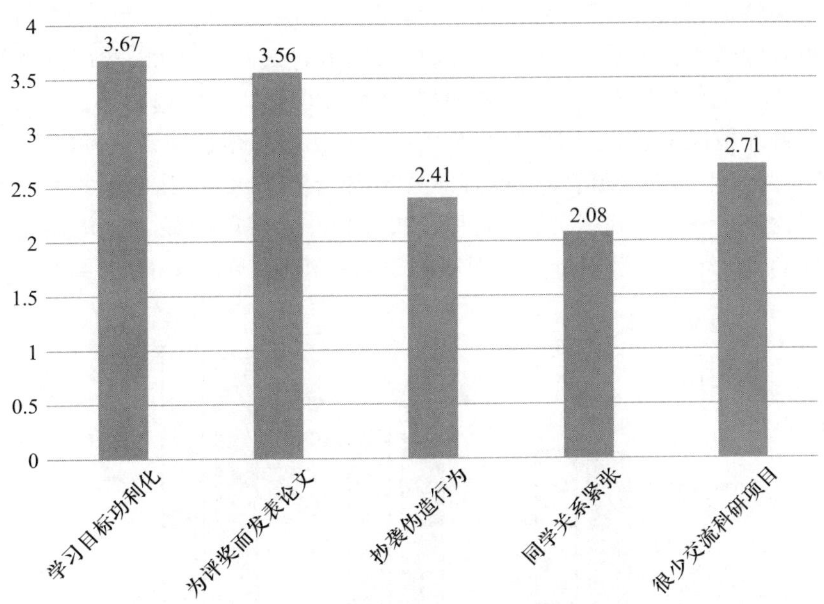

图 4-6 国家奖学金的负面效应

值得注意的是,对于国家奖学金的负面效应,未获得者的认可程度均高于获得者。考虑到获奖者作为当事人,可能存在一定的“自我称许”倾向而下意识地低估其负面效应,未获奖者作为“他者”的观察和感受可能更接近真实(见图 4-7)。

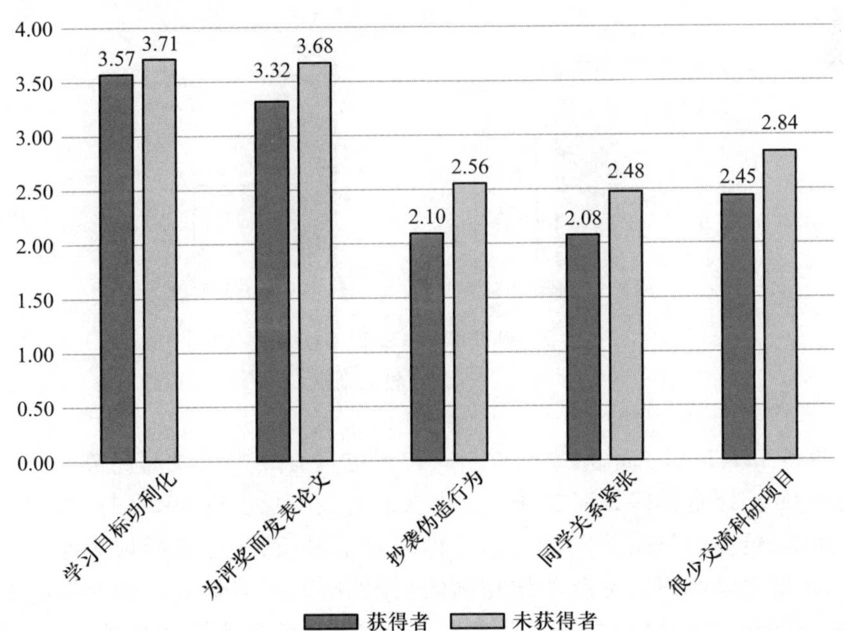

图 4-7 国家奖学金负面效应的不同看法

（四）国家奖学金获得者的学习行为特征

1. 学习规范遵守与一般学习行为的特征

关于学习行为特征，问卷从学习规范遵守、学习投入、课堂互动、互动学习等几个维度来考察国家奖学金获得者的学习行为特征。这一组题项采用五等级量表测量，在所列陈述中根据发生频率在“从不”“偶尔”“有时”“较多”“经常”中选择符合自身情况的选项。

从学习规范遵守情况来看，总体上调查对象都能够比较好地遵守常规性的学习规范，迟交作业、缺课等失范行为发生频率较低，课前没有准备达到“偶尔”水平，其中国家奖学金获得者具有不太明显的微弱优势。在学习投入方面，获奖者的优势开始变得明显，在“竭尽全力完成老师要求”“上交作业前仔细修改”等学习行为上频率高于未获奖者（见图 4-8、图 4-9）。

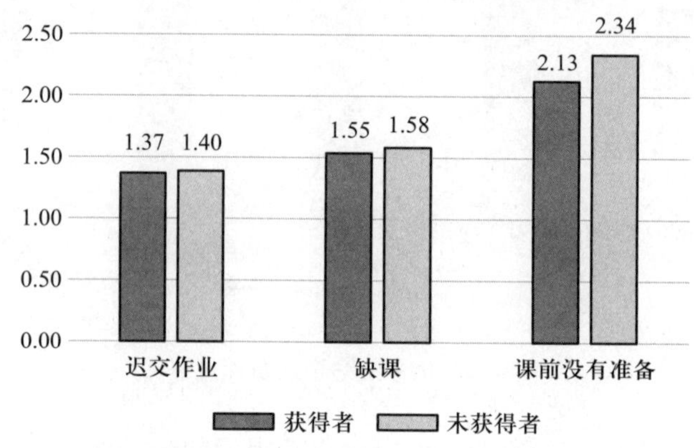

图 4-8 学习规范遵守情况

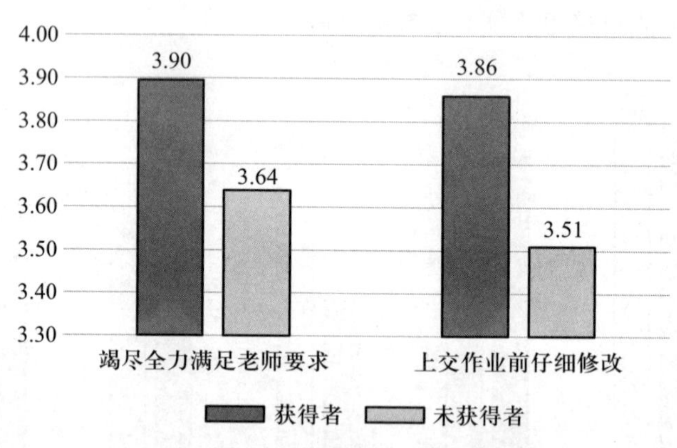

图 4-9 学习投入情况

在课堂互动和互动学习方面，国家奖学金获得者也具有颇为明显的优势。获奖者在课堂发言或课堂讨论的参与、课堂提问方面表现优于未获奖者，在碰到学习困难时，获奖者会更积极主动地寻求教师帮助，更多地与其他同学一起合作完成学习任务，并且更频繁地帮助其他同学学习。总体而言，在遵守学习规范情况大体相同的情况下，国家奖学金获得者具有更高的学习投入，更积极地参与课堂，更频繁地参与人际互动，是更积极和主动的学习者，在学习中更愿意分享，并与教师保持更好的沟通和互动（参见图 4-10、图 4-11）。

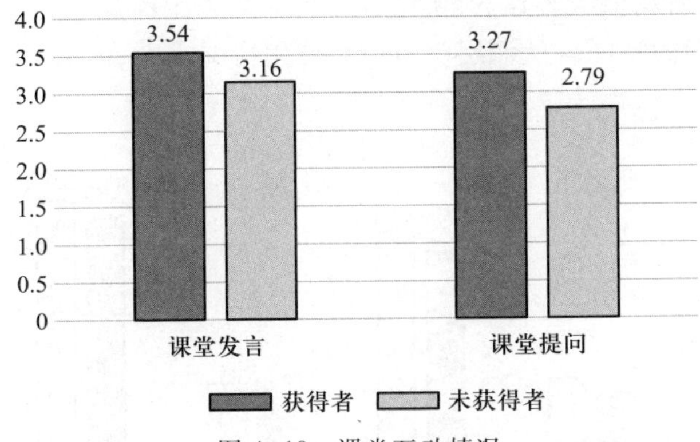

图 4-10 课堂互动情况

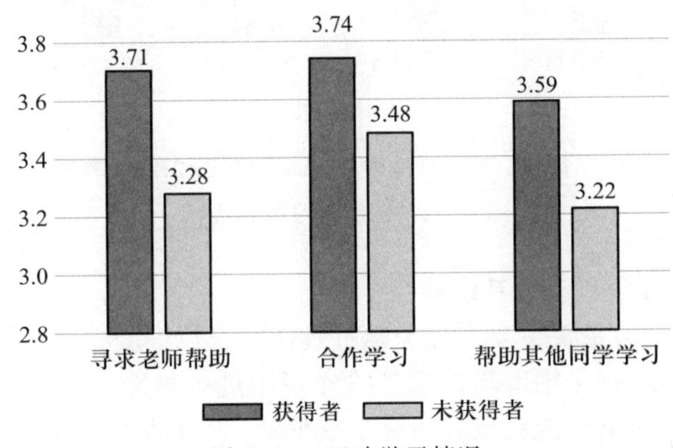

图 4-11 互动学习情况

2. 国家奖学金获得者深层学习策略的特征

深层学习策略(deep approach)和浅层学习策略(surface approach)指的是学习者基于学习目的的不同而采取的两种不同的学习策略,比格斯(Biggs J)认为深层学习指向对文本意义的关注,而浅层学习则指向为了能够回答问题而对文本进行记诵而非理解。① 然而研究发现,对于中国学生而言,背诵、记忆等通常被认为是浅层学习的策略有可能是深层学习的前奏或组成部分,因此一些学者在涉及中国学生的学习时,将记忆策略也视为深层学习策略加以研究,把深层学习策略区分为"知识的理解和掌握"与"知识的综合和判断"两个因子。② 本研究借鉴了这个研究思路,参照 SERU 问卷的相关题项设计加以调整,测量国家奖学金获得者深层学习策略的基本特征。

从统计结果看,无论是总体上,还是对硕、博士生进行区分,国家奖学金获得者使用深层学习策略频率都高于未获奖者。获奖者使用深层学习策略的频率得分均值都在 3.85 左右(五等级评

① Biggs J. What Do Inventories of Students' Learning Processes Really Measures? A Theoretical Review and Clarification[J]. British Journal of Educational Psychology, 1993(1).

② 吕林海,龚放.中美研究型大学本科生深层学习及其影响机制的比较研究——基于中美八所大学 SERU 调查的实证分析[J].教育研究,2018(4).

价)甚至更高,而未获奖者均值大多在 3.50 左右。其中博士生深层学习策略使用频率高于硕士生,显示出更成熟学习者的特征。从深层学习策略使用情况来看,国家奖学金获得者更加善于学习(见图 4-12)。

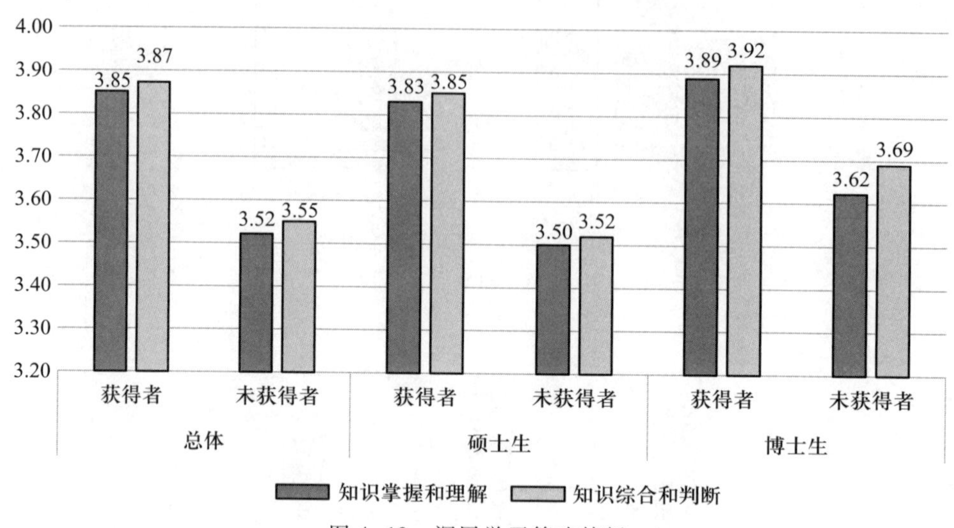

图 4-12 深层学习策略特征

3. 国家奖学金获得者学习动力系统特征

本次调查对于学习动力系统主要区分为学习效能感、成就动机、内生学习动机、外生学习动机和学习专注度几个维度,每个维度均设置 2~3 个题项进行测量。

总体而言,不管是国家奖学金获得者还是未获得者,学习动力都处于相对较好的水平,国家奖学金获得者总体学习动力得分均值为 3.83,未获得者为 3.60,接近"较好"水平。从各个维度来看,学习专注度得分均值偏低,更为接近"一般"水平。外生学习动机则两者得分均值一致,没有表现出差异,而在内生学习动机、成就动机和学习效能感几个维度中,获奖者和未获奖者都有较高水平,其中获奖者在这三个维度的均值都超过了 4.0 且相对未获奖者都具有一定优势。这表明国家奖学金获得者更多地基于内驱力、抱着对学习和科研更大的兴趣来学习的。总体而言,研究生多数属于内驱型学习者,而国家奖学金获得者表现更为突出(见图 4-13)。

(五)国家奖学金获得者的科研成果及其影响因素

在实践操作过程中,培养单位的国家奖学金评选细则基本都以研究生的科研成果作为决定性因素,因此科研成果尤其是高水平论文发表成为奖学金评选中最重要的参考标准。

从总体上看,人文社科类研究生以第一作者身份发表的 CSSCI 论文人均为 0.3 篇,其中博士生人均 0.90 篇,硕士生人均 0.11 篇;其他中文论文人均 0.58 篇,其中博士生人均 1.04 篇,硕士生人均 0.44 篇;英文论文人均 0.09 篇,其中博士生人均 0.2 篇。

在人文社科硕士生中,国家奖学金获得者以第一作者身份发表 CSSCI 论文人均 0.30 篇,未获得者人均 0.03 篇,相差 10 倍之多;人均发表其他中文论文 0.88 篇,是未获得者(人均 0.26 篇)的 3.4 倍;人均发表英文论文 0.17 篇,是未获得者(人均 0.01 篇)的 17 倍。在 CSSCI 论文和英文论文发表方面,国家奖学金获得者有突出优势。

在人文社科博士生中,国家奖学金获得者以第一作者身份发表 CSSCI 论文人均 1.29 篇,未

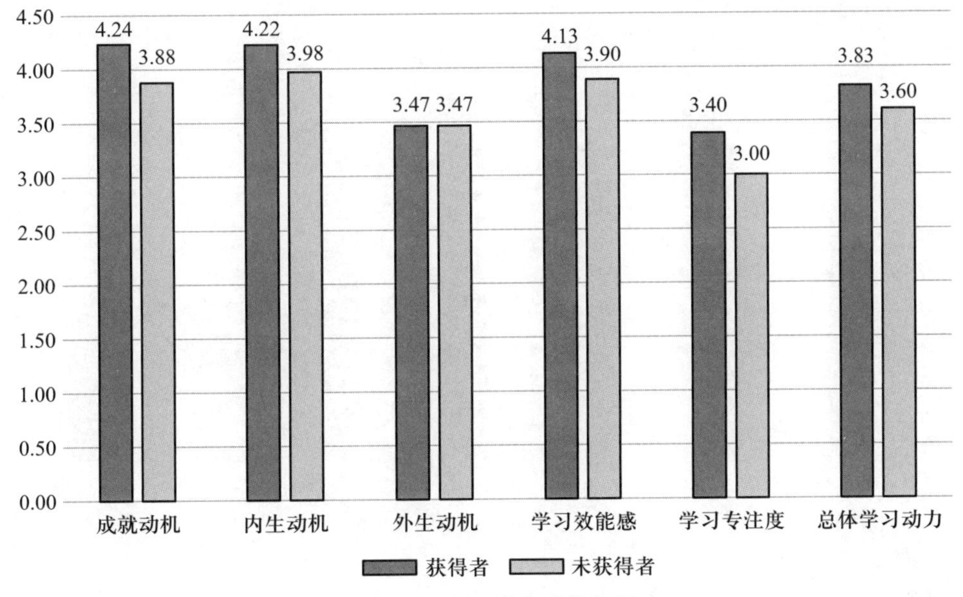

图 4-13 学习动力系统特征

获得者人均 0.61 篇;人均发表其他中文论文 1.39 篇,未获得者 0.78 篇;人均发表英文论文 0.38 篇,未获得者人均 0.08 篇。由于多数培养单位均有博士生在学期间需发表一定数量 CSSCI 论文的规定,因此博士生中获奖者发表 CSSCI 论文数量的优势较小,但英文论文发表数量的优势较大。

在理工农医类研究生中,人均以第一作者或通讯作者身份发表 SCIE 论文 0.80 篇,其中博士生人均 1.80 篇,硕士生人均 0.33 篇;授权专利数人均 0.18 项,其中博士生人均 0.32 项,硕士生人均 0.12 项;发表其他论文人均 0.18 篇,其中博士生人均 0.32 篇,硕士生人均 0.11 篇。

在理工农医类硕士生中,国家奖学金获得者以第一作者或通讯作者身份发表 SCIE 论文人均 0.86 篇,未获得者人均 0.11 篇;授权专利数人均 0.24 项,未获得者人均 0.07 项;发表其他论文人均 0.21 篇,未获得者人均 0.08 篇。国家奖学金获得者在 SCIE 论文发表、专利授权数方面都有 7 倍左右的优势。

在理工农医类博士生中,国家奖学金获得者以第一作者或通讯作者身份发表 SCIE 论文人均 2.95 篇,未获得者人均 0.81 篇;专利授权数人均 0.44 项,未获得者人均 0.21 项;其他论文数人均 0.38 项,未获得者人均 0.26 项。国家奖学金获得者在 SCIE 论文发表上有 3.6 倍的优势。

总体而言,国家奖学金获得者在论文发表等科研成果方面有着比较明显的优势,特别是硕士生,不管是人文社科类还是理工农医类研究生,获奖者在核心期刊论文发表数方面都大幅领先于未获奖者;博士生获奖者的优势小于硕士生,但也有着明显优势。可见,国家奖学金的评选能够比较准确地识别出高水平科研成果产出者,其评选细则有效地发挥了作用。

对于发表高水平论文的影响因素,问卷从三个维度进行设计,一是导师影响,包括参与导师课题和导师指导;二是自身因素,包括灵感、勤奋、兴趣等指标;三是培养安排,包括参加学术会议和国际交流。从数据来看,研究生对于这些因素的帮助作用均有较高的认可度,其中将发表高水平论文归因于勤奋和学术兴趣的较高,均值都达到 4.4 以上,归因于导师指导和自己的灵感均值也达到4.2以上(参见图4-14)。

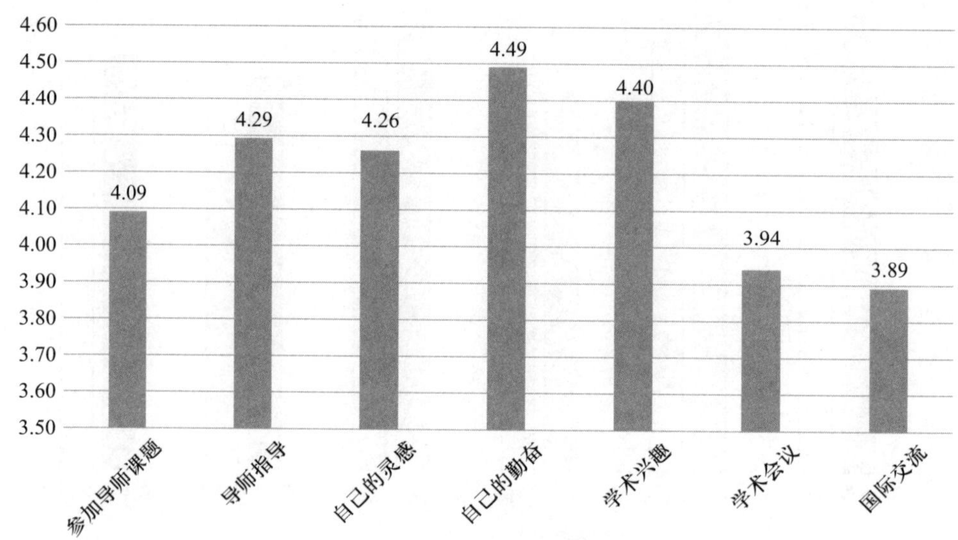

图4-14　发表高水平论文的影响因素

虽然研究生判断导师指导比参加导师课题更加重要,但事实是否如此?问卷中也涉及研究生参加各类课题数量及导师指导质量评价题项,从相关分析结果可见,论文发表数量与参与国家级课题数、省部级课题数和课题总数的相关系数均大大高于与导师指导质量评价的相关系数。可见依托课题参与更容易发表高水平论文,与研究生个人的感受有所不同(见表4-4)。

表4-4　论文发表与参与课题和导师指导质量的关系

	参与国家级课题数	参与省部级课题数	参与课题总数	导师指导质量
CSSCI或SCIE论文数	0.278***	0.163***	0.206***	0.088***

注:*** $p<0.001$。

(六)国家奖学金获得者的学术志向

国家奖学金设立的初衷在于导向和激励,前者指导向研究生投身学习和科研,后者指激发学生的科研兴趣,进而培育、坚定研究生的学术志向。那么国家奖学金的评选是否达到了这个初衷呢?

从引导学生投身学习和科研活动来看,国家奖学金的评选在一定程度上实现了这个目标,前文从多个维度考察奖学金获得者的学习行为特征,均能看出获奖者具有更强的学习动机,更好的学习策略,更多的学习投入,等等;另外从科研活动参与和科研产出来看,获奖者也有一定优势。在参与课题研究方面,硕士生获奖者人均参与2.25项,未获奖者人均参与1.38项;博士生获奖者人均参与3.16项,未获奖者人均参与2.27项。

但培育、坚定研究生学术志向的激励功能则不尽如人意。硕士研究生中获奖者在毕业后计划继续攻读博士学位的占34.8%,未获奖者为22.4%(均含国内读博和国外读博),虽然高出10

个百分点左右，但相对于国家奖学金的投入及其受重视程度而言，激励功能可以说比较有限（图4-15）。

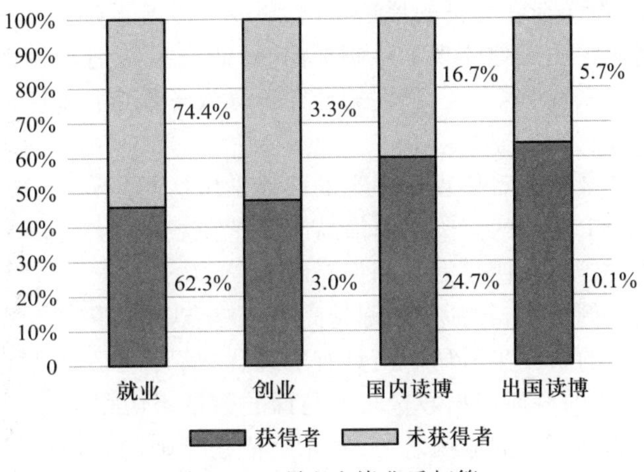

图 4-15 硕士生毕业后打算

此外，还可以从未来就业选择角度继续观察激励功能的发挥情况。问卷涉及研究生未来理想的就业单位类型，我们把科研院所、高校视为选择学术职业，把其他类型就业单位视为选择非学术职业。由图 4-16 可知，硕士生中，获奖者选择未来从事学术职业的有 42.7%，未获奖者为30.6%；博士生中分别为 75.4%和 69.3%。硕士生获奖者比未获奖者高 10 个左右百分点，博士生获奖者更是只比未获奖者高 6 个百分点。因此很难说国家奖学金制度明显地激励了研究生的学术志向。

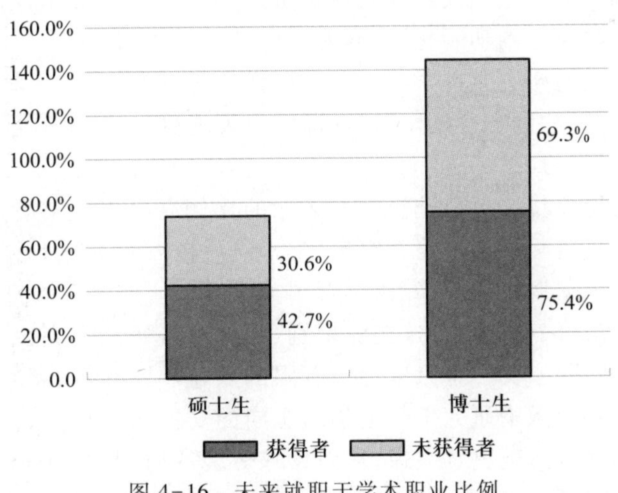

图 4-16 未来就职于学术职业比例

四、研究结论与建议

结合研究生国家奖学金的相关政策、评选规则文本的分析和调查数据统计分析，我们可以得出如下结论：

（1）由于研究生国家奖学金荣誉高、影响大、金额多等特点，各培养单位对于奖学金评选工作都高度重视，制订了较为详细和完备的评选规则，以及细致甚至烦琐的计分规则。以科研成果计分为核心的评选细则非常明显地体现了科研导向，科研成果特别是高水平论文发表占据优势的研究生更有可能获得国家奖学金。这种评选导向也导致学术学位研究生获奖比例明显高于专业学位研究生。

（2）研究生国家奖学金获得者体现了一定的前置学历优势，不管是硕士生还是博士生，本科毕业于原985院校和原211院校的获奖比例都高于其他院校毕业生，其中博士生的本科毕业院校优势比硕士毕业院校优势更为明显。导师拥有院士、千人、长江、杰青等“国字号”学术头衔的研究生获得国家奖学金比例更高，导师的职称越高，研究生获得国家奖学金的比例越高。

（3）获得国家奖学金的研究生科研产出具有明显优势，特别是硕士生获奖者相对于未获奖者，优势更加突出。研究生的科研产出数量与参与课题数量密切相关，这也可能是导师拥有更高学术头衔的研究生获奖比例更高的原因之一，研究生依托导师的科研课题平台从事科研活动不仅能得到较为充分的科研训练，也能够获得更高的科研产出，从而在国家奖学金的竞争中占据优势。

（4）研究生对国家奖学金评选规则和评选程序有着较高认可度，对评选过程的公开透明度有着较高的评价，对评选规则基本认可。具体到相应的评价标准，研究生认可科研成果优先，同时适当考虑学业成绩、科研活动参与等因素。科研成果导向的评价标准和较为严谨的评选程序也使研究生对评选结果较为认同，国家奖学金获得者在各方面表现均优于未获奖者，尤其是获奖者的学术素养得到研究生的普遍认可。

（5）研究生认为国家奖学金的设置及其评选带来的学术不端等恶性负面效应较小，但认为在一定程度上导致了学习目标的功利化，对研究生的学风有负面影响。

（6）获得国家奖学金的研究生在学习上具有更强的内驱力，更大的学习投入，更善于采用深层学习策略，更善于与教师和同学互动学习，在课堂中表现更为活跃，学习态度上更为积极主动。总的来说，获奖者更善于学习。

（7）国家奖学金获得者将来可能选择学术职业的比例高于未获奖者，但不十分明显。设立国家奖学金最重要的初衷是奖励科研能力突出、学术潜力较大的研究生，进而激励研究生投入科研活动坚定学术志向。根据调查情况来看，尽管国家奖学金的评选大体公正透明，评价标准和评选结果基本得到研究生认可，奖学金评选能够识别、筛选出科研能力突出的研究生，但从激励效果来看，相对于投入而言，国家奖学金只取得了有限的效益。因此，国家奖学金体现了其导向价值、识别和筛选功能，但对于激励研究生坚定学术志向的功能发挥上只起了有限作用。而且，到底是研究生本身就因对学术研究更感兴趣，从而投入更多的时间、精神和才智在科研上，进而带来了更高的科研产出，还是因为国家奖学金的设立而激励研究生更加投入科研工作而带来更高产出？如果是前者，国家奖学金只是起着把更擅长科研工作、更倾向于从事学术职业的研究生筛选出来并加以奖励，而没有真正起着激励、导向作用。在调查中发现，硕士研究生获奖者将来可能从事学术工作的比例只比未获奖者高10个百分点左右，博士生只高6个百分点左右，很难说国家奖学金的激励作用得以充分体现。

针对调查中发现的问题，我们针对国家奖学金的评选提出如下建议：

（1）作为一项国家级荣誉，国家奖学金的名额设置体现了其选拔性强的特点。尽管近年来由于在校生规模不断扩大，国家奖学金在其中所占的比例逐年降低，但作为一项最高荣誉，维持较低的比例也无可厚非，有利于维持国家奖学金所体现的学术含金量。

（2）现行各培养单位的评选细则尤其是其积分规则似嫌繁琐，且其导向也与当前学术界“反五唯”导向相抵牾。但相对客观的评价标准使评选过程能够基本实现程序正义，这种评选标准及其评选结果反而能够获得研究生的认同。当然，奖学金评选过程如果沦为一场比拼数据的游戏，也就违背了其鼓励学术创新、激励学术志向的初衷。因此在评选标准的设定上，如何既保证标准的相对客观与程序公正，同时又能营造激励学术创新、奖励重要学术成果的氛围，培养单位应更加仔细地设计评选标准和评选程序，以达到鼓励重要学术创新的目的。

（3）在评选标准的设定上既要考虑科研导向，赋予科研产出较高的权重，同时也应适当考虑研究生其他学术表现，如学习成绩、科研活动参与，乃至研究生的实践活动和服务活动。特别是硕士研究生的评选标准，不宜完全以科研成果论英雄，而应在坚持科研导向的基础上，设计出能够综合评价研究生各方面表现的评价标准。

（4）在国家奖学金的评选过程中，应注意防范其负面效应。在相对客观公正的评选程序下，国家奖学金评选带来学术不端等严重负面效应的可能性较小，但却会造成学风浮躁、学习目标功利化等负面影响，进而影响研究生培养质量。为避免学风功利化的不良影响，培养单位在国家奖学金评选中不应过于突出获奖者的光环效应，不应过于强调奖学金的荣誉本身，更切忌将奖学金作为研究生培养质量的评价指标。应更多关注研究生科研成果的学术创新性，通过国家奖学金评选激发研究生科研潜力和科研志向，更好地发挥国家奖学金评选的社会效益。

（执笔：张东海）

学术型硕士研究生学业表现及影响因素研究

2013 年，教育部、国家发展改革委、财政部联合发布了《关于深化研究生教育改革的意见》，明确提出研究生教育是培养我国高层次人才的主要途径，是我国创新体系的重要组成部分，并指出目前我国研究生教育不能完全适应经济社会发展的多样化需求，培养质量与国际先进水平有较大差距的问题，明确提出要进一步提高研究生教育质量，完善以提高创新能力为目标的学术学位研究生培养模式。

在我国研究生教育体系中，硕士研究生教育是一个相对独立的层次，也是我国研究生教育的重要主体。据统计，2017 学年我国在校研究生人数为 263.95 万人，其中硕士研究生人数为 227.76万人，占比达 86.30%。① 据教育部公布的历年统计数据显示，近 20 年来，我国硕士生招生人数持续增长。1997 年，我国硕士生招生人数为 50 315 人，而 2017 年硕士生招生规模则达到 722 225 人，人数增长了 14 倍，历年人数如图 5-1 所示。在这一数字构成中，尽管专业学位硕士研究生增长十分迅猛，在硕士生招生规模占比已达到 56.4%，但学术学位硕士研究生绝对规模数仍保持一定增长。特别是近年来，各研究生培养单位都将学术型硕士研究生作为我国博士研究生的重要储备池，其学业科研情况在一定程度上会直接关系到我国博士研究生的招生质量，也会直接影响博士研究生的后续培养质量。基于此，本研究将聚焦于目前我国学术型硕士研究生学业表现的现状，深入剖析各类型硕士研究生学业表现的差异，并探究影响这一群体学业表现的因素和各类型硕士研究生学业表现出现差异的原因。

当前研究中，通常将学业表现定义为学生的课程考试成绩、课程作业完成情况和在学期间所取得的学习成果。国内的研究大多基于中国自身的教育特色及情境，结合时代特征和大学生自身特点，从学生的知识、能力和素质层面对学业表现加以分析。在大学生的学业表现评估体系中，知识、能力和素质虽处于不同的层面，但三者相辅相成构成了大学生和谐、全面发展的有机整体。基于学术型硕士研究生的特殊性，本专题研究将从专业知识、科研能力、综合素质等方面综合评估学生的学业表现，四项具体指标为：学业成绩、科研产出、获奖情况和升学意愿。

一、研究概述

（一）研究设计

本研究的目的在于通过问卷调查的方式了解我国学术型硕士研究生学业表现的具体情况，并分析影响硕士生学业表现的具体因素。研究立足于学术型硕士研究生招生录取及后续人才培养质量这一主题，试图探讨学术型硕士研究生学习科研及教育实践中的学业表现情况，探究影响

① 教育部.教育部 2017 年教育统计数据。

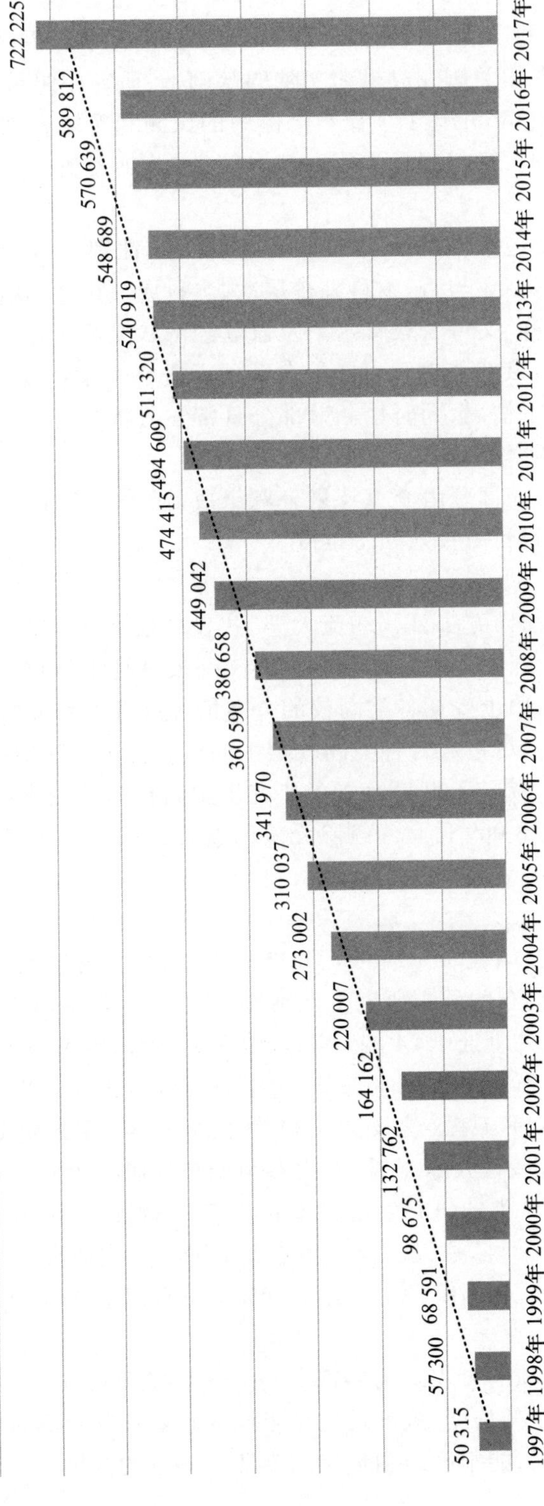

图5-1 1997年以来，我国每年硕士生招生人数及数量变化趋势图

其学业表现的因素。尤其是入学方式、年级、本科院校类别、硕士学科及硕士所就读院校层次不同所导致的差异化学习经历的影响，以期为后续的研究生招生及培养提供相关建议。

在系统梳理、总结国内外相关研究成果和文献的基础上，研究小组编制了“我国学术型硕士研究生学习科研状况调查问卷”，并基于小样本群体中的试测和专家咨询等环节，对试测问卷进行了修订，最后形成正式问卷。正式问卷主要由基本信息、学业表现状况、学习科研影响因素三部分组成。

（1）基本信息部分，主要包括学术型硕士研究生的年龄、性别、户口所在区域、生源地、政治面貌、应届与否、入学方式、跨专业与否、本科院校层次、本科成绩排名、就读年级、硕士学科类别、毕业去向、就业去向、导师职称、父母受教育水平及家庭经济状况等。

（2）学业表现状况部分，该部分主要包括学术型硕士研究生学业成绩、科研发表、获奖项荣誉及毕业去向四个指标的基本情况，同时也涵盖部分日常学习状况，包括学生的日均学习和科研时间、读研动机和导师指导频率等。

（3）学业表现影响因素，该部分由李克特量表题组成，涵盖研究生的本科学习积淀、学习兴趣与动机、学习科研能力、学习科研投入四个维度。

（二）抽样方法

此次调查采用分层整群抽样方法，以“一流大学”建设高校 A 类，“一流大学”建设高校 B 类和“一流学科”建设高校三大类对学术型硕士生所就读院校进行了分层。以此对我国学术型硕士生进行了整群抽样，并根据硕士生在各类高校的分布情况进行了后续的问卷补偿，以进一步使各层次院校的研究生样本数量尽量贴合各类高校招生的实际情况。2019 年 2 月 10 日至 2019 年 4 月 30 日期间，在中国研究生院院长联席会和各研究生院高校的鼎力支持下，共有 45 所研究生院参与调查并返回问卷，共计 8 069 份。经剔除无效问卷后，共得有效问卷 7 524 份，有效问卷回收率为 93.25%。

（三）样本特征

此次调查对象的基本情况如表 5-1 所示。调查样本中，男性占比 51.5%，女性占比 48.5%，该男女比例与教育部近几年公布的硕士研究生性别比例大致相当；在年龄占比上，40.6%的研究生居于 18~23 岁，58.3%的研究生处于 24~29 岁；从年级分布看，硕士一年级的学生占比 52.9%，硕士二年级占比 31.5%，硕士三年级占比 13.7%，四年级及以上占比 1.8%。本科所就读院校中来自“985 工程”建设高校、“211 工程”建设高校和普通高校的学生比例基本相当，占比分别为 28.9%、34.1%和 36.7%。从院校建设水平看，本次参与调查的研究生院高校调查样本中，硕士生就读于“一流大学”建设高校 A 类的研究生占总体的 55.7%，就读于“一流大学”建设高校 B 类的学生占比 6.6%，就读于“一流学科”建设高校学生占比 37.8%。在研究生的入学方式上，此调查样本中推荐免试生占比 39.2%，全国统考生占比 59.6%。综合以上样本分布情况，表明样本具有较好的代表性。

此外，我们对问卷定序题项的量表式问卷部分进行了信效度分析，显示 Cronbach's Alpha 系数为 0.953，表明问卷具有较高的信度，效度检验结果同样显示该问卷具备较好的结构效度，各问卷题项之间存在较好的独立性，能很好地测量出问卷所要测量的内容。

表 5-1　有效样本的基本信息统计表(*N*=7524)

变量	分类	频数/人	百分比/%	变量	分类	频数/人	百分比/%
年龄	18~23 岁	3 057	40.6	入学方式	推荐免试	2 950	39.2
	24~29 岁	4 386	58.3		全国统考	4 487	59.6
	30~34 岁	60	0.8		其他	87	1.2
	35~39 岁	18	0.2	学校所在区域①	东部	4 277	56.8
	40 岁以上	3	0.0		中部	1 595	21.2
性别	男	3 877	51.5		西部	1 652	22.0
	女	3 647	48.5	本科就读院校	“985 工程”高校	2 175	28.9
年级	硕一	3 983	52.9		“211 工程”高校	2 568	34.1
	硕二	2 370	31.5		普通本科	2 759	36.7
	硕三	1 034	13.7		大学专科	11	0.1
	四年以上	137	1.8		其他	11	0.1
户口所在地区	东部	3 323	44.2	硕士学科类别	哲学	102	1.4
	中部	2 665	35.4		经济学	298	4.0
	西部	1 536	20.4		法学	374	5.0
政治面貌	中共党员(预备党员)	3 271	43.5		教育学	166	2.2
	共青团员	3 972	52.8		文学	352	4.7
	群众	278	3.7		历史学	55	0.7
	其他党派	3	0.0		理学	1 235	16.4
是否应届	往届	983	13.1		工学	3 792	50.4
	应届	6 541	86.9		农学	294	3.9
是否跨专业录取	跨专业	1 446	19.2		医学	308	4.1
	非跨专业	6 078	80.8		管理学	519	6.9
硕士院校层次	一流大学 A 类	4 189	55.7		艺术学	29	0.4
	一流大学 B 类	494	6.6	硕士学科大类②	人文社科	1 895	25.2
	一流学科建设高校	2 841	37.8		理工学科	5 629	74.8

① 本报告中属于东部地区的高校分别位于北京、上海、广州、南京、厦门、青岛、天津、大连、杭州、徐州;属于中部地区的高校位于哈尔滨、吉林、郑州、合肥、武汉和长沙;属于西部地区的高校则位于乌鲁木齐、兰州、西安、成都、重庆、昆明。

② 本报告中 12 个学科门类被合并为 2 个大类,其中“人文社科”包括哲学、文学、历史学、艺术学、经济学、法学、教育学和管理学,“理工学科”包括理学、工学、农学与医学。

二、学术型硕士研究生学业表现现状统计分析

研究生教育作为我国高层次人才培养的重要方式,对我国教育事业及科研事业的发展起着至关重要的作用。学位与研究生教育发展“十三五”规划中明确指出,要全面提升我国研究生教育水平,加快我国从研究生教育大国向研究生教育强国的转变①。学术型研究生作为我国博士研究生的重要储备军,其学业科研表现对于博士研究生的培养质量有着重要影响。基于学术型研究生的培养特征,本研究在探究其学业表现现状时将从其入学动机、学业成绩、科研产出、所获奖项荣誉及就业升学情况五个方面进行统计分析。

(一) 入学动机

为了解学术型硕士研究生的入学动机,本研究在问卷中设计了“学生攻读硕士研究生的主要考量”这一问题(多选)。对调查结果进行简单的统计分析表明:因为自身学术兴趣和为丰富学术知识所选择攻读研究生的学生比例较低,两者占比共计 23.92%。而因为就业的问题选择攻读硕士学位的学生的比例显著更高,达到 48.31%,其中为提高个人待遇而攻读研究生的学生占总体的 16.91%,因为就业压力大而选择读研的学生占比也达到 11.25%,为增强后续自己的职业竞争力而读研的学生占总体的 17.99%,另外有 2.16%的学生是为换工作方向而选择读研。此外,有 9.70%的学生是因为自身获得推荐免试的机会而选择读研,还有 15.28%的学生仅为获得硕士学位。由此可得,当前学术型研究生的入学动机并不如大众所期待那般以学术目标为动力,反而是以就业为导向的入学动机占主体,即学生为在劳动力市场中获得更有利的机会或更高的报酬而选择读研,而学生读研的内部学术兴趣较低(图 5-2)。

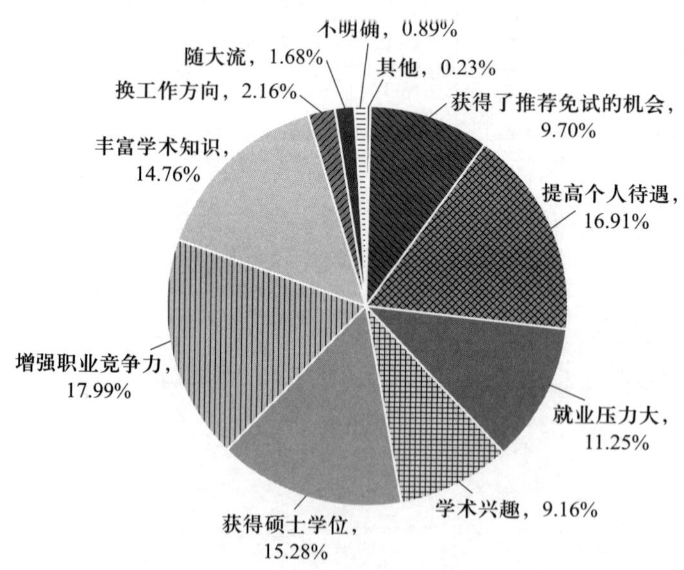

图 5-2 学术型硕士研究生的入学动机统计图

① 何波,陶政宇,吴言.全日制学术型硕士研究生科研水平提升研究[J].劳动保障世界,2018(08):40.

(二) 学业成绩

本研究对学生的学业成绩进行了调查,在问卷设计中通过让调查对象对自身的学业成绩进行自评的方式得到学生的成绩评价。此自评方式以1—5为记分单位,1为差,2为中,3为说不清楚,4为良,5为优。基于调查结果进行统计分析,得到此部分学生学业成绩的平均值为3.41,其中认为自身学业成绩较差的学生占比5.64%,认为成绩为中等的占比26.08%,认为自身成绩为良好和优秀的学生占比59.54%(图5-3)。

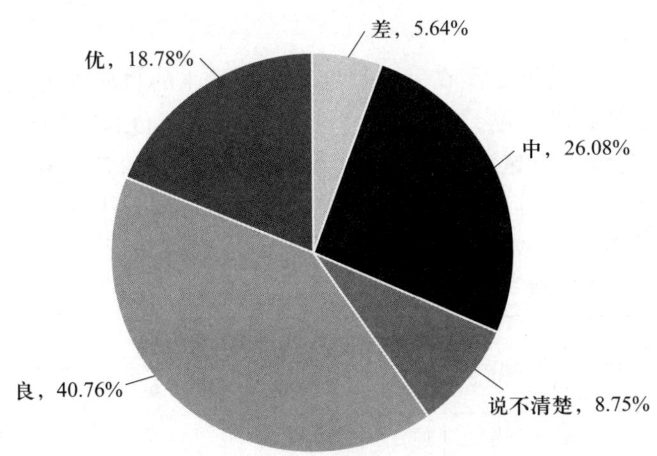

图5-3 学术型硕士研究生学业成绩统计图

(三) 科研产出

在调查学术型硕士研究生的科研情况时,本研究对科研产出中的两个内容进行了统计分析,即学生的科研发表与科研参与,以此两部分的分析深入刻画学术型硕士研究生在攻读硕士学位期间为学术科研所做出的努力。

1. 科研发表

本部分采用了5个指标来分析学术型硕士研究生的科研发表情况,分别为学生在读期间的论文发表篇数、第一作者身份发表论文的篇数、在核心期刊发表论文的篇数、第一作者在核心期刊发表论文的篇数和申请专利的数量。从论文发表情况来看,此次调查对象中25.9%的学生发表过论文,有2.4%的学生达到4篇以上;以第一作者身份发表论文占总体的20.3%,在核心期刊上发表论文占总体的16.0%,以第一作者身份在核心期刊发表论文占比11.9%。另外,从专利申请情况来看,调查对象中有12.4%的学生申请了专利,其中有2.4%的学生申请了两项及两项专利以上(表5-2)。

表5-2 学术型硕士研究生科研发表情况①

论文发表与专利申请	0	1	2	3	>=4	总计
论文发表篇数	74.1%	16.1%	5.2%	2.2%	2.4%	100.0%
第一作者论文发表篇数	79.7%	14.2%	3.9%	1.2%	1.0%	100.0%

① 本报告中的核心期刊论文指硕士研究生在攻读学位期间发表于SSCI、SCI、CSSCI、EI、CSCD期刊杂志上的文章。

续表

论文发表与专利申请	0	1	2	3	>=4	总计
核心期刊论文发表篇数	84.0%	10.0%	3.3%	1.4%	1.3%	100.0%
一作且核心论文发表篇数	88.1%	8.5%	2.3%	0.6%	0.5%	100.0%
专利申请数量	87.6%	10.0%	1.3%	0.6%	0.5%	100.0%

2. 科研参与

硕士研究生的科研参与情况也能在一定程度上反映学生的科研能力、学术兴趣与科研表现，本研究在问卷中设计了两道单选题，分别调查学生参与科研项目和主持科研项目的情况。从调查结果来看，此次调查对象中有超过50%的学生参与了科研项目，其中参与4项及4项以上科研项目的学生占总体的8.1%，并且有23.8%的调查对象自己主持了科研项目，主持2项及2项以上科研项目的学生占总体的8.6%（表5-3）。

表5-3 学术型硕士研究生科研参与情况

项数	无	1~3项	4~6项	7~9项	10项及以上	总计
参与科研项目数量	44.6%	47.3%	6.8%	0.9%	0.4%	100.0%
项数	无	1项	2~3项	4~5项	6项及以上	总计
主持科研项目数量	76.2%	15.2%	7.5%	0.8%	0.3%	100.0%

（四）奖项荣誉

评定学术型硕士研究生的学业表现不容忽视的一个指标便是其在学期间所获得的奖项荣誉情况，在本研究中具体指学生所获得的奖学金和学业科研奖项。设计问卷时编制了两道相关题项，即调查研究生硕士阶段获得奖学金的类型（多选）和获得学业科研奖项的情况（多选加填空）。对调查结果进行统计分析，数据结果显示，调查对象中有74.6%的学生获得过奖学金，其中有3.9%的学生获得过社会相关奖学金，有6.7%的学生获得过国家奖学金。从获得学业科研奖项的情况来看，调查对象中有23.5%的学生获得过相关奖项，其中获得校级奖项的学生占总体的13.0%，有2.8%的学生获得过省级奖项，并且有3.7%的学生获得过国家级奖项荣誉称号（表5-4）。

表5-4 学术型硕士研究生获奖项荣誉情况

奖学金	是否获奖学金	学业奖学金	社会奖学金	国家奖学金	其他
否	25.4%	25.4%	96.1%	93.3%	97.3%
是	74.6%	74.6%	3.9%	6.7%	2.7%
荣誉奖项	是否获荣誉奖项	院级奖项	校级奖项	省级奖项	国家级奖项
否	76.5%	88.5%	87.0%	97.2%	96.3%
是	23.5%	11.5%	13.0%	2.8%	3.7%

（五）升学意愿

就学术型硕士研究生毕业及就业去向而言，毕业后选择就业的学生显著多于选择升学的学生,就业的学生占此次调查总体的 74.40%,而选择升学或有升学意愿的学生占总体的 22.04%,更有 1.17%的学生选择自主创业,另有 2.40%的学生选择待业(图 5-4)。

从选择就业的学生中分析其就业去向,其中选择高等院校和科研单位的研究生占就业学生群体的 28.81%,选择行政、事业或医疗卫生单位的学生占就业学生的 24.27%,而选择国有、民营、三资或其他的占 21.32%(图 5-5)。

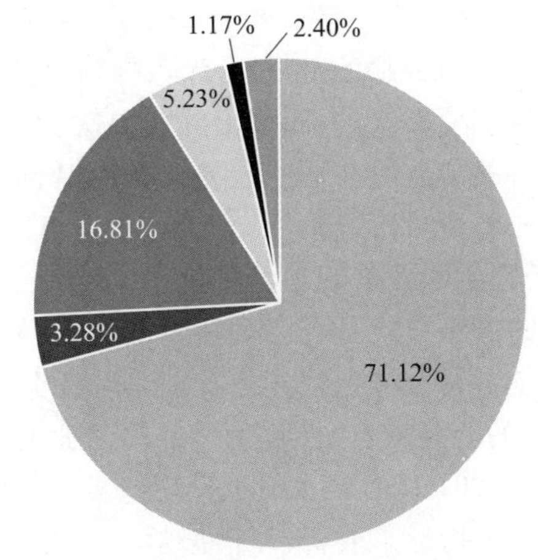

图 5-4 学术型硕士研究生毕业去向饼状图

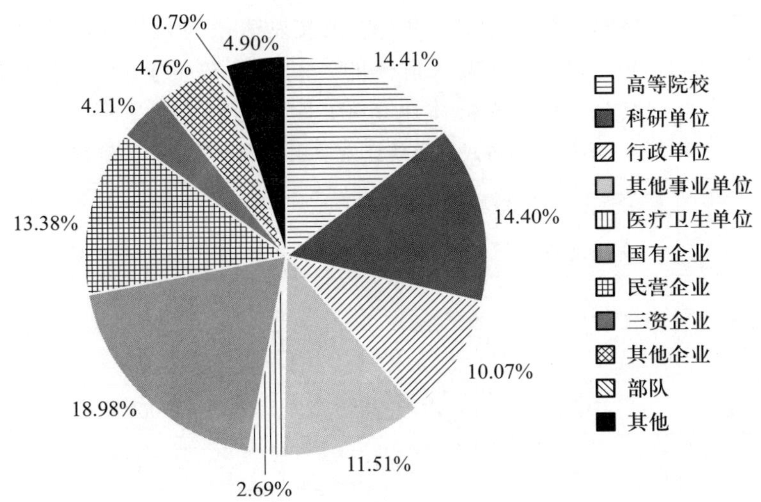

图 5-5 学术型硕士生研究生就业去向饼状图

三、学术型硕士研究生学业表现差异分析

有不少学者曾对研究生的学业表现进行过相关研究并得出一些结论。如南京大学刘娣、吕林海的研究结果显示统考生的学习动机、情感准备、学习收获与自身对学习结果的评价上均优于推免生;自身的学习经历总质量从高到低进行排序,分别为:“985 工程”院校统考生、非“985 工

程”院校的统考生、非“985 工程”院校的推荐免试生、“985 工程”院校的推荐免试生。① 顾芳等人对东南大学 2001—2004 年推免生与统考生的学习成绩进行比较,发现推免生的成绩平均值高于统考生。② 高耀、杨佳乐等人的研究表明:人文、社科学生的课题参与及学术会议参与度均显著低于理学、工学,国际期刊论文发表量和国际学术会议论文发表量也显著低于其他学科。③ 这些研究,在一定程度上反映了推免生与统考生的学业差异,也反映了本科院校类别、学科类别对学生学业表现的影响,其他相关研究也在一定程度上探讨了这些问题,但研究并未形成统一的结论。基于此,本研究将基于现有研究的结论,进一步深入探讨学术型硕士研究生学业表现的差异,包括不同入学方式、不同本科院校层次、不同硕士院校层次、不同学科和不同年级的学生学业表现的差异,特别值得指出的是,此部分将在这些差异分析的基础上,进一步探究入学方式与本科院校层次、硕士院校层次、学科等变量所产生的交叉差异。

(一)不同入学方式硕士研究生学业表现差异分析

进入硕士阶段攻读研究生的入学方式是否会对学生的学业科研表现产生影响,推荐免试生与全国统考生的学业科研表现是否具有显著差异?本研究通过实证调查数据结果来解答这一问题。如表 5-5 所示,从学业成绩的差异来看,推荐免试生的学业成绩平均值为 3.50,全国统考生为 3.35,两大群体的学业成绩在 0.001 显著性水平上呈现差异,即推荐免试生的学业成绩显著高于全国统考生。从科研产出的三个指标来分析,即根据学生发表论文的篇数、发表核心论文的篇数和申请专利的数量来判断推荐免试生与统考生的差异,统计结果显示:调查对象中推荐免试生人均发表论文 0.53 篇,人均发表核心论文 0.35 篇,而全国统考生人均发表论文 0.41 篇,人均发表核心论文 0.24 篇。结果显示,推荐免试生的人均论文发表量与人均核心论文发表量均在0.001显著性水平上高于全国统考生。另外从两大群体的专利申请数量上看,推荐免试生人均申请专利0.19项,全国统考生人均 0.15 项,两大群体在 0.001 显著性水平上呈现差异。

表 5-5 不同入学方式硕士研究生学业科研表现差异统计表

观测维度	平均值		方差方程的 Levene 检验 sig	均值方程的 T 检验 sig(双侧)
	全国统考生	推荐免试生		
学业成绩	3.35	3.50	0.300	0.000
发表论文篇数	0.41	0.53	0.000	0.000
发表核心论文篇数	0.24	0.35	0.000	0.000
专利申请数量	0.15	0.19	0.000	0.001
所获荣誉奖项项数	0.43	0.55	0.000	0.000

从不同入学方式硕士研究生获奖项荣誉及升学意愿的差异上分析,推荐免试生群体人均获

---

① 刘娣,吕林海. 追踪选拔后的学习质量:硕士推免生与考研生的学习经历比较——基于南京大学的案例分析[J]. 教学研究,2018,41(04):12-18.

② 顾芳,尤海燕,何建敏,等. 东南大学推免生群体研究生阶段学习成绩的实证分析[J]. 世纪桥,2006(09):98-101.

③ 高耀,杨佳乐,沈文钦. 学术型硕士生的科研参与、科研产出及其差异——基于 2017 年全国研究生离校调查数据的实证研究[J]. 研究生教育研究,2018(03):36-44.

得0.55项学业科研奖项，全国统考生人均获得0.43项，两大群体在0.001显著性水平上呈现差异。此外，单独对两大群体中获得国家奖学金的情况进行分析可得，推荐免试生中有8.0%的学生获得过国家奖学金，而统考生中获得国家奖学金的学生仅占5.9%，两者在0.001显著性水平上呈现差异。从选择升学或具有升学意愿的学生占比上分析，推荐免试生中选择升学或具有升学意愿的学生占23.3%，统考生中这一比例为21.0%，差异显著性检验结果显示，推荐免试生群体中具有升学意愿的学生占比在0.01显著性水平上高于全国统考生（表5-6）。

表5-6　不同入学方式硕士研究生获奖与升学差异统计表

	属性	全国统考生(%)	推荐免试生(%)	χ^2
是否获国奖	否	94.1	92.0	12.583***
	是	5.9	8.0	
是否有升学意愿	否	79.0	76.7	5.106**
	是	21.0	23.3	

注：* 表示 $p<0.05$，** 表示 $p<0.01$，*** 表示 $p<0.001$。

（二）不同本科院校层次研究生学业表现差异分析

本科院校层次是否会对学术型研究生的学业表现产生影响，就读于不同层次本科院校的学生在硕士阶段学业表现是否会有差异？本部分将主要回答这一问题。首先，从学业成绩上分析，本科就读于“985工程”建设高校的学生在硕士期间的学业成绩平均值为3.54，而就读于“211工程”建设高校和普通高校的学生平均值分别为3.41和3.31，三者在0.001显著性水平上呈现差异。从科研产出角度分析，本科就读于“985工程”建设高校的学生人均发表论文0.52篇，人均发表核心论文0.36篇，该数值明显高于其他层次高校。而值得注意的是，根据统计结果，本科就读于普通高校的学生人均发表论文0.45篇，人均发表核心论文0.26篇，此两项科研发表均高于本科就读于“211工程”建设高校的学生。此外，本科就读于不同层次高校的学生在人均申请专利数量上也存在显著差异，本科就读于“985工程”建设高校的学生人均申请专利0.20项，“211工程”建设高校为0.18项，而就读普通高校的学生人均仅申请了0.14项，三者在0.001显著性水平上呈现差异（表5-7）。

表5-7　不同本科院校层次硕士研究生学业科研表现统计表

	本科院校层次	平均值	标准差	F值	p值
学业成绩	“985工程”建设高校	3.54	1.193	21.787	0.000
	“211工程”建设高校	3.41	1.237		
	普通高校	3.31	1.204		
发表论文篇数	“985工程”建设高校	0.52	1.192	4.745	0.009
	“211工程”建设高校	0.42	0.952		
	普通高校	0.45	1.093		

续表

	本科院校层次	平均值	标准差	F 值	p 值
发表核心论文篇数	“985 工程”建设高校	0.36	0.996	11.008	0.000
	“211 工程”建设高校	0.25	0.759		
	普通高校	0.26	0.873		
专利申请数量	“985 工程”建设高校	0.20	0.571	8.219	0.000
	“211 工程”建设高校	0.18	0.568		
	普通高校	0.14	0.500		
所获荣誉奖项项数	“985 工程”建设高校	0.49	0.029	1.896	0.150
	“211 工程”建设高校	0.51	0.028		
	普通高校	0.44	0.026		

从所获奖项荣誉上分析，本科就读于不同高校的学生在人均所获奖项荣誉项数上无显著差异（$p>0.05$），但从获得国家奖学金的学生占比上看，三者差异显著。本科就读于“985 工程”建设高校的学生中获得国家奖学金的学生占比 9.0%，就读于“211 工程”建设高校的学生中有 6.1% 获得过国家奖学金，而本科就读于普通高校的学生中这一比例仅为 5.6%，三者在 0.001 显著性水平上呈现显著差异。另外，从升学意愿上分析，本科就读于不同层次高校的学生升学意愿存在显著差异（$p<0.001$），本科就读于“985 工程”建设高校的学生中选择升学或具有升学意愿的学生占比 26.0%，本科就读于“211 工程”建设高校的学生中这一比例为 21.0%，而曾就读于普通高校的学生中选择继续升学或有升学意愿的学生仅为 19.8%（表 5-8）。

表 5-8 不同本科院校层次硕士研究生获奖与升学差异统计表

	属性	“985 工程”高校（%）	“211 工程”高校（%）	普通高校（%）	χ^2
是否获国奖	否	91.0	93.9	94.4	24.414***
	是	9.0	6.1	5.6	
是否有升学意愿	否	74.0	79.0	80.2	29.568***
	是	26.0	21.0	19.8	

注：* 表示 $p<0.05$，** 表示 $p<0.01$，*** 表示 $p<0.001$。

（三）不同层次硕士院校的研究生学业表现差异分析

就读于不同层次院校的硕士研究生在学业科研表现上存在一定差异，具体而言体现在科研产出和升学意愿上。就读于不同层次院校的学生在学业成绩上差异不显著，但其在人均论文发表量和人均核心论文发表量上均有显著差异。就读于“一流大学”A 类建设高校的硕士生人均发表论文 0.47 篇，而就读于“一流大学”B 类建设高校的硕士生为 0.62 篇，相对较低的为就读于“一流学科”建设高校的学生，人均发表论文 0.41 篇，三者在 0.001 显著性水平上呈现显著差异。此部分“一流大学”B 类建设高校硕士生人均论文发表量最高，可能与该类型高校调查样本的数量相对较少有一定关系。而从人均发表核心论文量的差异上看，三者同样在 0.001 显著性水平上呈现差异，但此部分人均值的高低顺序与人均发表论文数量的高低值存在差异，按照人均核心论文量从高到低的顺序分别为："一流大学"A 类建设高校、"一流大学"B 类建设高校、"一流学科"建设高校。就读于不同层次高校的硕士生在人均申请专利的数量上也存在显著差异（$p<0.001$），其中就读于"一流学科"建设高校的学生人均申请专利 0.18 项，排在三类高校的首位，而就读于"一流大学"B 类建设高校的学生人均申请专利仅为 0.07 项（表 5-9）。

表 5-9　不同硕士院校层次硕士研究生学业科研表现统计表

	硕士院校层次	平均值	标准差	F 值	p 值
学业成绩	"一流大学"A 类高校	3.43	1.197	1.881	0.152
	"一流大学"B 类高校	3.33	1.224		
	"一流学科"建设高校	3.39	1.240		
发表论文篇数	"一流大学"A 类高校	0.47	1.096	8.356	0.000
	"一流大学"B 类高校	0.62	1.283		
	"一流学科"建设高校	0.41	1.010		
发表核心论文篇数	"一流大学"A 类高校	0.33	0.935	11.034	0.000
	"一流大学"B 类高校	0.21	0.604		
	"一流学科"建设高校	0.24	0.825		
专利申请数量	"一流大学"A 类高校	0.17	0.543	7.792	0.000
	"一流大学"B 类高校	0.07	0.344		
	"一流学科"建设高校	0.18	0.577		
所获荣誉奖项项数	"一流大学"A 类高校	0.44	1.401	3.582	0.028
	"一流大学"B 类高校	0.54	1.129		
	"一流学科"建设高校	0.52	1.381		

从就读于不同层次院校硕士生的获奖情况上分析，就读于"一流大学"B 类建设高校的学生人均获得荣誉奖项的数量最多，为 0.54 项，其次为"一流学科"建设高校，而排在最末的为"一流大学"A 类建设高校，人均荣誉项数仅为 0.44 项，三者在获得国家奖学金的学生占比上无差异。从升学意愿上看，就读于不同层次院校的硕士研究生中升学学生占比差异十分显著（$p<0.001$），硕士就读于"一流大学"A 类建设高校的硕士生选择升学或有升学意愿的学生占比 25.3%，就读于"一流大学"B 类建设高校的硕士生中有 21.3%的学生有升学意愿，而就读于"一流学科"建设高校的硕士生中仅有 17.3%的学生有升学意愿（表 5-10）。

表 5-10　不同建设层次院校硕士研究生获奖与升学差异统计表

	属性	"一流大学"A 类建设高校	"一流大学"B 类建设高校	一流学科建设高校	χ^2
是否获国奖	否	92.8%	93.3%	93.9%	3.247
	是	7.2%	6.7%	6.1%	

续表

	属性	“一流大学”A 类建设高校	“一流大学”B 类建设高校	一流学科建设高校	χ^2
是否有升学意愿	否	74.7%	78.7%	82.7%	62.352***
	是	25.3%	21.3%	17.3%	

注：* 表示 $p<0.05$，** 表示 $p<0.01$，*** 表示 $p<0.001$。

（四）不同学科研究生学业表现差异分析

目前探究研究生学业科研的研究中，关于不同学科学习者之间的差异部分已有一些结论。基于此，本研究在现有研究的基础上，进一步探究了不同学科学术型硕士研究生的学业表现差异。如表 5-11 所示，人文社科和理工学科的学生学业成绩并无显著差异，但在科研产出上两者存在一定差异。人文社科的硕士研究生人均发表论文 0.44 篇，理工学科发表论文 0.47 篇，两者的差异不显著。但不同学科的研究生在人均发表核心论文的数量和申请专利的数量上差异极其显著，理工学科硕士研究生人均发表核心论文 0.33 篇，人均申请专利 0.21 篇，但人文社科的研究生人均发表核心论文 0.14 篇，人均申请专利 0.09 篇，即人文社科与理工学科学生的人均核心论文发表量与专利申请量均在 0.001 显著性水平上呈现差异（表 5-11）。

表 5-11　不同学科硕士研究生学业科研表现统计表

观测维度	平均值		方差方程的 Levene 检验 sig	均值方程的 T 检验 sig（双侧）
	人文社科	理工学科		
学业成绩	3.43	3.40	0.747	0.412
发表论文篇数	0.44	0.47	0.154	0.269
发表核心论文篇数	0.14	0.33	0.000	0.000
专利申请数量	0.09	0.21	0.000	0.000
所获奖项荣誉项数	0.51	0.47	0.085	0.253

人文社科研究生人均获得 0.51 项奖项荣誉，理工学科人均获得 0.47 项，虽有一定差异但两者差异在统计学意义上并不显著。从不同学科获得国家奖学金的学生占比上分析，人文社科中有 5.8%的学生获得国家奖学金，理工学科中获得国奖的学生占比 7.1%，两者在 0.05 显著性水平上呈现差异。尤其值得注意的是，人文社科和理工学科研究生中选择升学或具有升学意愿的学生占比并无差异，两个学科类群中均是 22.0%的学生有升学想法（表 5-12）。

表 5-12　不同学科硕士研究生获奖与升学差异统计表

	属性	人文社科	理工学科	χ^2
是否获国奖	否	94.2%	92.9%	3.909*
	是	5.8%	7.1%	
是否有升学意愿	否	78.0%	78.0%	0.000
	是	22.0%	22.0%	

注：* 表示 $p<0.05$，** 表示 $p<0.01$，*** 表示 $p<0.001$。

(五)不同年级研究生学业表现差异分析

本次调查对象中囊括了学术型硕士学习阶段的各个年级,为更细致比较硕士生学业表现的差异,本部分主要分析了不同年级硕士生学业表现的差异。从学业成绩上分析,年级越高,学业成绩自评得分越高,从高到低排序分别为:硕三年级平均分3.80,硕二年级3.49分,硕一年级3.26分,三者在0.001显著性水平上呈现差异。此外,科研产出上也是出现此差异,即年级越高科研产出越多,从人均论文发表量、人均核心论文发表量、人均专利申请量上均是呈现此差异,硕士三年级、硕士二年级和硕士一年级的学生在科研产出层面呈现极其显著差异(表5-13)。

表5-13 不同年级硕士研究生学业科研表现统计表

	所在年级	平均值	标准差	F 值	p 值
学业成绩	硕一	3.26	1.168	91.050	0.000
	硕二	3.49	1.266		
	硕三	3.80	1.164		
发表论文篇数	硕一	0.15	0.607	671.594	0.000
	硕二	0.54	1.054		
	硕三	1.36	1.613		
发表核心论文篇数	硕一	0.08	0.467	455.141	0.000
	硕二	0.32	0.838		
	硕三	0.91	1.437		
专利申请数量	硕一	0.09	0.359	108.314	0.000
	硕二	0.17	0.642		
	硕三	0.23	0.540		
所获荣誉奖项项数	硕一	0.19	0.894	260.853	0.000
	硕二	0.47	1.377		
	硕三	0.63	2.272		

此外,从不同年级学生所获得的奖项荣誉项数上分析,年级越高人均所获奖项荣誉项数越多,三个年级的人均荣誉项数在0.001显著性水平上呈现差异。从各年级获得国家奖学金的学生占比上分析,年级越高则该年级中获得国家奖学金的占比越高,三年级中获得国家奖学金的学生占比为14.1%,而一年级中该比例仅为4.5%。但值得我们注意的是,三个年级中选择升学或具有升学意愿的学生占比存在显著差异,但并未如同成绩和科研产出的年级差异,而是年级越高,具有升学意愿的学生占比越低。一年级中具有升学意愿的学生占一年级学生的24.7%,二年级中这一比例为19.5%,而三年级中该比例更低,选择升学的学生仅占三年级总数的17.1%(表5-14)。

表 5-14 不同年级硕士研究生获奖与升学差异统计表

	属性	硕一	硕二	硕三	χ^2
是否获国奖	否	95.5	93.1%	85.9%	123.634***
	是	4.5	6.9%	14.1%	
是否有升学意愿	否	75.3	80.5%	82.9%	40.050***
	是	24.7	19.5%	17.1%	

注：* 表示 $p<0.05$，** 表示 $p<0.01$，*** 表示 $p<0.001$。

（六）入学方式与本科院校层次交叉差异分析

基于现有研究中入学方式与本科院校层次的交叉比较，本部分做了两者的交叉分析。此项分析中入学方式主要为推荐免试和全国统考，本科院校层次为"985 工程"建设高校、"211 工程"建设高校和普通高校，交叉分析得到六个类别，分别为："985 工程"高校推免生、"211 工程"高校推免生、普通高校推免生、"985 工程"高校统考生、"211 工程"高校统考生和普通高校统考生。首先从学业成绩上分析，"985 工程"高校推免生学业成绩平均值为 3.60，位居六个类别的首位，普通高校统考生的学业成绩平均值为 3.30，位居末位，六者在 0.001 显著性水平上呈现显著差异。其次，从科研产出上分析，论文发表数量和核心论文发表量上六者的排序及差异基本一致，居首位的为普通高校的推免生，其人均发表论文 0.61 篇，人均发表核心论文 0.38 篇，而位居末位的为"211 工程"工程建设高校的统考生，其人均发表论文 0.35 篇，人均发表核心论文 0.19 篇。六个类别的研究生按照科研产出从高到低排序分别为：普通高校推免生、"985 工程"高校推免生、"211 工程"高校推免生、"985 工程"高校统考生、普通高校统考生、"211 工程"高校统考生，数据统计结果如表 5-15 所示。

表 5-15 不同入学方式与本科院校层次硕士生学业科研表现统计表

入学方式与本科院校层次		平均值		F 值	p 值
		推荐免试	全国统考		
学业成绩	"985 工程"建设高校	3.60	3.46	10.867	0.000
	"211 工程"建设高校	3.46	3.37		
	普通高校	3.35	3.30		
发表论文篇数	"985 工程"建设高校	0.54	0.49	7.450	0.000
	"211 工程"建设高校	0.50	0.35		
	普通高校	0.61	0.41		
核心论文篇数	"985 工程"建设高校	0.37	0.34	9.410	0.000
	"211 工程"建设高校	0.31	0.19		
	普通高校	0.38	0.23		

续表

入学方式与本科院校层次		平均值		F 值	p 值
		推荐免试	全国统考		
奖项荣誉数	“985 工程”建设高校	0.49	0.48	4.457	0.000
	“211 工程”建设高校	0.56	0.47		
	普通高校	0.65	0.39		

从人均所获奖项荣誉项数上分析，普通高校推免生人均所获奖项荣誉居首位，居末位的为普通高校统考生。而从获得国家奖学金的学生占比上分析，六个类别之间在 0.001 显著性水平上存在差异。“985”高校的推荐免试生中获得国家奖学金的学生占这一类型学生中的 10.3%，这一比例远高于其他五个类别，其中“985”高校的统考生和“211”高校推荐免试生中获得国家奖学金的学生占比分别为 6.8%、6.4%，而另外三个类别中获得国家奖学金的学生占比均低于 6%。最后，从升学意愿上分析，六个类别的研究生中具有升学意愿的学生占比存在极其显著差异($p<0.001$)。其中“985”高校的推荐免试生和“985”高校的统考生中有升学意愿的学生占比均为 25.9%，高于其他四个类别。紧随其后的为普通高校的推荐免试生，该类型中有升学意愿的学生占比 23.0%，而“211”高校的推免生和统考生中有升学意愿的学生占比为 21.0%左右，普通高校的统考生中这一比例更低，仅为 19.1%(表 5-16)。

表 5-16 不同入学方式与本科院校层次硕士研究生获奖与升学差异统计表

入学方式与本科院校层次		百分比		χ^2
		推荐免试	全国统考	
获得国家奖学金	“985 工程”建设高校	10.3%	6.8%	33.562***
	“211 工程”建设高校	6.4%	5.8%	
	普通高校	5.9%	5.8%	
有升学意愿	“985 工程”建设高校	25.9%	25.9%	32.715***
	“211 工程”建设高校	20.6%	21.0%	
	普通高校	23.0%	19.1%	

注：* 表示 $p<0.05$，** 表示 $p<0.01$，*** 表示 $p<0.001$。

（七）入学方式与硕士院校层次交叉差异分析

为进一步探究入学方式与硕士院校层次对学生学业表现所产生的影响，本部分将两者进行了交叉分析。此次调查样本中“一流大学”建设高校 B 类的学生样本相对较少，再经过入学方式的拆分，个别调查值的样本量不足以与其他类别对象进行比较，对比分析值之间样本量相差悬殊容易造成较大误差，因而将“一流大学”建设高校 A 类和“一流大学”建设高校 B 类归纳合并，称为“一流大学”建设高校。因此，入学方式与硕士院校层次交叉融合共计得到四个类别的研究生，分别为：推荐免试至“一流大学”建设高校的硕士生、统考至“一流大学”建设高校的硕士生、推荐免试至“一流学科”建设高校的硕士生、统考至“一流学科”建设高校的硕士生。

从学业成绩与科研产出上分析，推荐免试至“一流大学”建设高校的硕士生表现更优，其学业成绩平均值为3.51，人均发表论文0.55篇，人均发表核心论文0.37篇，在此三项比较中均居于四个类别研究生之首。而排在最末位的为统考至“一流学科”建设高校的学生，学业成绩平均值为3.36，人均发表论文0.38篇，人均发表核心论文0.21篇。四个类别在此三项比较中按照得分或平均值从高到低进行排序，排序结果为：推荐免试至“一流大学”建设高校的硕士生、推荐免试至“一流学科”建设高校的硕士生、统考至“一流大学”建设高校的硕士生、统考至“一流学科”建设高校的硕士生（表5-17）。

表5-17 不同入学方式与硕士院校层次硕士生学业科研表现统计表

入学方式与硕士院校层次		平均值		F值	p值
		推荐免试	全国统考		
学业成绩	“一流大学”建设高校	3.51	3.35	9.081	0.000
	“一流学科”建设高校	3.48	3.36		
发表论文篇数	“一流大学”建设高校	0.55	0.44	9.384	0.000
	“一流学科”建设高校	0.49	0.38		
核心论文篇数	“一流大学”建设高校	0.37	0.26	12.322	0.000
	“一流学科”建设高校	0.28	0.21		
奖项荣誉数	“一流大学”建设高校	0.53	0.38	7.177	0.000
	“一流学科”建设高校	0.59	0.50		

从所获奖项荣誉上分析，四个类别研究生之间存在极其显著差异（$p<0.001$）。人均所获奖项荣誉项数最高的为推荐免试至“一流学科”建设高校的硕士生，所获奖项荣誉项数最低的为统考至“一流大学”建设高校的硕士生。从获得国家奖学金的学生比例上分析，推荐免试至“一流大学”建设高校的硕士生中获得国家奖学金的学生占比达到8.9%，位居四个类别研究生中的首位，另外三个类别的研究生中获得国家奖学金的学生占比差异不大，均在6%左右。最后从具有升学意愿的学生占比的差异上看，四个类别之间差异十分显著（$p<0.001$）。其中推荐免试与统考至“一流大学”建设高校的硕士生中具有升学意愿的学生占比相对接近，比例为25%左右，远高于推免和统考至“一流学科”建设高校中具有升学意愿学生比例的17%~18%（表5-18）。

表5-18 不同入学方式与硕士院校层次硕士研究生获奖与升学差异统计表

入学方式与硕士院校层次		百分比		χ^2
		推荐免试	全国统考	
获得国家奖学金	“一流大学”建设高校	8.9%	5.7%	23.154***
	“一流学科”建设高校	5.6%	6.1%	
有升学意愿	“一流大学”建设高校	25.4%	24.2%	59.747***
	“一流学科”建设高校	17.7%	17.0%	

注：* 表示 $p<0.05$，** 表示 $p<0.01$，*** 表示 $p<0.001$。

总之，不同类型学术型研究生的学业表现存在显著差异，体现在不同入学方式、曾就读于不同层次本科院校、现就读于不同层次硕士院校、不同学科、不同年级各个层面。

四、学术型硕士研究生学业表现影响因素分析

既有研究表明，研究生学业科研的表现受诸多因素影响，其中包括性别、入学方式、本科院校层次、外部环境支持与学生自身的投入与努力等。本部分将立足于前人的研究成果及本研究目前所得结果，进一步分析影响学术型硕士研究生学业成绩、科研产出、获国奖与否和升学与否的因素。学业成绩的评定选取的是调查问卷中对于学生学业成绩的调查结果，即学生自评的学业成绩打分；科研产出部分选取的是学生在学期间发表的核心论文数量，所获奖项荣誉部分选取的是学生是否获得国家奖学金，升学去向部分选取的是学生是否选择升学或具有升学意愿。

通过对调查问卷中关于硕士生硕士期间的学习科研心理及行为部分的李克特量表的检验，得到量表的 KMO 值为 0.965，Bartlett 球形度检验的近似卡方值为 172 781.393，$p<0.001$，说明该量表非常适合进行因子分析。基于此，对问卷中的李克特量表题项进行了探索性因子分析，分析结果共计得到四项因子，分别为：本科学习积淀、学习兴趣与动机、学习科研能力、学习科研投入。除此四项因子外，在深入分析硕士研究生学业表现的影响因素时，研究中纳入了学生的个体背景信息变量，前期学业积累变量、外部环境支持变量等，具体而言如下所示：

(1) 个体背景信息变量：包括性别、户口属性、应届与否、跨专业与否、入学方式。

(2) 前期学业积累变量：包括本科院校层次、本科学习积淀。

(3) 外部环境支持变量：包括硕士院校层次、所在年级、硕士学科、导师指导频率。

(4) 个体心理、能力及行为：学习兴趣与动机、学习科研能力与学习科研投入。

(一) 学术型硕士研究生学业表现影响因素的回归分析

在本研究中，学业表现的四个评价指标在此部分作为因变量，本部分主要通过多元线性回归与二元逻辑回归分析影响学术型硕士研究生的学业成绩、科研产出、获国奖与否、升学与否的因素。因学业成绩和科研产出（发表核心论文数量）均为连续变量，故采用多元线性回归，获国奖与否和升学与否均为二元分类变量，故采用二元逻辑回归分析方法，回归分析结果如表 5-19 所示。

表 5-19 学术型硕士生学业表现影响因素分析的回归结果

自变量	(1) 学业成绩	(2) 科研产出	(4) 获国奖与否	(5) 升学与否
性别（以“男”为参照）	0.091***	−0.052**	0.981	0.815***
	(0.028)	(0.019)	(0.100)	(0.062)
户口属性（以“农村”为参照）	0.026	0.035	0.912	1.256**
	(0.032)	(0.022)	(0.113)	(0.073)
应届与否（以“往届”为参照）	−0.059	0.026	1.327	0.953
	(0.042)	(0.029)	(0.172)	(0.093)

续表

自变量	(1) 学业成绩	(2) 科研产出	(4) 获国奖与否	(5) 升学与否
跨专业与否 (以“跨专业”为参照)	0.096**	0.012	1.007	1.164*
	(0.035)	(0.024)	(0.128)	(0.077)
入学方式 (以“统考”为参照)	0.056	0.089***	1.275*	1.032
	(0.031)	(0.021)	(0.106)	(0.066)
本科院校层次(以“普通高校”为参照)				
“985”工程建设高校	0.188***	0.019	1.518**	1.153
	(0.038)	(0.026)	(0.132)	(0.080)
“211”工程建设高校 (非“985”)	0.078*	-0.031	1.057	1.124
	(0.033)	(0.023)	(0.127)	(0.075)
硕士院校层次(以“一流学科”建设高校为参照)				
“一流大学”建设高校 A 类	0.002	0.116***	1.106	1.704***
	(0.032)	(0.022)	(0.120)	(0.072)
“一流大学”建设高校 B 类	-0.056	0.030	1.225	1.440**
	(0.057)	(0.039)	(0.206)	(0.127)
所在年级(以“硕一”为参照)				
硕二	0.207***	0.246***	1.643***	0.795***
	(0.031)	(0.021)	(0.115)	(0.067)
硕三	0.402***	0.786***	3.330***	0.596***
	(0.041)	(0.028)	(0.124)	(0.095)
硕士学科类别 (以“人文”为参照)	-0.137***	0.122***	1.110	0.888
	(0.033)	(0.023)	(0.126)	(0.073)
导师指导频率	0.058***	0.047***	1.156***	1.084***
	(0.012)	(0.008)	(0.041)	(0.026)
本科学习积淀	0.099***	0.013	0.937	0.990
	(0.019)	(0.013)	(0.067)	(0.041)
学习兴趣与动机	0.091***	0.055***	1.456***	2.058***
	(0.025)	(0.017)	(0.095)	(0.060)
学习科研能力	0.198***	0.020	0.986	0.829***
	(0.025)	(0.017)	(0.096)	(0.057)

续表

自变量	(1) 学业成绩	(2) 科研产出	(4) 获国奖与否	(5) 升学与否
学习科研投入	0.155***	0.067***	1.120	1.158*
	(0.028)	(0.019)	(0.107)	(0.065)
常量	1.155***	−0.805***	0.004***	0.014***
	(0.101)	(0.069)	(0.406)	(0.244)
N	7300	7300	7300	7300
adj. R^2	0.110	0.148		
F	53.972	75.407		
Nagelkerke R^2			0.070	0.093

注：1. 模型(1)(2)为 OLS 回归，值为非标准化回归系数，圆括号内为标准误差。

2. 模型(3)(4)为 Logistic 回归，值为优势比，圆括号内为标准误差。

3. * 表示 $p<0.05$，** 表示 $p<0.01$，*** 表示 $p<0.001$。

从学业成绩影响因素回归模型的结果来分析，性别、跨专业与否、本科院校层次、所在年级、硕士学科类别、导师指导频率、本科学习积淀、学习兴趣与动机、学习科研能力和学习科研投入均会对学术型硕士研究生的学业成绩产生显著影响。

具体而言，在控制其他变量的情况下，女性学业成绩显著高于男性，非跨专业研究生成绩好于跨专业学生，本科就读于“985 工程”建设高校、“211 工程”建设高校的学生在硕士阶段成绩会好于本科就读于普通高校的学生，硕士二年级、三年级学生的平均成绩会高于硕士一年级的学生，理工学科的平均成绩低于人文社科学生的成绩。另外，获得导师指导越多的学生，平均成绩也相对越高，即外部环境支持越多，对学生的成绩有显著正向影响。同时，学生的本科学习积淀越好、具有越浓烈的学习兴趣与较好的学习动机、具备越强的学习科研能力、在学习科研上投入越多，越会取得较高的学业成绩，即学生的学习科研心理、能力与投入均会正向影响学生的学业成绩。

从科研产出的影响因素上看，在控制其他变量的情况下，女性的人均核心论文发表量低于男性($p<0.01$)，统考生的发表量低于推免生。值得注意的是，学术型硕士研究生的科研产出很大程度上受“外部环境支持”各变量的影响。硕士就读于“一流大学”建设高校的学生科研产出高于硕士就读于“一流学科”建设高校的学生；硕士二年级和三年级的学生科研发表显著高于硕士一年级的学生；理工学科的学生发表高于人文社科；导师指导频率越高，学生的科研发表越多。另外从个体自身的学习来看，学生的学习兴趣与动机和学习科研投入对其科研发表具有极其显著正向影响($p<0.001$)，即学生具有越高的学习科研兴趣，具有较好的学科研动机，能够对学习科研投入较多时间和精力，即能够取得较好的科研产出结果。

将学生获得国家奖学金与否作为因变量，采用二元逻辑回归对其进行统计分析，回归结果显示：入学方式、本科院校层次、所在年级、导师指导频率和学习兴趣与动机是影响学生是否获得国家奖学金的决定性因素。具体而言，推荐免试生获得国家奖学金的优势是统考生的 1.275 倍，本科就读于“985 工程”建设高校的学生获得国奖的可能性是本科就读于普通高校学生的 1.518 倍,并且硕士二年级和三年级的学生获得国家奖学金的概率远高于硕士一年级的学生。另外,值得我们重视的是,导师指导频率对于学生是否能获得国奖具有极其显著影响($p<0.001$),导师指导频率越高,学生获得国奖的可能性越大。最后,学生的学习兴趣与动机更是其能否获得国家奖学金的决定性因素,硕士生的学习兴趣与动机每增加一个单位,其获得国家奖学金的可能性将是原来的 1.456 倍。

最后,从学生是否具有升学意愿的角度分析,回归模型结果向我们反映了一些在研究生教育中容易忽略掉的问题。性别、户口属性、跨专业与否、硕士院校层次、所在年级、导师指导频率、学习兴趣与动机、学习科研能力和学习科研投入显著影响学生的升学意愿。具体来说,控制其他变量的情况下,女性学生升学的可能性显著低于男性学生(女性优势比为男性的 0.815 倍),户口为城镇的学生升学的可能性是农村学生的 1.256 倍,非跨专业的学生升学的可能性是跨专业学生的 1.164 倍。从外部环境支持角度来看,硕士就读于“一流大学”建设 A 类和 B 类建设高校的学生升学的可能性显著高于硕士就读于“一流学科”建设高校的学生,导师指导频率越高的学生升学的可能性越大。值得引起我们重视的是,随着年级的增长,学生升学的意愿明显下降,硕士二年级和硕士三年级学生升学的可能性显著低于硕士一年级的学生。

另外,从学生的学习科研心理、能力和投入来看,学生的学习兴趣与动机和学习科研投入会显著正向影响学生的升学可能性,尤其是学习兴趣与动机变量,学生的学习兴趣与动机每增加一个单位,其升学的可能性将是原来的 2.058 倍。但引发我们思考的是,学生的学习科研能力对于学生的升学意愿呈现了负向显著影响,即学习科研能力强的学生升学意愿反倒显著低于学习科研能力相对弱的学生,这也反映了当前硕士研究生教育阶段未能很好地为博士研究生做好人才储备工作,一批具有较高学习科研能力的学生未选择继续升学。

(二)不同入学方式研究生学业表现影响因素回归分析

通过前文中不同入学方式硕士研究生学业表现的差异分析和学术型硕士研究生学业表现的影响因素分析,发现在控制其他变量的情况下,入学方式对学生的科研产出和是否获国家奖学金有显著影响。基于此,本部分将进一步探究不同入学方式研究生学业表现的影响因素有何差异,即推荐免试生和全国统考生学业表现好坏的影响因素有何差异。

从推荐免试生和全国统考生科研产出(核心论文发表量)影响因素的两个回归模型结果来看,两者的科研产出均受硕士院校层次、所在年级、硕士学科类别、导师指导频率和学习科研投入的影响。即控制其他变量的情况下,硕士就读于“一流大学”A 类建设高校的推免生和统考生的科研产出显著高于就读于“一流学科”建设高校的学生,不管以何种方式入学,硕士二年级和三年级学生的科研产出都会更高。同时,理工学科的推免生科研产出高于人文社科,这点在统考生中也适用,并且导师指导频率和学习科研投入对于推免生和统考生的科研产出均有极其显著正向影响。不同的是:性别的差异在推免生的科研产出中具有极其显著影响,即女性推免生的科研产出在硕士阶段显著低于男性,但性别对于统考生的影响并不显著。此外,学习兴趣与动机变量对于统考生的科研产出具有极其显著正向影响,但其对于推免生的科研产出则并无显著影响,这说明学习兴趣与动机越强烈的统考生越可能取得更优异的科研表现,而在推免生中未呈现此显著影响(表 5-20)。

表 5-20 不同入学方式学术型硕士研究生学业表现影响因素的回归结果

变量	(1) 推荐免试 科研产出	(2) 全国统考 科研产出	(3) 推荐免试 获国奖与否	(4) 全国统考 获国奖与否
性别(以"男"为参照)	-0.104***	-0.018	0.887	1.074
	(0.035)	(0.022)	(0.149)	(0.137)
户口属性 (以"农村"为参照)	0.025	0.039	0.805	1.000
	(0.041)	(0.024)	(0.170)	(0.153)
本科院校层次(以"普通高校"为参照)				
"985"工程建设高校	-0.031	0.049	1.958**	1.191
	(0.051)	(0.029)	(0.227)	(0.179)
"211"工程建设高校 (非"985")	-0.077	-0.013	1.124	1.106
	(0.048)	(0.024)	(0.233)	(0.157)
硕士院校层次(以"一流学科"建设高校为参照)				
"一流大学"建设高校 A 类	0.147***	0.097***	1.346	0.998
	(0.044)	(0.024)	(0.206)	(0.150)
"一流大学"建设高校 B 类	0.060	0.006	1.994*	0.890
	(0.090)	(0.040)	(0.331)	(0.273)
所在年级(以"硕一"为参照)				
硕二	0.312***	0.207***	2.075***	1.365*
	(0.039)	(0.023)	(0.173)	(0.157)
硕三	0.812***	0.769***	4.171***	2.825***
	(0.052)	(0.032)	(0.186)	(0.168)
硕士学科类别 (以"人文"为参照)	0.146***	0.100***	1.102	1.097
	(0.041)	(0.026)	(0.184)	(0.174)
导师指导频率	0.042**	0.049***	1.165*	1.133*
	(0.015)	(0.009)	(0.061)	(0.056)
本科学习积淀	0.029	0.000	0.951	0.923
	(0.025)	(0.014)	(0.106)	(0.088)
学习兴趣与动机	0.049	0.060**	1.505**	1.428**
	(0.032)	(0.019)	(0.141)	(0.129)
学习科研能力	0.041	0.008	1.289	0.787
	(0.032)	(0.019)	(0.149)	(0.126)

续表

变量	(1) 推荐免试 科研产出	(2) 全国统考 科研产出	(3) 推荐免试 获国奖与否	(4) 全国统考 获国奖与否
学习科研投入	0.102**	0.045*	1.018	1.321*
	(0.032)	(0.021)	(0.160)	(0.145)
常量	-1.071***	-0.624***	-6.516***	0.014***
	(0.158)	(0.076)	(0.788)	(0.244)
N	2 898	4 402	2 898	4 402
adj. R^2	0.135	0.159		
F	29.242	53.033		
Nagelkerke R^2			0.110	0.047

注：1. 模型(1)(2)采用 OLS 回归，值为非标准化回归系数，圆括号内为标准误差。

2. 模型(3)(4)为 Logistic 回归，值为优势比，圆括号内为标准误差。

3. 四个模型中均加入了应届与否、跨专业与否两个控制变量，此两项为非重点观测变量，故在表格中未呈现具体数值。

4. * 表示 $p<0.05$，** 表示 $p<0.01$，*** 表示 $p<0.001$。

比较分析推免生和统考生获得国家奖学金与否的影响因素回归结果，可以发现，不同入学方式的硕士生是否获得国家奖学金均受以下三个因素的影响：即学生所在年级、导师指导频率、学习兴趣与动机。简单来说，在控制其他变量的情况下，学生年级越高、导师指导频率越高，学生学习兴趣越浓厚、学习动机越强烈，获得国家奖学金的可能性更高。从两个回归结果的不同点来看，推免生是否获得国家奖学金还受本科院校层次、硕士院校层次的影响，统考生则被学习科研投入显著影响。本科就读于“985 工程”建设高校的推免生获得国家奖学金的可能性是本科就读于普通高校推免生的 1.958 倍，硕士就读于“一流大学”建设 B 类建设高校的推免生获国奖的可能性为普通高校的 1.994 倍，而这两个特征在统考生群体中并不显著。在统考生群体中，学习科研投入的影响比较显著($p<0.05$)，即学习科研投入越多的统考生相对而言更容易获得国家奖学金，而这一特征在推免生群体中不显著。

（三）不同层次硕士院校研究生学业表现影响因素回归分析

前文的分析结果中显示，不同层次硕士院校的学术型硕士研究生学业表现存在一定差异，经过影响因素的回归分析，发现硕士院校层次对于硕士生的科研产出和升学与否具有显著影响。因此次调查对象中，硕士就读于“一流大学”B 类建设高校中的学生较少，仅占此次调查样本的 6%左右，与其他两个层次院校的学生数量相差过大，为保证回归结果的准确性，将“一流大学”A 类建设高校和 B 类建设高校合并统称为“一流大学”高校。因此，本部分主要分析了硕士就读于“一流大学”高校的硕士生和硕士就读于“一流学科”建设高校的硕士生在科研产出和升学与否两个问题上的影响因素。

从就读于不同层次硕士院校研究生科研产出影响因素的回归模型上可得，就读于“一流大学”建设高校和“一流学科”建设高校学生在核心期刊发表论文的数量主要与入学方式、所在年级、硕士学科类别、导师指导频率、学习兴趣与动机、学习科研投入变量有关。具体而言，硕士就读于不同层次院校的学生中推免生的科研产出均会显著高于统考生，高年级的硕士生科研产出高于一年级的硕士生，理工科硕士生高于人文社科，导师指导频率更高的硕士生科研产出更多，学习兴趣与动机越高、学习科研投入更多的学生科研产出也更多。

从两个回归模型的数据结果上分析，硕士就读于"一流大学"建设高校的学生的科研产出同时还受到其本科学习积淀和学习科研能力的显著影响（$p<0.05$），即在这类高校就读的学生中，本科学习积淀越好，学习科研能力越强，科研产出会更高。而本科学习积淀和学习科研能力两个变量对于硕士就读于"一流学科"建设高校的学生而言并无显著影响，并且在"一流学科"建设高校学生的科研产出影响因素中出现两个不同的显著变量，即户口属性和本科院校层次对于这类高校学生的科研产出具有显著影响（$p<0.05$），具体来说，在此类高校中，户口属性为城镇的硕士生科研产出高于户口属性为农村的学生，本科就读于"211 工程"建设高校（非"985 工程"高校）的硕士生科研产出少于本科就读于普通高校的学生，而此两个变量对于就读于"一流大学"建设高校学生的科研产出而言并无显著影响（表 5-21）。

表 5-21 不同层次硕士院校学术型硕士研究生学业表现影响因素的回归结果

变量	(1) "一流大学"高校 科研产出	(2) "一流学科"高校 科研产出	(3) "一流大学"高校 升学与否	(4) "一流学科"高校 升学与否
性别（以"男"为参照）	-0.049	-0.050	0.898	0.641***
	(0.026)	(0.028)	(.075)	(0.113)
户口属性 （以"农村"为参照）	0.011	0.070*	1.284**	1.217
	(0.029)	(0.031)	(0.089)	(0.128)
入学方式 （以"统考"为参照）	0.085**	0.088**	1.030	1.059
	(0.028)	(0.030)	(0.080)	(0.119)
本科院校层次（以"普通高校"为参照）				
"985 工程"建设高校	0.055	-0.023	1.091	1.400
	(0.031)	(0.059)	(0.089)	(0.219)
"211 工程"建设高校 （非"985 工程"）	0.002	-0.061*	0.989	1.310*
	(0.034)	(0.028)	(0.100)	(0.113)
所在年级（以"硕一"为参照）				
硕二	0.296***	0.155***	0.700***	0.991
	(0.028)	(0.029)	(0.083)	(0.115)
硕三	0.877***	0.621***	0.526***	0.789
	(0.037)	(0.041)	(0.116)	(0.169)

续表

变量	(1) “一流大学”高校 科研产出	(2) “一流学科”高校 科研产出	(3) “一流大学”高校 升学与否	(4) “一流学科”高校 升学与否
硕士学科类别 (以“人文”为参照)	0.130***	0.105**	0.925	0.849
	(0.029)	(0.035)	(0.086)	(0.142)
导师指导频率	0.046***	0.043***	1.055	1.146***
	(0.011)	(0.011)	(0.033)	(0.044)
本科学习积淀	0.040*	-0.027	0.985	0.989
	(0.017)	(0.019)	(0.050)	(0.074)
学习兴趣与动机	0.056*	0.053*	2.192***	1.819***
	(0.023)	(0.025)	(0.074)	(0.106)
学习科研能力	0.044*	-0.015	0.874*	0.751**
	(0.023)	(0.025)	(0.069)	(0.102)
学习科研投入	0.051*	0.091***	1.085	1.367**
	(0.025)	(0.028)	(0.078)	(0.119)
常量	-0.890***	-0.555***	0.019***	0.017***
	(0.091)	(0.097)	(0.291)	(0.420)
N	4557	2743	4557	2743
adj. R^2	0.165	0.108		
F	60.819	23.084		
Nagelkerke R^2			0.092	0.077

注:1. 模型(1)(2)采用 OLS 回归,值为非标准化回归系数,圆括号内为标准误差。

2. 模型(3)(4)为 Logistic 回归,值为优势比,圆括号内为标准误差。

3. 四个模型中均加入了应届与否、跨专业与否两个控制变量,此两项为非重点观测变量,故在表格中未呈现具体数值。

4. * 表示 $p<0.05$, ** 表示 $p<0.01$, *** 表示 $p<0.001$。

最后,从硕士就读于“一流大学”建设高校和就读于“一流学科”建设高校的学生是否选择升学这一问题的影响因素上来看,就读于不同层次院校学生的升学意愿是受不同的因素所影响。就读于“一流大学”建设高校的硕士生的升学意愿主要与其户口属性、所在年级、学习兴趣与动机和学习科研能力有关,具体来说:在这类高校中,户口属性为城镇的硕士生升学的可能性是农村学生的 1.284 倍,硕士二年级和硕士三年级学生的升学意愿分别是硕士一年级学生的 0.700 倍和 0.526 倍,即年级越高学生的升学意愿越低。此外,便是学习兴趣与动机和学习科研能力两个变量的影响,学习兴趣与动机每增加一个单位,该类高校中的学生升学的可能性便会增加 1.192 倍,而学习科研能力则显著负向影响学生的升学意愿,即学习科研能力强的学生升学意愿反倒更低。就读于“一流学科”建设高校学生的升学可能性则主要和性别、本科院校层次、导师指导频率、学习兴趣与动机、学习科研能力有关，其中学习兴趣与动机和学习科研能力两个变量的影响与其对另一类高校的影响相同，而另外三个变量则是仅对该类高校学生的升学意愿产生了显著影响。

简单来说，硕士就读于“一流学科”建设高校的女性硕士生升学的可能性是男性硕士生的0.641倍，并且在该类高校中，本科就读于“211工程”建设高校（非“985工程”高校）的硕士生升学的可能性是本科就读于普通高校学生的1.310倍。此外，值得我们注意的是，导师指导频率对于就读于“一流学科”建设高校学生的升学意愿具有显著正向影响，即导师指导越多，该类高校的学生中选择升学的可能性越大。

五、基本结论与对策建议

硕士研究生规模的快速扩大随之带来的是社会大众对于大批量硕士研究生教育培养质量的质疑，针对当前硕士研究生科研产出及升学意愿的现状，本研究对学术型硕士研究生的学业科研表现的现状及影响因素进行了深入分析，得到结论如下。

（一）研究结论

1. 学术型硕士研究生中以就业导向的入学动机为主，具有升学意愿的学生占比较低

此次调查的样本中因为就业相关问题而选择攻读硕士学位的学生占总体的48.31%，即就业导向的入学动机在学生群体中较为普遍，因为学术兴趣或丰富自身学术知识的学生仅占总体的23.92%。与之相对应的是学术型硕士研究生群体中较低的升学意愿，此次调查样本中选择升学或有升学意愿的学生仅占总体的22.04%。

2. 硕士研究生中有科研论文发表的占总体的比例较低，近五成的学生无参与科研项目的经历

从研究生的科研产出情况分析可得，此次调查对象中有74.1%的学生未发表科研论文，84.0%的学生未发表高质量的期刊论文，79.7%的学生未以第一作者的身份发表论文。此外，44.6%的学生还未参与过科研项目，76.2%的学生未独立主持过科研项目。

3. 推荐免试生在硕士阶段的学业成绩、科研产出、获国奖学生占比及升学意愿上均显著高于全国统考生

从不同入学方式硕士研究生学业表现的差异上看，推荐免试生的人均学业成绩、人均核心论文发表量、获国奖学生占比和升学学生占比均显著高于统考生。推免生成绩平均值为3.50，显著高于统考生的3.35；统考生中人均发表0.24篇核心期刊论文，这一数值显著低于推免生的0.35篇。推荐免试生中获得国家奖学金的学生占比达到8.0%，在0.001显著性水平上高于统考生的5.9%；推免生中具有升学意愿的学生占比23.03%，统考生中这一比例为21.0%，两者在0.01显著性水平上呈现差异。简单来说，从入学方式的差异上看，推免生的学业表现显著好于全国统考生。

4. 本科就读于不同层次院校的学生在硕士阶段的学业成绩、科研产出、获国奖的占比和升学意愿上均存在显著差异

从本科院校层次的差异上分析，本科就读于“985工程”建设高校的学生学业成绩平均值为3.54，显著高于本科就读于“211工程”建设高校学生的3.41，更高于普通高校学生的3.31，三者在 0.001 显著性水平上呈现差异。从人均发表核心论文的数量上看,本科就读于"985 工程"建设高校的学生人均发表 0.36 篇核心论文,而"211 工程"高校和普通高校的学生人均为 0.25、0.26 篇,"985 工程"高校学生的人均核心论文发表量显著高于其他高校。此外,本科就读于"985 工程"高校的学生中在硕士阶段获得国家奖学金的占比 9.0%,显著高于"211 工程"高校的 6.1%和普通高校的5.6%。最后,本科就读于不同层次院校的学生在升学意愿上也具有显著差异($p<0.001$),曾就读于"985 工程"高校的学生中具有升学意愿的占比 26.0%,显著高过"211 工程"高校的 21.0%和普通高校的 19.8%。总而言之,本科就读于"985 工程"建设高校的学生学业科研表现显著好于本科就读于"211 工程"建设高校和普通高校的学生。

5. 硕士就读于不同层次院校的学生在科研产出及升学意愿上具有显著差异

从硕士院校层次的差异上分析,硕士就读于"一流大学"A 类建设高校的学生人均发表核心论文 0.33 篇,"一流大学"B 类建设高校的学生人均 0.21 篇,"一流学科"建设高校的学生人均 0.24篇,三者在 0.001 显著性水平上呈现差异。另外,硕士就读于"一流大学"A 类建设高校的学生中具有升学意愿的学生占比达到 25.3%,这一比例显著高于"一流大学"B 类建设高校的 21.3%和"一流学科"建设高校的 17.3%。简言之,就读于"一流大学"A 类建设高校的学生在科研产出及学生的升学意愿上均显著高于"一流大学"B 类建设高校和"一流学科"建设高校。

6. 不同学科的学生在科研产出及获国奖的学生占比上存在显著差异

人文社科学生人均发表核心论文 0.14 篇,这一数值显著低于理工学科的人均 0.33 篇,两者在 0.001 显著性水平上呈现差异。此外,从不同学科类群中获得国家奖学金的学生占比上看,理工学科中获国奖的学生占比 7.1%,人文社科中这一比例为 5.8%,两者在 0.05 显著性水平上呈现差异。也就是说,硕士就读于理工学科的研究生科研产出显著高于人文社科,并且获国奖的学生占比也更高。

7. 不同年级的硕士生在学业成绩、科研产出、获奖情况和升学意愿上存在显著差异

从年级的差异上看,硕士三年级的学生学业成绩、核心论文的发表数量及获得国家奖学金的比例均显著高于硕士二年级的学生,而硕士二年级的学生又在这三个方面均好于硕士一年级的学生。但硕士三年级中选择升学的仅占 17.1%,这一比例显著低于硕士二年级中具有升学意愿的比例 19.5%,更是与一年级的 24.7%相差很大。简言之,硕士研究生的学业成绩、科研产出和获国奖的学生占比均随年级增长而增长,但升学意愿却随年级的增长而不断降低。

8. 不同入学方式及本科院校层次交叉类别的研究生在学业成绩、科研产出、获国奖学生比例和升学意愿上具有显著差异

从入学方式与本科就读院校层次进行交叉比较,得到的六个类别研究生在学业科研表现上具有显著差异。具体来说,在学业成绩上,"985 工程"建设高校推免生表现最优,相对最弱的为普通高校的统考生;在科研产出上,六个类别研究生的人均发表量从高至低排序分别为:普通高校推免生、"985 工程"高校推免生、"211 工程"高校推荐免试生、"985 工程"高校统考生、普通高校统考生、"211 工程"高校统考生。值得注意的是,普通高校推免生在科研产出的发表量位居六个类别研究生中的首位,而"211 工程"高校统考生人均核心论文发表量排在最末。从获得国家奖学金的学生占比上,除"985 工程"建设高校推免生的 10.3%外,另外五个类别的研究生获国奖的占比差异不太大,均在 5.8%~6.8%。而在具有升学意愿的升学占比上,本科就读于"985 工程"高校的推免生和统考生中有意愿升学的学生占比一致,其次是本科就读于普通高校的推免生,"211 工程"高校的推免和统考生差异不大,最后是就读于普通高校的统考生。简单来说,本科就读于"985 工程"建设高校的推免生在成绩、科研产出、获国奖占比和升学占比上均显著更好,而本科就读于普通高校的推免生与其他类别的研究生相比在科研产出上也显著更加优异。

9. 不同入学方式与硕士院校层次交叉类别的研究生在学业成绩、科研产出、获国奖学生占比和升学意愿上具有显著差异

推荐免试至"一流大学"建设高校的学生学业成绩平均值为 3.51,推荐免试至"一流学科"建设高校的学生成绩平均值为 3.48,两类高校的统考生在成绩层面均显著低于此两类研究生。从科研产出上分析,推荐免试至"一流大学"建设高校的学生人均发表核心论文 0.37 篇,其次为推荐免试至"一流大学"建设高校的 0.28 篇,紧随其后的为统考至"一流大学"建设高校的学生,排在最末的为统考至"一流学科"建设高校的学生。从获得国家奖学金的占比上看,推荐免试至"一流大学"的学生中获得国家奖学金的比例为 8.9%,远高于其他三个类别。从升学意愿上分析,推荐免试与统考至"一流大学"建设高校的学生中选择升学的占比比较接近,比例为 24%~25%,而推荐免试与统考至"一流学科"建设高校的学生中这一比例显著更低,仅为 17%左右。总体而言,推荐免试至"一流大学"建设高校的学生在学业成绩、科研产出、获国奖情况和升学意愿上均显著更优。

10. 除个体背景信息变量外,导师指导频率、学习兴趣与动机、学习科研投入是影响学术型硕士研究生学业表现的重要因素

通过回归分析,得到影响学术型硕士研究生学业表现的回归模型,得到以下结论:

(1) 影响学术型硕士研究生学业成绩的显著变量包括:性别、跨专业与否、本科院校层次、所在年级、硕士学科类别、导师指导频率、本科学习积淀、学习兴趣与动机、学习科研能力和学习科研投入。

(2) 影响学术型硕士研究生科研产出的显著变量包括:性别、入学方式、硕士院校层次、所在年级、硕士学科类别、导师指导频率、学习兴趣与动机及学习科研投入。

(3) 影响学术型硕士研究生获得国家奖学金与否的显著变量为:入学方式、本科院校层次、所在年级、导师指导频率、学习兴趣与动机。

(4) 影响学术型硕士研究生升学与否的显著变量为:性别、户口属性、跨专业与否、硕士院校层次、所在年级、导师指导频率、学习兴趣与动机、学习科研能力和学习科研投入。

11. 影响不同入学方式硕士研究生的科研产出及获得国家奖学金与否的因素存在一定差异

从科研产出层面来看,推荐免试生和全国统考生的科研产出均受硕士院校层次、所在年级、硕士学科类别、导师指导频率和学习科研投入的影响。此外,两者的不同之处在于,推荐免试生的科研产出还受到性别因素的显著影响,而性别变量对于统考生的科研产出并无显著影响。统考生的科研产出还受到学习兴趣与动机的显著正向影响,而该影响对于推荐免试生而言并不显著。

从获得国家奖学金与否的概率模型上来看,推荐免试生与统考生能否获得国家奖学金均受学生所在年级、导师指导频率和学习兴趣与动机三个变量的显著影响。不相同之处在于,本科院校层次和硕士院校层次对于推荐免试生获得国家奖学金的概率具有更加显著的影响,而此两个变量对于统考生的影响而言并不显著。此外,统考生能否获得国家奖学金受学习科研投入的显著正向影响,而该变量对于推荐免试生的获国奖概率而言并不显著。

12. 影响不同层次硕士院校硕士研究生的科研产出及升学意愿的因素存在一定差异

从就读于不同层次硕士院校研究生科研产出影响因素的回归模型上可得，就读于“一流大学”建设高校和“一流学科”建设高校学生在核心期刊发表论文的数量主要与入学方式、所在年级、硕士学科类别、导师指导频率、学习兴趣与动机、学习科研投入变量有关。两个模型的差异之处在于，本科学习积淀和学习科研能力对于硕士就读于“一流大学”建设高校的学生而言具有显著正向影响，但此两个变量对于硕士就读于“一流学科”建设高校学生的科研产出并无显著影响。反倒是，户口属性和本科院校层次对于“一流学科”建设高校学生的科研产出而言具有显著影响。

从不同层次院校学生升学意愿的影响因素回归模型上得到，学习兴趣与动机、学习科研能力是影响学生升学意愿的显著变量，并且两个模型差异较大。就读于“一流大学”建设高校的学生的升学意愿同时受学生的户口属性、所在年级的显著影响，而“一流学科”建设高校的学生是否选择升学则另外受到性别变量、本科院校层次、导师指导频率、学习科研投入的显著影响。

（二）对策建议

1. 国家适度进一步扩大各高校的推荐免试生比例，并确立对学生学习动机考察的政策导向

研究生教育是教学、科研与学习的联结体，其目标在于培养某一学科从事科学研究的专门人才。[①] 学术型硕士研究生的招生选拔旨在通过鉴别考生学术水平和综合素质的差异，选拔出适合攻读研究生教育的高层次专门人才。从研究的调查结果看，推荐免试招生选拔的学生在科研表现方面整体优于全国统考生，说明推免方式对于学术型硕士研究生的选拔具有积极正向的作用，因此国家可以适度进一步扩大各高校的推免比例。此外，克利夫顿·康拉德（C. Cornad）等人也在其著作中谈到，高效能硕士点的教师和管理者所制订的入学标准往往不局限于一般的成绩指标，而是会重点考虑学生的动机和生活工作经历的多样性。[②] 调查结果也显示，学习兴趣与动机对于推免生和统考生的学业科研表现均具有十分积极的影响，因此国家应当确立硕士研究生招生选拔中对学生学习动机进行考察的政策导向。教育主管部门应当鼓励推荐高校在选拔推荐学生的过程中注重学生自主学习性和日后学术发展潜力及毅力的考察，同时硕士院校的招生面试也应当增加学生学习动机的考核，争取选拔具有强烈学术动机，对学术科研具有浓厚兴趣的优秀学生。

2. 高校应当加强人文社科类专业硕士研究生的学术科研素养，提高学生的科研能力及水平

研究发现，人文社科类专业硕士研究生科研产出显著低于理工学科研究生，两者的人均核心论文发表量存在显著差异。人文社科类专业研究生在国际国内核心期刊发表论文的数量少于理工科，很大程度上与学科性质、核心期刊论文发表性质有关，但同时也与学生的学习科研能力、创新能力等有关。基于此，高校可以通过改变课程设置、增加人文社科类学生科研项目等方式提高学生的数据分析能力、创新能力、论文写作能力等，有意识地为人文社科类专业的学生营造良好的学术科研氛围，增强学生学习科研的兴趣，提升学生做科研的各方面能力素养，为人文社科类专业学生的科研产出做好储备工作。

---

① 唐炜. 研究生推免的制度设计与实践运行的错位[D]. 哈尔滨工业大学，2018.

② 克利夫顿·康拉德，珍妮弗·格兰特·霍沃思，苏珊·博雅德·米勒，et al. 美国如何培养硕士研究生[M]. 北京：北京大学出版社，2016.

3. 各高校应当积极创造学术科研交流融合平台，增强不同层次院校间学生的学术科研交流与学习活动

在不同层次院校就读的本科生进入硕士阶段后学业科研表现存在显著差异，硕士就读于不同层次院校的学生学业表现同样存在显著差异，简单来说，就读于越高层次院校的学生学业科研表现更好。并且从入学方式与本科院校层次和硕士院校层次的交叉分析结果得到，本科就读于"985 工程"建设高校的推免生和推免至"一流大学"建设高校的学生在学业科研表现中位居首位，说明不同层次院校的学术科研之间存在一定差异。

基于此，各高校应当积极搭建各类专业学生的学术科研交流平台，举办暑期学校、学术讲座、学术竞赛、学术论坛等活动，增强不同层次院校间学生的学术科研交流，扩宽学生的学术视野，增强各层次院校学生的学术科研能力与学术兴趣。

4. 高校应当增强对硕士研究生培养的外部支持与管理，不断提升学生的学习科研兴趣

学术型硕士研究生作为我国博士研究生的储备池，其培养质量关乎着我国高层次专门人才的素质，更是直接影响我国的科技发展与社会进步。硕士研究生阶段的学习一方面要为硕士生的就业做好储备，同时也要为攻读博士学位奠定继续学习的基础。从当前的研究结果来看，研究生外部环境的有效支持对于推免生的学业表现有显著的影响，具体体现在学科差异、年级差异、导师指导、科研参与等方面。各高校、各研究生培养单位应当营造积极向上的科研氛围，塑造良好的科学研究环境，提升人文学科、低年级学生的学习科研兴趣，增强学生的科研参与，鼓励学生积极申报研究生科研训练项目，并为学生的科研训练提供专业的指导与支持，为学生的科研成长保驾护航。

5. 高校硕士研究生导师应提高其与学生学术交流的频率，增强其对学生学术科研的关注度

研究发现，导师指导频率对于学术型硕士研究生的学业成绩、科研发表、获国家奖学金与否、升学与否均有显著的正向影响。因此，硕士生导师要多与学生进行学术、科研方面的交流，积极帮助学生发展自我的合理感知能力，促进他们学习能力和科研技能的提升。

此外，在日常的学习科研训练中，导师可以适当给学生布置具有挑战性的任务并帮助他们取得成功与进步，在研究生面对这些挑战性任务时往往能更好地激发他们进行知识和技能的转化。同时导师要更加关注自身学生的学术科研状况，为学生提供有效的科研训练机会，并为他们的学术科研成果提供准确的反馈，让他们在学习的过程中不断了解自身，增强学习科研的兴趣，提高学术科研能力。

6. 高校应当积极鼓励学习科研能力优异的学生继续升学，为博士研究生队伍输送有潜力的优秀科研人才

此次调查研究结果呈现了一个容易被我们忽略的问题，即学术科研能力优异的学生升学意愿低，具有较强科研能力的学生并不愿意继续升学。基于此，各研究生培养单位应当积极挖掘学习科研能力优异的学生，提升这部分学生的科研兴趣，并从物质及精神两个层面全方位鼓励学生继续升学深造，鼓励优异的学生硕博连读或直博，为博士研究生队伍留住优秀的科研人才。

同时，硕士生导师对于学生的升学意愿具有积极的正向影响，导师应当充分关注学生的学术科研潜力，为他们提供相应的硕博合作项目，让学生尽早适应博士阶段的科研训练，鼓励学生继续升学深造提高自己。

7. 学生个体应当不断增强学术科研能力,提高自身的学习科研投入

研究结果显示,学生的学习科研能力、学习科研投入对于学生的学业成绩、科研产出、升学意愿具有正向积极影响。同时克利夫顿·康拉德等人的研究也尤其强调学习科研投入的重要性,强调:不管是体现在与教师、同学的互动中还是自己的学习中,学习投入都是成为优秀学生的重要特征。[①] 除学习兴趣与动机会影响学生的学业表现外,时间投入的多少也会直接影响学生的学业科研结果。因此,在学习过程中,硕士研究生应当对自身保持精确且较高的期望,不断积累理论与实践知识,积极地参与科研实践训练,增强自身的学术科研能力,并提高自身的有效学习科研投入。

(执笔:周星、李海生)

① 克利夫顿·康拉德,珍妮弗·格兰特·霍沃思,苏珊·博雅德·米勒, et al. 美国如何培养硕士研究生[M]. 北京:北京大学出版社, 2016.

附录

美国人工智能研究生培养案例研究

一、背　　景

2016年3月，“阿尔法狗（AlphaGo）”击败围棋世界冠军李世石。“人机大战”的这一结果让AlphaGo背后的人工智能备受瞩目。人工智能被喻为新一轮技术革命的“头雁”，引起政产学研各界的广泛关注。各国政府出台相关的战略规划，高科技巨头加大研发力度，高校也在这一领域的基础科研攻关与专业人才培养方面发挥不可替代的作用。从与高等教育紧密相关的国家战略来看，2018年4月2日，教育部印发《高等学校人工智能创新行动计划》，提出到2020年建立50家人工智能学院、研究院或交叉研究中心，同时支持高校在计算机科学与技术学科设置人工智能学科方向，完善人工智能的学科体系，重视人工智能与计算机、控制、数学等学科专业教育的交叉融合，探索“人工智能+X”的人才培养模式①。截至2019年5月，中国已有43所高校新建人工智能学院或研究院②，这一数字反映了高校在人工智能领域的主动参与及积极布局。2019年5月16日，习近平在致国际人工智能与教育大会的贺信中指出，“人工智能是引领新一轮科技革命和产业变革的重要驱动力，正深刻改变着人们的生产、生活、学习方式，推动人类社会迎来人机协同、跨界融合、共创分享的智能时代”，他明确提出，教育的重要使命是“把握全球人工智能发展态势，找准突破口和主攻方向，培养大批具有创新能力和合作精神的人工智能高端人才”③。

新建人工智能学院、研究院或交叉研究中心是人工智能高端人才培养的有力举措，这意味着高校需要对现有的机构设置进行重新规划、设计及调整，这伴随着对师资、经费、硬件等资源的重新分配，也带来对人才培养整个路径（从专科到本科再到研究生乃至博士后等教研人才储备）各关键环节的重新审视。在目前的学科规划中，人工智能归属于计算机科学，其教学职能与科研任务主要由计算机学院下设的一个系、所或实验室来承担与完成。新建机构与现有学科之间是否存在一种张力？这种张力具体表现在人才培养中招生、课程、教学、科研、实习、国际交流等哪些环节？这种张力将会推动还是制约各校在人工智能领域的发展？这一系列问题都引人深思。从高校人才培养的不同学历层次来看，2019年3月30日，教育部印发《关于公布2018年度普通高

---

① 中华人民共和国教育部.教育部关于印发《高等学校人工智能创新行动计划》的通知。

② 新浪网_文汇报.北京大学成立人工智能研究院！43所高校布局AI，35个首批“人工智能”新专业建设。

③ 新华网.习近平向国际人工智能与教育大会致贺信。

等学校本科专业备案和审批结果的通知》,全国共有35所高校获首批人工智能专业建设资格①。这意味着国家至少在本科层面已经对人工智能的人才培养进行统一“把关”与正式“认可”。研究生教育作为水平更高且更重视科研的“人才蓄水池”,亟须在人工智能领域出台国家层面的指导意见。目前国内的研究生培养没有设立人工智能方向的硕士或博士学位点,也没有相应的评价或审核等培养质量保障机制。高校究竟该保持现状(即在计算机科学等相关学科下培养人工智能方向的研究生),还是在招生、师资、课程、科研、学制与学位授予等关键环节出台针对人工智能研究生的培养方案?目前尚无定论。在现阶段对于这一复杂且有争议性的问题,政府决策者与高校管理者既要立足本土国情,总结国内院校的相关举措以及实施效果,也要放眼全球,观察国外同行开展的探索以取长补短。

基于2017—2018年的论文引用指数,由2018年图灵奖得主之一约书亚·本吉奥(Yoshua Bengio)联合创立的人工智能公司Element AI发布的《2019年度全球AI人才报告(Global AI Talent Report 2019)》列出对人工智能领域影响最大的前五位国家,依次是美国、中国、英国、澳大利亚和加拿大②。在该报告分析的22 400名论文作者中,从对人才的培养来看,超过44%的人在美国获得博士学位,近11%是在中国;从对人才的吸引力来看,论文作者有46%在美国工作,其次是中国(11%)。由此可见,目前美国与中国在人工智能领域的角逐最为激烈。这种较量集中体现在两国对该领域高端人才的培养(如相关博士学位授予情况)与吸引力(如其对工作地点的选择)。在这两方面,中国均紧随美国之后但差距仍然明显。因此本报告的国外案例集中从美国这一“赶超目标”选取。

根据《美国新闻与世界报道(*US News & World Report*)》发布的2019年美国最佳研究生院排名(2019 Best Grad Schools Rankings),卡内基-梅隆大学、麻省理工学院和斯坦福大学在人工智能领域位列“前三甲”③。因此本报告选取这三所高校进行案例研究。具体来看,本报告聚焦在人工智能研究生教育的学制与学位、招生要求、师资建设及课程设置这四大关键环节,从中归纳出上述三校共同具备的人工智能研究生培养特点(学科交叉、校企合作、政府支持及社会需要),希望为国内高校提供些许启示。

二、美国人工智能研究生培养案例

(一) 卡内基-梅隆大学

2017年6月,卡内基-梅隆大学(Carnegie Mellon University,CMU)推出一项名为CMU人工智能(简称CMU AI)的新计划,其目的是通过整合全校人工智能的研究资源,开展各种跨学科的人工智能协作,组建世界上规模最大、经验最丰富的AI研究团队之一,同时促进本校人工智能方向的人才培养。

值得注意的一点是CMU人工智能领域的人才培养始于研究生阶段,一年之后才向下延伸到本科阶段。2018年5月,CMU宣布设置美国首个人工智能本科专业,从秋季开始招生。CMU人

---

① 中华人民共和国教育部.教育部关于公布2018年度普通高等学校本科专业备案和审批结果的通知.

② Element AI. 2019 Global AI talent report.

③ U.S.News. Best Artificial Intelligence Programs.

工智能领域研究生教育的另一个特点是完全沉浸式的科研体验。学生从读研第一天就开始从事相关科研,且常为工业、政府或学术界的“客户”解决现实问题。

1. 学制与学位授予

CMU 人工智能方向的研究生教育主要依托计算机科学学院(School of Computer Science, SCS)。该学院授予的五个人工智能硕士学位(以及相应的五个博士学位)包括人机交互、语言技术、计算机科学理学、机器学习理学以及机器人科学。上述硕博学位的培养单位分别是语言技术研究所、机器学习系、人机交互研究所、机器人研究所和计算机科学系这五个系所,它们都归属于计算机科学学院。通常情况下,CMU AI 的硕士学制为 1.5~2 年,博士学制为 5~6 年。

2. 招生要求

CMU 人工智能方向研究生的招生工作也由计算机科学学院统一负责。申请者必须参加研究生入学考试(GRE)并提交分数,英语非母语者必须提交托福(TOEFL)成绩。申请者需提交简历,概述教育背景、研究经历、工作经历、发表情况、奖学金和荣誉等。申请者还要提交个人陈述,描述自己感兴趣的研究领域、相关经历以及来 CMU 读研的目标。陈述里对研究兴趣要进行具体描述,尤其要回答“为什么人工智能是一个重要的研究领域”及“为什么我适合来探索人工智能这一领域”。除此之外,不同系所还有细微差别:机器学习研究生在入学前需具备一定的分析技能,且具有很强的数学、统计及编程能力;人机交互研究所要求在陈述的第一段明确想要研究的重点方向;机器人研究所要求申请者提供迄今为止的学术/企业任职的经历,并说明自己为何专对机器人研究所的研究生课程感兴趣;计算机科学系要求申请者说明攻读计算机科学硕士学位的目的,但不需要详细的未来计划。

3. 师资团队

CMU AI 这一协作机构由 CMU 计算机科学学院院长安德鲁·摩尔(Andrew Moore)与纽威尔大学计算机院教授、语言技术研究院院长杰姆·卡博内尔(Jaime Carbonell),机器人研究院院长马蒂尔·赫伯特(Martial Hebert),计算机科学教授托马斯·桑德霍尔姆(Toumas Sandholm),赫伯特·西蒙大学计算机科学教授、机器学习系主任曼努埃拉·维罗索(Manuela Veloso)共同领导,因此在组织架构上,CMU AI 更接近于国内高校的交叉研究中心,而非新建的学院或研究院。组成 CMU AI 的五个系所都由各自的领军教授担任系/所主任。需要指出的一点是 CMU AI 共有近 200 名教师,整合了全校人工智能领域的师资力量,其覆盖的学科领域之广实际上超出了计算机科学本身,涉及生物、土木与环境工程、哲学、艺术、公共政策等众多学科。

4. 课程设置

CMU AI 五个系所的人工智能研究生课程设置各不相同,在此不一一赘述,仅以课程体系最为完整的机器学习系作为代表来加以分析(其余四个系所的课程设置详见第五部分)。机器学习硕士的课程体系包括四门“套餐”核心课程(Set Core Courses)①、四门“菜单”核心课程(Menu Core Courses)(硕士生从中任选三门)②、14 门选修课程(硕士生从中任选两门)和一门实习课程(如表 6-1 所示)。

---

① “套餐”核心课程为机器学习系提供的一组打包好的课程,每一门都为硕士生必修课程。

② “菜单”核心课程为机器学习系提供的一系列专业相关课程,硕士生需从中“四选三”。

表 6-1　CMU 人工智能方向机器学习硕士课程体系

课程类型	课程内容
“套餐”核心课程（四门）	10-701 机器学习导论，或 10-705 机器学习高级导论
	10-716 高级机器学习：理论与方法（原 10-702 统计机器学习）
	10-718 数据分析
	36-700 概率与数理统计，或 36-705 中级统计
“菜单”核心课程（选择三门）	10-703 深度增强学习，或 10-707 深度学习主题
	10-708 概率图形模型
	10-725 凸优化
	10-620 独立研究，或 10-940（在骨干教师或导师指导下）独立研究
选修课（选择两门）	10-703 深度增强学习
	10-707 深度学习主题
	10-708 概率图形模型
	10-725 凸优化
	10-805 大型数据集的机器学习
	10-xxx 机器学习专题（课程编号不同）
	15-750 算法
	15-780 研究生人工智能
	15-826 多媒体数据库和数据挖掘
	15-853 现实世界中的算法
	36-707 回归分析
	36-709 高级概率
	36-710 高级统计理论
	10-620 独立研究，或 10-940（在骨干教师或导师指导下）独立研究
实习课程	理学硕士需完成一个 36 单元的实践课（与机器学习相关的实习或研究），通常在夏季进行

在该课程体系下，机器学习硕士学习进度计划情况如表 6-2 所示。准备充分且认真学习的硕士生一般可在三个学期（不包括暑假小学期）内完成相应课程，但许多学生实际需要四个学期，因为他们需要投入额外的时间进行相关研究或填补本科学习的空白。

机器学习的硕士课程要求新生有很强的计算机科学背景，包括对复杂性理论的扎实理解以及对编程技能的熟练掌握，再加上良好的数学背景。具体来说，第一学年的课程需要学生至少学过一年本科水平的概率和统计、线性代数及多元微积分。同时，在学生申请机器学习硕士生前，该系会给学生进行一次自我评估以判断其是否有能力在未来完成相应的硕士课程。另外，在职人员可以用业余时间完成该硕士课程并获得非全日制硕士学位。

表 6-2 CMU 人工智能方向机器学习硕士学习进度计划表

学期	进度
第一学年秋季学期	2 门套餐核心课程 • 10-701 机器学习导论,或 10-705 机器学习高级导论 • 36-700 概率与数理统计,或 36-705 中级统计 1 门“菜单”核心课程
第一学年春季学期	2 门套餐核心课程 • 10-716 高级机器学习:理论与方法(原 10-702 统计机器学习) • 10-718 数据分析 1 门“菜单”核心课程
第一学年夏季学期	实践课(与机器学习相关的实习或研究)
第二学年秋季学期	1 门“菜单”核心课程 2 门选修课

CMU 的机器学习博士项目旨在通过跨学科课程、实践应用和前沿研究的综合课程,培养学生成为未来的领导者。获得该博士学位的研究生须完成必修课程,精通教学、报告演示和研究技能,同时成功答辩博士论文。机器学习博士生项目必修课程体系分为核心课程和选修课(详见表 6-3)。核心课程共有六门,包括三门“套餐”核心课程,两门“菜单”核心课程(博士生从系里提供的八门课程中选择),以及一门数据分析课程。选修课分为普通选修课和“迷你”课程,系里官网列出的选修课共 34 门,包括计算基因组学、搜索引擎、NLP 算法、云计算、分布式系统等,博士生在这些课程中选择一门即可。除此之外,机器学习系还列出了五门“迷你”课程,分别是自然语言处理(NLP)工具、网络模型、隐马尔可夫模型:理论与应用、分层模型和星形统计,因为“迷你”课程的课时为普通选修课的一半,所以修读两门“迷你”课程课相当于一门普通选修课。如果学生想修读系里官网上没有列出的选修课,他们需获得导师的批准。

表 6-3 CMU 人工智能方向机器学习博士生必修课程体系

必修课程	课程类型	课程内容
核心课程 (六门)	“套餐”核心课程 (三门)	10-701 机器学习导论,或 10-705 机器学习高级导论
		10-716 高级机器学习:理论与方法(原 10-702 统计机器学习)
		36-700 概率与数理统计,或 36-705 中级统计
	“菜单”核心课程 (选择两门)	10-703 深度增强学习,或 10-707 深度学习主题
		10-708 概率图形模型
		10-725 凸优化
		15-750 算法或 15-853 现实世界中的算法
		15-780 研究生人工智能
		15-826 多媒体数据库和数据挖掘,或 10-805 大型数据集的机器学习
		36-707 回归分析

续表

必修课程	课程类型	课程内容
核心课程（六门）		36-709 高级概率
	数据分析课程（一门）	让学生将机器学习技术应用于真实数据，探索如何用不完整、不完善的数据得出有用的结果
选修课程（一门）	普通选修课	12 单元（官网列出共 34 门课程）
	“迷你”选修课	6 单元（5 门）

机器学习博士生的培养除了课程，还注重科研训练、教学实践及报告的口语表达。在研究技能培养方面，所有博士生从第一学期开始就参与科研，在读博第一个月可选择导师，且有换导师的权利。对于一位机器学习博士生来说，大约一半的时间用于实验室研究，一半的时间用来上课。在教学技能培养方面，博士生从第二年开始，必须在机器学习课程中担任两个学期的助教。在会议演讲技巧培养方面，学生在博士阶段的第二年或第三年，必须完成一个至少 30 分钟的口头报告，系里会邀请演讲技巧委员会的成员对其进行评估。在此之前，为了充分准备口头报告，博士生可以每学期参加两次演讲技巧工作坊。

除此之外，学生须成功通过论文答辩才可最终获得博士学位。机器学习博士论文委员会由学生和他们的导师组成，并由博士项目负责人批准，包括委员会主席，至少一名机器学习系的骨干教师，至少一名机器学习系骨干或附属教师，至少一名外部成员（一般是校外人员）。

（二）麻省理工学院

麻省理工学院（Massachusetts Institute of Technology，MIT）目前在校内尚未新建人工智能学院，但校方在 2018 年 10 月已宣布投入 10 亿美元新建苏世民计算学院（MIT Schwarzman College of Computing），旨在把握人工智能崛起带来的全球机遇并应对挑战。新学院将成为 MIT 计算机科学、人工智能、数据科学及相关领域的跨学科中心。由于新学院尚在筹建过程中，因此本报告的案例分析集中在麻省理工学院计算机科学与人工智能实验室（Computer Science and Artificial Intelligence Laboratory，CSAIL）。该实验室由工程学院牵头管理，理学院等相关院系联合参与。CSAIL 是由 MIT 计算机科学实验室（LCS）与人工智能实验室（AILab）合并而成，其使命围绕七大主要领域，分别为人工智能、计算生物学、图形和视觉、语言和学习、计算理论、机器人、系统。CSAIL 专注于在这七个领域内使系统和机器更智能、更易于使用、更安全且更高效。

1. 学制与学位授予

CSAIL 的组织架构里既有占主导地位的工程学院，也有共同参与实验室管理的其余院系。其研究生来源反映了这种以工程学院为主的构成。学位授予取决于研究生所在的具体院系。人工智能方向的硕士学位通常为理学硕士或工程硕士，学制 2~3 年；博士学位通常为理学博士或哲学博士，学制在 6 年左右。

2. 招生要求①

CSAIL 的生源主要来自工程学院及理学院的不同系所，该实验室不负责人工智能方向的招

① MIT EECS. Graduate Admissions.

生工作。学生需要直接向相关院系(如电气工程与计算机科学、数学、航空航天、机械工程等)申请读研。电气工程与计算机科学系是工程学院里规模最大的一个系,也是为 CSAIL 输送人工智能生源最多的系。该系现有约 700 名在读博士生,其中人工智能方向所占比例没有公开说明。该系只招收博士(即类似国内的直博项目),如有学生无法继续完成博士项目,且已达到硕士要求,也可获得硕士学位"退出"。博士申请不要求提交 GRE 成绩,而是由本科阶段 GPA(平均绩点)决定。除此之外,入学申请需要三封推荐信与一份描述申请者研究兴趣的个人陈述,并且申请者需要在数学、物理、工程或计算机科学领域有较高天赋。

3. 师资团队

CSAIL 是 MIT 最大的实验室,也是世界上最重要的信息技术中心之一。该实验室的师资团队由来自全校 11 个院系的 122 名教师①组成,其中包括 9 个图灵奖得主、7 个麦克阿瑟奖(美国跨领域创新的最高奖项)得主、四个罗尔夫 · 内万林纳奖(计算机理论科学的最高国际奖项)得主和一个千年科技奖(被称为"贴近生活的诺贝尔奖")得主。这些科研人员组成了 60 多个研究小组,致力于数百个不同的项目,还创办了 100 多家知名公司。除此之外,该实验室的教师近 1/3 都是美国国家科学院成员。可见 CSAIL 的师资团队在创新与创业这两方面都实力雄厚。

4. 课程设置

CSAIL 不负责招生,也不设置课程要求。前面提到为 CSAIL 提供最多生源的是工程学院电气工程与计算机科学系。该系的招生口径为直博,因此这里的课程要求也以该系的哲学博士(或理学博士)为例。电气工程与计算机科学系授予博士学位的基本要求有以下三点:第一,完成主要的人工智能专业课程,并顺利通过博士资格考试;第二,完成一篇原创的研究性学位论文并通过答辩;第三,最少在校居住满四学期②。

(三) 斯坦福大学

斯坦福大学人工智能研究生的培养由工程学院计算机科学系负责,同时学校设有斯坦福人工智能实验室(Stanford Artificial Intelligence Laboratory,简称 SAIL)。SAIL 是计算机视觉领域开创性工作的发源地,也是 ImageNet 这一展示大型神经网络算法变革性力量的科研课题的诞生地。该实验室有 100 多名博士生及众多硕士生参与各种科研课题,涉及计算机视觉、自然语言处理、机器人和基因组学等。

1. 学制与学位授予

斯坦福大学在人工智能硕士研究生就读年限方面没有具体说明,但硕士研究生必须完成 45 个学分的课程学习。只有计算机背景较强的学生才有望在一年内拿到硕士学位。同时斯坦福大学研究生院规定人工智能硕士必须在三年内毕业,因此本报告推测其硕士学制为 1~3 年,授予的学位是计算机科学理学硕士;博士学制通常为 4~6 年,课程要求较少,授予的学位是计算机科学哲学博士。

2. 招生要求

斯坦福大学工程学院计算机科学系负责人工智能研究生的招生与录取,招生标准与计算机科学系其他方向的研究生相似,并没有特殊要求。申请者不要求有计算机本科背景,但需要具备

---

① MIT Computer Science & Artificial Intelligence Lab.A Message from the Director.

② MIT EECS. Degrees Offered in EECS Graduate Program.

很强的定量分析能力。如果 GPA 最高绩点为 4.0,那么申请博士学位者需要达到 3.60,申请硕士学位者需要达到 3.50。不论申请硕博,学生都需要提交考试分数(如 GRE、托福等)。除此之外,如果学生已经拥有其他高校的计算机科学硕士学位,则不能申请斯坦福大学计算机科学硕士,只能申请计算机科学博士。

3. 师资团队

SAIL 目前有 18 名专聘教授和研究员、16 位联聘教师及 6 位荣聘教授。师资团队的研究兴趣覆盖机器人、计算生物学、自然语言处理、计算机视觉、互动学习等多个领域。SAIL 实验室主任由人工智能领军人物李飞飞担任,同时她也是斯坦福大学在 2019 年 3 月 18 日新建的以人为本人工智能研究院(Human-centered AI institute,HAI)的联合院长。该研究院由斯坦福大学七所学院的 200 名教师组成,并计划从人文、工程、医学、技术或者基础科学等领域至少招聘 20 名新教师。除此之外,HAI 组建了计算机科学、神经生物学、经济学、哲学等跨学科研究团队,还聘请了谷歌前首席执行官埃里克·施密特(Eric Emerson Schmidt)等业界专家担任顾问。

4. 课程设置

斯坦福大学人工智能方向对博士的课程要求较少,因此本报告对其课程设置的案例分析侧重于硕士阶段。其硕士课程的设置分为五种类型:公共基础课、软件操作课、广度(breadth)课程、人工智能方向的专业课(详见第五部分)及相关的技术选修课。

(1) 公共基础课:人工智能硕士生要完成相应的计算机科学系公共课。如果学生能够向导师证明自己在斯坦福大学或其他高校已修过类似课程,那么他们可免修计算机科学系开设的公共课。公共课分为两类,一类是公共必修课,包括四个方向:逻辑自动机与可计算性、算法分析、计算机组织与系统及计算机系统原理。另一类是公共选修课,学生可从四门课(计算机科学概率介绍、概率论、概率分析、工程师的概率与统计学概论)里选择一门。

(2) 软件操作课:人工智能硕士生要从 14 门软件操作课中至少选择一门。这些课程包括 CS 140 操作系统和系统编程、CS 143 编译器、CS 243 程序分析和优化等。

(3) 广度(breadth)课程:人工智能方向研究生需要在数学理论基础、计算机系统及计算与社会这三类广度课程里至少选择两门,这两门课程不能属于同一广度课程。人工智能方向的广度课程详细列表见附录 2。

(4) 人工智能方向的专业课:人工智能硕士生的专业化课程要求修读至少 21 个学分。专业课程涵盖三个不同类别:A 即专业必修课 CS 221《人工智能:原理与技术》,学生可通过证明自己选修过同类课程在获得导师批准之后免修;B 即从 11 门课程中选择至少四门;C 即学生可在系里另外列出的约 70 门课程中进行选择来满足学分总数的要求。

(5) 技术选修课:人工智能硕士生还要选修与学位课程有关的技术课程。这些技术课程的难度至少在本科水平(课程编号①为 100 或以上),并且需要导师和硕士项目负责人批准。此外,工程学院提供的部分研讨课也可作为选修课程。部分选修课程的考核不给具体成绩,授课教师只需要判定“给学分/不给学分”。

① 计算机科学系的课程编号代表这门课的选课人群或者课程类型。课程编号在 100—199 的是本科生难度,200—299 的是低年级研究生难度,300—399 的是高年级研究生难度,400—499 的是实验课程,500—599 的是研究生研讨课程。

（四）三校对比

基于以上对卡内基-梅隆大学、麻省理工学院以及斯坦福大学人工智能研究生培养的个案分析，在此从组织架构、培养目标、招生机构、培养年限、师资规模、学分要求及学位授予这七个维度对上述三校进行对比以突出异同。

从组织架构来看，三校都主要依托原有的计算机科学学科来培养人工智能研究生，但是该学科在各校的归属机构层级存在差异。对于 CMU 而言，计算机科学是一个学院；而对于其余两校，计算机科学是其工程学院下设的一个系（见图 6-1）。如果进一步探究计算机科学内部分支，人工智能方向尽管涉及不同研究领域（如机器学习、人机交互、机器人等），但在原有组织架构下通常由一个实验室来整合人员、课题、经费、软硬件等科研资源，这样的例子包括 MIT 的计算机科学与人工智能实验室（CSAIL）与斯坦福大学的人工智能实验室（SAIL）。这种机构设置造成了"人才培养在院系，科研训练在实验室"这一相对割裂的架构。

从 2016 年的"人机大战"以来，一方面，人工智能领域受到的关注倍增，由此吸引到更多的人力、经费等资源，超出原先一个学院里一个系所下设的一个实验室的人员编制数量与预算分配额度；另一方面，人工智能领域的跨学科性较为突出（下一章会详细展开），其教学与科研涉及跨系所甚至跨学院合作，这也迫切需要在组织架构上进行调整以打破原有分割。这种调整在上述三校都有所体现（见图 6-1）。按时间先后来看，CMU 率先在 2017 年 6 月启动 CMU AI 这一计划，由于主要是计算机科学学院里与人工智能相关的五个系所展开合作，因此该计划对原有组织架构冲击较小，可谓是一种"微调整"。比较之下，其余两校由于原先的计算机学科并未单列成学院，因此动作较大，要围绕人工智能来新建学院或研究院。MIT 在 2018 年 10 月 16 日宣布拟建一所苏世民计算学院，斯坦福大学也在仅仅一周之后（即 10 月 22 日）宣布要新建人工智能研究院，并在 2019 年 3 月将其命名为"以人为本"人工智能研究院并正式落地。可见依托本校原有的计算机学科，通过对实验室进行升级或对系所合作进行强化来新建人工智能学院、研究院或交叉研究中心也是美国这三所顶尖理工高校在过去三年里的重大举措之一。该举措背后的驱动机制是人工智能领域的跨学科性，这让人才培养与科研训练在新建的机构里得以整合。以斯坦

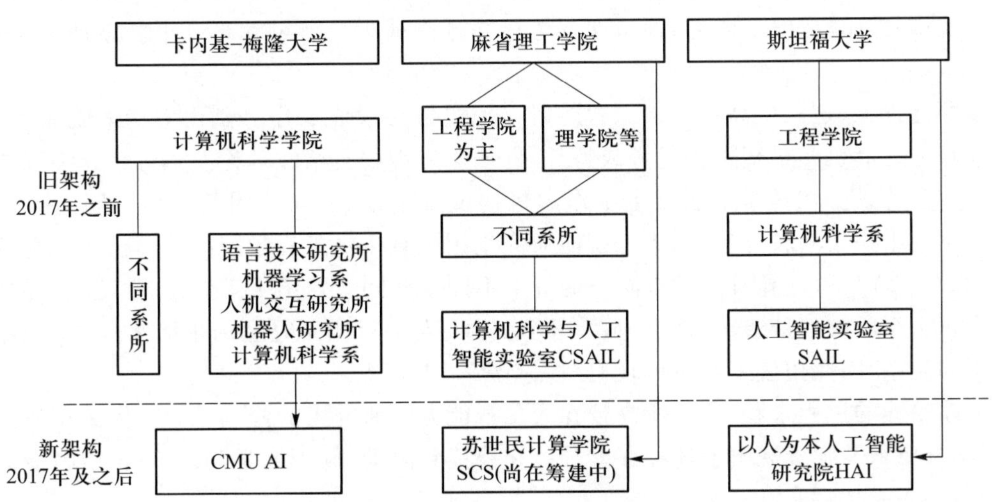

图 6-1 美国高校人工智能研究生培养的组织架构新旧对比

福大学新建的以人为本人工智能研究院的领导团队任命来看,该研究院有两名联合院长,分别是主管科研的SAIL实验室主任李飞飞与哲学教授约翰·埃切曼迪(John Etchemendy),这种构成凸显了这所新建研究院肩负的使命在于整合斯坦福大学在人工智能方向的科研训练与人才培养。

表6-4 美国人工智能研究生教育的三校对比

	卡内基-梅隆大学	麻省理工学院	斯坦福大学
培养目标	硕士:就业 博士:科学家和技术人员	硕士:就业 博士:未来科学家和研究者	硕士:职业导向 博士:创新型研究者
招生机构	计算机科学学院下的五个系分开招生	计算机科学、数学、航空航天等院系分开招生	计算机科学系
培养年限	硕士1.5~2年 博士5年起	硕士2~3年 博士6年左右	硕士1~3年 博士4~6年
学分要求	不同系所要求不同	不同系所要求不同	总学分45 选修学分36
师资规模	CMU AI:200人	CSAIL:122人 (拟建)SCS:新聘50人	SAIL: 40人 (新建)HAI: 200人
学位授予	理学硕士 哲学博士	工程硕士/理学硕士 哲学博士/理学博士	计算机科学理学硕士 计算机科学哲学博士

根据表6-4,从招生这一人才培养的入口来看,在培养目标上,三校培养的硕士都以在工业界就业为导向;三校培养的博士都在相关领域从事研发。部分院系只招收硕博连读的学生,例如MIT的电气工程与计算机科学系。此外,尽管本报告重点关注全日制研究生,但在信息采集过程里发现部分院系也招收非全日制研究生。例如斯坦福大学工程学院提供的远程人工智能研究生证书课程,对人工智能感兴趣的软件工程师或具备编程经验的人可进行在线申请,完成机器人、视觉和自然语言处理等线上学习,通过课程考核并且修满学分后可获得证书。该证书课程一般需要1~2年完成①。

在生源建设上,这三所高校的人工智能研究生招生与录取工作分别由对应的院系负责。申请者都须具有计算机学科相关的优势或特长,例如深入理解复杂性理论及熟练掌握编程技能,以及较强的数学背景。在具体开展招生工作的机构设置上,三所高校因其架构不同而存在差异。斯坦福大学的组织架构较为单一,人工智能研究生招生直接由工程学院的计算机科学系负责,即"一院一系"。CMU由计算机科学学院下的五个不同系共同参与招生工作,在学院统一的招生要求下补充每个系所的特殊要求,即"一院多系"。MIT人工智能研究生的生源来自工程学院与理学院等不同院系,因此招生工作也体现出"多院多系"的特点。

从人才培养的过程来看,这三所高校在人工智能方向研究生的修读年限上大致相似,但在课程设置、学分要求及师资规模上还存在差异。在修读年限上,硕士的学制以2~3年居多,只有计

① Stanford Online. Artificial Intelligence Graduate Certificate.

算机基础很好的学生能在 1~1.5 年内修完;博士学制较长,通常为 4~6 年。需要注意的一点是美国高校的博士要完成一定的课程要求,因此学制偏长。例如前面提到 CMU 的机器学习博士生一半的时间用于科研训练,另一半的时间则用于课程学习。

在课程设置上,CMU 与斯坦福大学对人工领域方向的硕士及博士研究生均有系统的核心课程要求(详见附录),而 MIT 较不明确。在学分要求上,斯坦福大学的人工智能研究生集中在“一院一系(即工程学院计算机科学系)”内培养,因此清楚要求学分总数达到 45,其中选修课学分为 36(占总学分的 80%),并且平均绩点不能低于 3.0(相当于 B)。其余两所高校的人工智能方向研究生培养涉及到多个系所甚至不同学院,因此对学分总数、选修比例及平均绩点都无统一要求,而是由系所自定。

从师资团队来看,这三所高校在人工智能领域师资编制都在 200 人左右,其中 CMU 的计算机科学学院已达到这一规模;MIT 原有的计算机科学与人工智能实验室(CSAIL)整合的师资已有 144 人,拟建的苏世民计算学院计划公开招聘 50 人;斯坦福大学的人工智能实验室(SAIL)相比之下师资规模较小(仅 40 人),但其新建的以人为本人工智能研究院的师资团队将达到 200 人。跨学科性也是上述师资团队的特点之一,例如 CSAIL 原有师资来自 MIT 全校的 11 个院系。筹建中的苏世民计算学院公开招聘 50 名教师,专职教师占一半,剩下 25 名为联聘教师(即由苏世民计算学院与 MIT 其他院系联合聘用)①。

从人才培养的出口来看,在学位授予上,这三所高校大致相同,最常授予的人工智能方向硕士与博士学位分别是理学硕士与哲学博士。只有麻省理工学院另外增加了工程硕士与理学博士学位,这也反映了该校人工智能领域研究生培养中工程学院与理学院“双轨并行”的架构特点。在毕业去向上,三校培养的人工智能方向研究生也一样:硕士生在毕业之后成为人工智能领域的专业技术人员;博士生在毕业之后成为推动人工智能领域创新的科学家与研究者。

三、美国人工智能研究生培养特点

无论个案分析还是三校对比都停留在现象层面上的梳理,本报告接下来将进一步从学科交叉、校企合作、政府支持及社会需要这四个维度探讨人工智能领域对人才培养与科学研究的特殊要求,从而透过现象来识别人工智能研究生培养的核心要素。

(一)学科交叉

鲜明的跨学科性是美国高校人工智能研究生培养的特点之一,这是由于人工智能的技术实现复杂,应用场景丰富且未知领域广阔。这种跨学科性首先体现在人员(生源与师资)构成。其突出表现之一是新工科背景下的多学科交叉,即通过新一代信息技术对传统理工学科进行加持。以斯坦福大学 SAIL 为例,该实验室的师生来自不同学科且常在一起进行科研探索,例如计算机科学系和航空航天系的研究生在课外活动中共同为无人机开发分布式冲突避免系统。跨学科性的另一表现是理工学科与人文社科的交叉,尤其是从伦理、法律、心理等视角来审视人工智能的发展对社会产生的深远影响,例如 UBER 无人汽车驾驶造成的交通事故、谷歌图像分类器把一名黑人女性标记为大猩猩等。工程学院与理学院是麻省理工学院 CSAIL 研究生的主要生源基地,

① MIT News. MIT reshapes itself to shape the future.

但其他学院(例如人文及社会科学学院的语言学、哲学、经济学等)也为其提供了生源及师资。该校 2018 年拟建的苏世民计算学院除了面向传统理工学科(例如生物、化学),还要让传统人文社科(政治、历史、语言学等)的师生也能掌握人工智能技术并应用于各自特有的研究领域。

复合型人才的联合培养也集中体现了这种跨学科性。从联合开课来看,卡内基-梅隆大学 CMU AI 计划提供的研究生培养方案中提供的师资有来自化学、生物医学等不同系所的优秀教师。斯坦福大学 SAIL 为人工智能方向研究生提供了计算机与数学的跨学科课程,并提供计算机与化学、遗传学、语言学、物理学、医学等学科在工程、建筑、制造等领域的交叉研究。从联合培养的双学位来看,斯坦福大学计算机科学系与法学院联合培养计算机/法学硕士(CS MS/Law)与计算机/法学博士(CS PhD/Law),由计算机系与商学院联合培养计算机理学硕士/MBA(CS MS/MBA)。

(二)校企合作

更为紧密的校企合作是人工智能领域人才培养与科学研究的另一个特征。该领域既需要高校聚集的人力(包括领军人物、科研团队及研究生这一人才储备)来从事算法开发、模型优化等基础性攻坚研究,也需要企业提供视觉、语音等大规模数据集来训练模型并提供实用场景。因此人工智能领域校企合作在理想状态下是一种高校与企业优势互补的双赢模式,这也是美国高校人工智能研究生培养的特点之一。

这种深度合作有助于研究生培养过程中的理论与实践的结合。2017 年 11 月,斯坦福人工智能实验室(SAIL)联合京东启动了联合研究计划(SAIL-JD AI Research Initiative)。该实验室的师生将围绕机器学习、深度学习、机器人、自然语言处理和计算机视觉等技术方向,结合京东的实际应用场景和海量数据开展基于研究课题的深入探究。麻省理工学院也在人工智能领域与 IBM、商汤等企业进行新型的深度合作。2017 年 9 月,MIT 与 IBM 共建沃森人工智能实验室(MIT-IBM Watson AI Lab),致力于推动人工智能硬件、软件及算法的基础研究与广泛应用。该实验室邻近 MIT 校园的肯德尔广场 IBM 研发中心,可容纳上百名师生开展人工智能研究①。该实验室还从 MIT 校内收到 186 份科研课题申请并从中选出 50 多个项目进行资助。2018 年 2 月,MIT 宣布启动"IBM 智能探索(Intelligence Quest,简称 IBM IQ)"②。其管理层由 MIT 五个核心院系及实验室的负责人组成,CSAIL 主任丹妮拉·鲁斯(Daniela Rus)就是其中之一。IBM IQ 通过两个实体项目具体执行,一个是侧重基础科学的"核心(the core)",其关键输出是机器学习算法;另一个是强调广泛应用的"桥梁(the bridge)",该项目则致力于将人工智能应用于所有学科。全球首家加入 IBM IQ 项目的企业是中国商汤科技(SenseTime)③,MIT 与商汤科技建立的联盟支持 MIT 师生在人工智能领域进行计算机视觉、启发式算法、医学成像、机器人等方向的新突破。IBM IQ 可视为 MIT 从原有的 CSAIL 实验室到筹建中的苏世民计算学院这两种组织架构新旧转换过程中的一种过渡状态。

校企合作还能帮助研究生了解最新的产业动态及招聘信息。斯坦福大学 SAIL 中设有专门的人工智能附属计划(即一种新型的校企合作形式)。加入人工智能附属计划的企业,如滴滴、

① MIT News. IBM and MIT to pursue joint research in artificial intelligence, establish new MIT-IBM Watson AI Lab.

② MIT News. Institute launches the MIT Intelligence Quest.

③ MIT News. MIT and SenseTime announce effort to advance artificial intelligence research.

谷歌等，可以建立企业成员与SAIL师生之间的直接联系。研究生可以与企业员工共同参加校内进修、讨论课题、参与科研。学生还可以第一时间通过内部渠道获得企业实习与聘用的机会，这便于他们更有效率地进行职业规划。麻省理工学院CSAIL也有类似的校企合作项目（即一个专门连接多个企业与该实验室的CSAIL联盟）。这一联盟目前有超过900个科研课题，覆盖电信、金融、电商、银行、运输等行业的60多家成员公司，例如苹果、谷歌、微软、联想、平安、腾讯。通过CSAIL联盟，学生可与企业内部的研发人员交流自己在校期间学到的前沿研究与新兴技术，学生还可参加企业通过联盟在校内举办的技术讲座与招聘会，并与该实验室孵化的创业公司建立联系。

（三）政府支持

美国政府高度重视人工智能相关领域的科技发展、市场应用及政策创新。随着科学技术的发展以及执政党的更替，美国政府的人工智能发展战略也进行了一些调整。表6-5列出了美国政府近年来在人工智能领域的战略布局，该表既反映了从奥巴马政府的“经济繁荣”到特朗普政府“国防安全”的政策重心转移，也体现了产业界、学术界及政府部门等利益相关者在人工智能领域的博弈关系。这是美国人工智能研究生培养不能脱离的现实土壤与宏观背景（表6-5）。

表6-5 美国政府近年来在人工智能领域的相关举措

	时间	举措
奥巴马政府	2016年10月	• 奥巴马在与匹兹堡大学和卡内基-梅隆大学联合举办的白宫前沿会议上就人工智能的未来发表公开演说，阐述其对未来人工智能研究的愿景 • 美国白宫科技政策办公室（OSTP）国家科学技术委员会（NSTC）发布《为人工智能的未来做好准备》报告，探讨人工智能的发展现状、应用领域以及潜在的公共政策问题；发布《国家人工智能研究与发展战略计划》报告，提出美国优先发展的人工智能七大战略方向及两方面建议
	2016年12月	• 美国白宫发布《人工智能、自动化与经济》报告，深入考察人工智能驱动的自动化将会给经济带来的影响并提出了国家的三大应对策略
特朗普政府	2018年5月	• 白宫举办人工智能峰会，邀请业界、学术界和政府代表参与，并成立人工智能特别委员会，以改善联邦政府在人工智能领域的投入，提高人工智能创新自由度与灵活性 • 特朗普政府强调AI在国防安全领域的影响
	2019年2月	• 特朗普签署《维持美国人工智能领导力的行政命令》 • 美国国防部网站公布《2018年国防部人工智能战略摘要：利用人工智能促进国家安全和繁荣》

人工智能技术的发展通过无人机、无人战车、战斗机器人等研发工作具有重要的国家安全战略意义。以美国政府为例，其主要通过国防部高级研究计划局（DARPA）这一机构为高校人工智能方向的人才培养与科学研究提供经费支持。2018年9月，DARPA宣布将投入20亿美元开发新的人工智能技术，资助新增与现有的人工智能研究课题。本报告关注的美国三所高校都在人工智能领域与DARPA有多年合作。DARPA资助和测试过麻省理工学院CSAIL的多个项目。

2010 年 CSAIL 开发出一种防御黑客的新方法让网站在受到线上攻击期间保持正常运行。2014 年,CSAIL 开发出新的算法来控制动物脚部接触地面时的力量大小,从而发明出一款可以奔跑跳跃并越过障碍物的“猎豹”机器人。DARPA 也与斯坦福大学人工智能研究团队联系紧密。2018 年 5 月,双方加上硅谷的投资者们共同探讨人工智能、自动驾驶、再生器官、增强现实及网络风险保护等技术将如何重塑各个行业以及整个社会。卡内基-梅隆大学与 DARPA 也有多年合作。DARPA、波音公司与该校的国家机器人工程协会已经签订合同来制造与测试无人地面战车(UGCV),这是人类首次尝试生产一辆在所有地形条件下都能正常行驶的无人地面战车。除了无人车之外,卡内基-梅隆大学为美国军方研制的“角斗士”战斗机器人在对抗测试中胜出,这被视为攻克了打造“未来美军”的一个技术难关。

当然,DARPA 并非美国政府为人工智能领域提供资助的唯一机构。NASA(美国航空航天局)也委托高校开展相关方向的高端技术研发。例如卡内基-梅隆大学就是 NASA 科研开发的主要承担单位之一。该校参与过 NASA 月球探测步行机器人和单轮陀螺式滚动探测机器人等研究。

(四)社会需要

人工智能技术的发展前景充满想象力,且与日常生活息息相关。人工智能领域研究生的培养也以洞察社会需求为导向,用先进技术来解决真实问题,并推动经济发展与社会进步。这种对人工智能技术的社会需要在地区、国家乃至全球层面都有所体现。首先来看地区层面,以卡内基-梅隆大学所在的美国匹兹堡为例,这座城市原有的汽车工业发展疲软,面临产业复兴的严峻挑战,卡内基-梅隆大学的人工智能研究在这一产业复兴过程里发挥了重要作用。例如该校与美国高级机器人制造研究院(Advanced Robotics for Manufacturing Institute,ARM)成为合作伙伴,利用人工智能、自动 3D 打印及其他新兴技术让各种规模的企业都能负担得起工业机器人。这些技术革新成功吸引了亚马逊、谷歌、苹果等公司在匹兹堡“安营扎寨”。该校与波音、通用汽车等公司的合作也让未来的交通出行更智能化,让传统的航空、汽车等产业重新焕发生机。

人工智能技术的应用场景不限于一个城市甚至一个国家的边界,还能用来应对整个人类社会在健康、环境、教育等领域面临的共同挑战。例如 2019 年 3 月 18 日斯坦福大学成立以人为本的人工智能研究院(HAI)当天举行的研讨会上,各界人士围绕人工智能的发展应用、潜在风险、人文关怀、业界伦理等展开讨论。比尔・盖茨提到用人工智能来改善健康的契机。例如基于人工智能的基因分析发现元素硒的缺少与非洲的早产有关,利用该项技术预计可让早产现象减少约 15%,这对整个非洲而言意味着每年可挽救约 8 万人的生命。这种以人为本的精神也是美国人工智能研究生培养的趋势之一,即在课程设置、师资构成及培养目标中既强调研究生对计算机等相关学科知识与能力的掌握,也重视引导其对伦理、法律等人文社科诸多方面的关注与思考。

四、思考与探讨

综上所述,三所美国顶尖理工高校(卡内基-梅隆大学、麻省理工学院、斯坦福大学)在人工智能研究生培养方面的探索与实践值得通过案例研究进行深入剖析。上述三校面临的部分挑战具有共性,正好也是国内高校关注的管理难题,其中最为突出的一点就是人工智能研究生培养组织架构的新旧转换。

旧架构下的人工智能研究生通常在计算机学院或系所下设的一个实验室里接受科研培训，而其培养目标、录取标准、选课计划、学制学分、学位授予要求等仍然归属整个学院或系所进行统一管理。但在新架构下，无论是卡内基-梅隆大学在2017年启动的CMU AI交叉研究中心，麻省理工学院2018年10月宣布拟建的苏世民计算学院，还是2019年3月斯坦福大学正式落地的以人为本人工智能研究院（HAI），都对原先的单一实验室或系所进行升级，由新建的人工智能研究中心、学院或研究院来整合师资、经费等科研资源，同时也为该领域的人才培养提供更多学科交叉、校企合作等契机。这种组织架构的升级，既反映了外部的国家战略与社会需求等驱动力量，也体现了人工智能这一领域本身具有的跨学科性以及与业界联系的紧密性。而这些外部驱动与内在特性也是国内高校在开展人工智能研究生培养工作中不可回避的要素。

本报告开头提到截至2019年5月，据不完全统计，全国已有43所高校新建人工智能学院或研究院。可见这种人才培养组织架构的新旧转换正在进行，而且国内高校在时间上与上述三所美国高校几乎同步，仍有弯道超车的机会。

基于前面提到组织架构的新旧转换这一特征，案例分析的部分内容（例如师资构成）来自新建或拟建的人工智能研究院、学院或研究中心，而其余内容（尤其是课程设置）则来自于原先与人工智能领域相关的实验室或系所。从师资构成来看，这三所高校人工智能领域的师资规模都在200人左右。除了依托原有实验室或计算机相关学科的教研人员，联聘制是人工智能师资建设的一种有力举措，这种聘任制度正好匹配人工智能研究的学科交叉特性。例如，麻省理工学院拟建的苏世民学院计划招聘50名教师，其中一半是该学院与其他院系联聘。斯坦福大学以人为本人工智能研究院的联聘制度更为灵活，且主要面向青年学者或储备师资（博士后），包括青年学者（五年制，同时被相关院系聘为助理教授或助理研究员），AI Engineering 人工智能工程学者（两年到一年半），HAI-CISAC 国际安全与合作的政策学者，HAI-JSK 新闻学者（一年制）以及HAI-EIS 社会伦理学博士后（两年制）①。这些举措可供国内高校进行人工智能领域研究生师资队伍建设时参考。

目前人工智能方向研究生的录取标准、课程设置、学位授予等培养工作仍以现有院系（主要是计算机学院或工程学院）统一把关。在招生时着重考察计算机学科相关的优势与特长，包括扎实的数学基础，熟练的编程能力以及解决复杂问题的能力。上述三所高校在录取标准上并无本质差异。在课程设置上，卡内基-梅隆大学与斯坦福大学对人工智能方向的硕士生与博士生均有系统的核心课程方案（详见第五部分），而麻省理工学院对此并未明确要求。从学制长短、学位授予及毕业后去向来看，三校都颇为相似：硕士学制两到三年居多（只有少数学生能用少于两年时间修满学分），通常获得理学硕士学位，以就业为导向；博士学制在五年左右，通常获得哲学博士学位，毕业后在高校或业界从事带有原创性的研究工作。在此需要指出，美国博士阶段的课程量仍然很重，例如卡内基-梅隆大学人工智能方向的博士生一半时间用于科研训练，剩下一半时间用于课程学习。而国内高校的博士生相对选课较少，学制也较短。因此国内高校管理者需根据本土国情与本校特色对人工智能研究生的培养方案进行设计与实施。

最后需要补充的一点是，限于篇幅本报告无法对人工智能研究生培养的相关环节一一穷尽。举例来说，与研究生资助相关的激励机制就是一个值得探讨的未来研究方向。奖学金、竞赛经费

① HAI. Career Opportunities.

和学术会议参会资助(travel grant)等都可为人工智能的人才培养及其科研训练提供有效激励。从政府提供的奖学金来看,2019 年 2 月 11 日,特朗普签署《维护美国人工智能领导地位》,正式启动美国人工智能计划。该计划呼吁美国各机构设置奖学金,帮助劳动力通过奖学金及计算机科学教育等方式提升人工智能相关技能。从企业提供的奖学金来看,美国的 Simplr 公司在 2018 年设立并冠名的人工智能与技术奖学金(Simplr Artificial Intelligence and Technology Scholarship),为攻读计算机科学的本科生或研究生提供 5000 美元奖学金,可见企业赞助也是人工智能研究生的奖学金来源之一。从竞赛来看,2010 年,斯坦福大学推出基于 ImageNet① 数据库的大规模视觉识别的国际挑战赛(Large Scale Visual Recognition Challenge)。组团参加这样的国际竞赛为人工智能方向的研究生提供与数据近身搏斗的实战经验,且可与国内外高手同场竞技。从学术会议来看,美国人工智能领域的顶级会议(如 NIPS、ICML、IJCAI、AAAI 等)都为提交论文的研究生参会提供资助。此外,研究生也可向美国国家科学基金会(National Science Foundation)等机构申请参会资助。可见国内高校在设计人工智能研究生的培养方案时也要综合考虑奖学金、挑战赛、学术会议参与等激励机制。

五、补充资料

(一)卡内基-梅隆大学人工智能方向的研究生课程设置(除机器学习外的四个系所)

1. 语言技术研究所

语言技术研究所(Language Technologies Institute, LTI)向 CMUAI 计划提供语言技术硕士学位、语言与信息技术博士学位。语言技术硕士项目的学制为两年,每个学生必须完成两个夏季学期的研究,一般会在第二年八月毕业。硕士学生至少修满 120 个学分(约 10 门课),其中至少 72 个学分为 LTI 的课程,24 个学分为计算机科学学院(School of Computer Science, SCS)课程。每门课程通常是 12 个学分,实验室课程则为 6 个学分。课程通常需要学生已经具有编程与数据结构的相关知识。硕士项目的其余学分可以通过在本所修课获得。在得到导师的批准后,学生也可选择在本校其他院系或匹兹堡大学(University of Pittsburgh, PITT)学习其他高级(或等同于研究生水平的)课程。语言技术硕士的具体课程要求见表 6-6。

表 6-6 语言技术硕士课程要求

<table>
<tr><th></th><th>秋季</th><th>春季</th><th>夏季</th></tr>
<tr><td rowspan="4">第一年</td><td>语法和词汇</td><td>用于文本挖掘的搜索引擎或机器学习</td><td rowspan="4">研究
(必修)</td></tr>
<tr><td>自然语言处理算法</td><td>机器翻译</td></tr>
<tr><td></td><td>自己安排的实验室课程
(Self-Paced Lab)</td></tr>
<tr><td colspan="2">导师指导学习</td></tr>
</table>

① 南京日报.ImageNet 的洪荒之力.

续表

	秋季	春季	夏季
第二年	语言技术软件工程(I)	语言技术软件工程(II)	研究（必修）
	语言理解	选修课	
	自己安排的实验室课程（Self-Paced Lab）		
	导师指导学习		

定向研究是语言技术硕士项目的另一个组成部分，硕士学生需要在其导师的指导下，且在规定的学习期间完成研究，也可选择完成一篇自定主题的学位论文。

语言技术研究所向 CMU AI 计划提供的语言与信息技术博士项目的学制为五年，期间博士生需要修满 96 个学分（通常是 8 门课），包括 72 个学分的本所（LTI）课程（并且每个重点领域必须修读一门课）与 24 个学分的本院（SCS）课程。此外，博士生还要在两个不同的研究领域至少各选一门实验室课程。博士项目的课程计划详见表 6-7。

表 6-7　语言和信息技术博士课程要求

	秋季	春季	夏季
第一年	语法和词汇	用于文本挖掘的搜索引擎或机器学习	研究（必修）
	自然语言处理算法	机器翻译	
	导师指导学习		
第二年	语言技术软件工程（Ⅰ）	语言技术软件工程（Ⅱ）	
	语言理解		
	自己安排的实验室课程（Self-Paced Lab）		
	导师指导学习		
第三年	定向研究（Directed Research）		
第四年			
第五年			

除课程之外，语言与信息技术博士还需具备熟练的写作、演讲、编程与教学能力。博士生还要定期参加所里的学术讨论会，撰写学位论文并答辩通过。

语言技术研究所与葡萄牙的里斯本大学（Universidade de Lisboa，简称 ULisboa）、里斯本技术大学高级技术研究所（Instituto Superior Técnico at the Universidade Tecnica de Lisboa）合作开设语言与信息技术的双学位博士项目。参加博士项目的学生在葡萄牙的里斯本大学学习一年，之后在卡内基-梅隆大学学习两年，共用三年时间内学完主要课程（不超过八门课程）。之后学生返回葡萄牙继续进行定向研究。在里斯本与匹兹堡各有一名导师为学生提供学术指导，包括确定最终的论文选题。LTI 双学位博士的课程要求见表 6-8。

表 6-8 语言与信息技术的双学位博士课程要求

<table>
<tr><th></th><th>秋季</th><th>春季</th><th>夏季</th></tr>
<tr><td>第一年(葡萄牙)</td><td colspan="2">课程及指导学习</td><td rowspan="4">必修研究
(Required Research)</td></tr>
<tr><td rowspan="3">第二年(匹兹堡)</td><td>语法和词汇</td><td>语言和统计</td></tr>
<tr><td>结构预测</td><td>2 Self-Paced Labs</td></tr>
<tr><td colspan="2">指导学习</td></tr>
<tr><td>第三年(匹兹堡)</td><td colspan="3" rowspan="3">定向研究(Directed Research)</td></tr>
<tr><td>第四年(葡萄牙)</td></tr>
<tr><td>第五年(葡萄牙)</td></tr>
</table>

2. 人机交互研究所

计算机科学学院人机交互研究所(Human-Computer Interaction Institute)为 CMU AI 计划培养人机交互硕士和人机交互博士。人机交互硕士项目选择的学生多为在设计、社会科学、商业和计算机科学等方面拥有一定行业经验和背景知识的人士。针对硕士专业学位的课程体系覆盖三个学期,从第一年八月至第二年八月。在第一学期,学生学习核心课程中的人机交互方法和技术,同时完成多门选修课。学生可在本所选课,也可在机器人学院、设计学院、泰珀商学院、计算机科学学院、迪特里希人文学院和美术学院等跨院系选课。在第二、三学期,学生继续完成必修课程与选修课程,同时与校外客户合作完成一个为期七个月的顶点项目(Capstoneproject)。顶点项目是美国高校为高年级(特别是毕业班)开设的一种综合性课程。该顶点项目是人机交互研究所专为硕士研究生开设(表 6-9)。

表 6-9 人机交互硕士课程体系

<table>
<tr><th>课程类型</th><th>课程内容</th></tr>
<tr><td rowspan="7">核心课程
(七门)</td><td>05-600 人机交专题互研讨课:人机交互中的沟通交流</td></tr>
<tr><td>05-610 以用户为中心的研究与评估(UCRE)</td></tr>
<tr><td>05-651 交互设计工作室(Ⅰ)</td></tr>
<tr><td>05-650 交互设计工作室(Ⅱ)</td></tr>
<tr><td>05-630 编程可用接口(PUI)</td></tr>
<tr><td>05-631 用户界面软件结构(SSUI)</td></tr>
<tr><td>05-671 人机交互项目Ⅰ(15 学分的春季课程)和 05-672 人机交互项目Ⅱ(48 学分的夏季课程)</td></tr>
<tr><td rowspan="2">选修课程
(选择五门)</td><td>所内选修课(参考学校官网,不一一列举)</td></tr>
<tr><td>跨学科选修课(参考学校官网,不一一列举)</td></tr>
<tr><td>顶点课程</td><td>与校外人员合作</td></tr>
</table>

人机交互所提供的博士项目与机器学习博士项目类似。这两个项目均要求学生修读相应课

程，具备沟通、教学等能力，最后通过学位论文答辩。该项目的所有课程需在博士阶段的前两年半内完成。在导师的指导和批准下，博士生可自行安排课程进度。机器学习博士生的科研训练侧重于学生和导师共同感兴趣的重点领域，从而形成一系列课程，以便加深学生对这些领域的理解。这些课程包括社会计算、辅助技术或通过设计进行研究。学生在读博前也可选修人机交互研究所的部分核心课程，包括相关领域的概念、方法及文献等。

3. 机器人研究所

机器人研究所（Robotics Institute）为 CMU AI 计划培养机器人科学硕士和机器人博士。该项目的硕士生通常用两个完整的学年完成课程，在第二个夏天的 8 月毕业。在获得硕士学位前，学生需完成核心课、选修课、公开演讲及学位论文等任务。硕士生至少要在本校修满 168 个学分：84 个学分为核心课程和选修课程的组合；还有 84 个学分为在导师指导下进行的研究。课程组合的最低要求包括四门核心课程及三门选修课程，四门核心课程在表 6-10 列出的四个方向中各选一门。

表 6-10　机器人科学硕士项目核心课程

方向	具体细分	核心课程
感知	视觉、图像传感器、距离数据解释、触觉和力传感器、惯性制导等传感器	16-720 计算机视觉 16-722 传感和传感器
认知	机器人的人工智能，包括知识表示、计划和任务调度	15-780 人工智能 10-601/10-701 机器学习（MS/PhD）
动作	运动学、动力学、控制、操纵和运动	16-741 操纵力学 16-711 运动学、动态系统和控制
数学基础	信号处理、最优估计、微分几何运筹学	16-811 机器人数学基础

机器人科学硕士必须选修至少 36 个学分的选修课，其中至少 3 门选修课来自本所及相关学科。如果学生想修读所外的选修课，必须在入学后第一学期的第一个月内以及之后每个学期的注册时间之前，获得硕士项目负责人的批准。

机器人研究所的博士生项目本质上具有跨学科性。该项目要求学生完成课程作业，获得研究资格，并提交一篇独立完成的具有原创性的学位论文。博士生通常会在五到六年内完成课程，在完成课程作业和其他基本要求（如写作、口头报告及教学技能）后，学生需完全专注于研究。表 6-11 为该博士项目预期的时间进度。

表 6-11　机器人博士项目计划进度情况

构成	强度	持续时间	总时间
入学教育	40 小时	一周	一周
课程	20 小时	每个一学期	4 学期
教学	10 小时	两学期	2 学期
技能	因人而异	因人而异	因人而异
定向研究	20 小时	无明确说明	5~7 学期

续表

构成	强度	持续时间	总时间
论文开题	20 小时	两学期	1 学期
学位论文	40 小时	直到完成为止	2~4 学期
志愿服务	因人而异	经常	无明确说明

机器人博士生需要修读以下两类课程:核心课程(在四个领域各选一门);专业课程(包括 48 个学分的课程,相当于四门研究生课程)。四个领域的核心课程包括:(1) 感知核心课程,包括计算机视觉、传感与传感器;(2) 认知核心课程,包括人工智能和机器学习;(3) 行动核心课程,包括运动学、动态系统与控制、力学的操纵;(4) 数学基础核心课程,包括机器人学的数学基础。

在项目负责人的批准下,学生可选择其他课程来替代上述的必修课程。在读博之前完成研究生课程或具有相关专业知识与经验的学生,可以申请免修部分学分或专业资格考试。

4. 计算机科学系

计算机科学系(Computer Science Department)为 CMU AI 计划培养计算机科学理学硕士和计算机科学博士。计算机科学硕士生要具有基本分析能力和良好的数学、编程和逻辑推理能力。硕士培养完全通过课程学习,通常不需要参与研究。大多数学生会在三个学期内完成所有课程,但如果该学生是从其他领域转到计算机科学系,就需要额外时间来填补本科学习的空白。通常该项目的硕士生不会继续申请博士学位。计算机科学硕士项目的课程设置不固定,学生可与导师沟通来制订自己的课程计划。获得该硕士学位需要完成 96 个学分(一般是八门课),包括 12 个学分的选修课,一门系统方向课程,一门理论基础类课程,一门人工智能类课程。部分学生需要补课(如 15-213 计算机系统导论),他们可在入学前的暑期通过在线学习完成。

计算机科学博士生在入学两周内需要了解系里各位教师的研究方向和课题,并根据自己感兴趣的方向选择一位适合自己的导师。接下来通过课程学习与科研训练,博士生需要广泛了解计算机科学主要领域的基础研究问题。在博士阶段的前两年,学生要完成 96 个学分(相当于 8 门全日制课程)。博士阶段的最后任务是完成一篇学位论文并通过口头答辩。

(二) 斯坦福大学工程学院计算机科学系人工智能方向研究生课程设置①

斯坦福大学人工智能研究生的课程要求分为五部分,其中第一部分(计算机科学系公共选修课)、第二部分(软件操作课程)、第三部分(广度课程)与第五部分(相关的技术选修课程)适用于计算机科学系的全体研究生,在此不详细展开。接下来主要介绍的是与人工智能方向相关的第四部分(专业化课程)即斯坦福大学人工智能研究生的专业课程要求。

课程要求的第四部分:专业课程

在专业课程方面,斯坦福大学人工智能研究生有两方面要求。第一个要求是至少修读满 21 学分的专业领域课程,课程分成 A、B、C 三类。

A 是专业必修课 CS221“人工智能:原理与技巧”。其中序号 CS 代表这门课程由计算机科学系(Computer Science)开设,数字 221 表示这是一门低年级研究生水平的课程②。如果学生已上

① Standford Buller in Explore Degrees 2019-20. Computer Science.

② Standford Buller in Explore Degrees 2019-20. Computer Science.

过同类课程,导师可批准该生免修这门课程。

B 要求学生在如表 6-12 所示的 11 门课程中选择至少 4 门。

表 6-12 人工智能专业化课程要求 B

CS 223A 机器人技术简介	CS 224N 深度学习的自然语言处理
CS 224S 口语处理	CS 224U 自然语言理解
CS 224W 机器学习与图形	CS 228 概率图模型:原理与技术
CS 229 机器学习	CS 231A 计算机视觉:从三维重建到识别
CS 231N 用于视觉识别的卷积神经网络	CS 234 强化学习
CS 238 不确定性下的决策	

C 要求学生在近 70 门课程中选择感兴趣的课程来满足学分总数大于 21 这一要求。具体课程可通过网页链接进行查询①。这 70 门课程分别由不同系所开设与讲授,除计算机科学外,还有统计、电子、管理科学与工程及电气工程等系所。例如课程 STATS315B“现代应用统计:数据挖掘”,STATS 代表这门课程由统计系负责,编号 315 表示这是一门高年级研究生水平的课程;课程 EE263“线性动力系统简介”,EE 代表这门课程由电子系负责,编号 263 表示这是一门低年级研究生水平的课程。

人工智能研究生专业课程的第二个要求是需要在广度课程区域 A(数学和理论基础)、B(计算机系统)、D(计算与社会)中选择至少两门,分别详见表 6-13、表 6-14 与表 6-15。

表 6-13 广度区域 A:数学和理论基础区域课程

CS 154 自动机和复杂性理论简介	CS 157 计算逻辑
CS 168 现代算法工具箱	CS 254 计算复杂性
CS 261 优化和算法范例	CS 265 随机算法和概率分析
CS 361 工程设计优化	EE 364B 凸优化 Ⅱ
PHIL 251 元逻辑	

表 6-14 广度区域 B:计算机系统区域课程

CS 143 编制者	CS 144 计算机网络简介
CS 242 编程语言	CS 243 计划分析和优化
CS 244 网络高级主题	CS 244B 分布式系统
CS 316 高级多核系统	CS 358 编程语言理论专题
EE 180 数字系统架构	EE 282 计算机系统架构
EE 284 计算机网络简介	

① Standford Buller in Explore Degrees 2019-20. Computer Science.

表 6-15 广度区域 D: 计算与社会区域课程

CS 181 计算机、道德和公共政策	CS 182 道德、公共政策和技术变革
CS 384 自然语言处理中的伦理和社会问题研讨会	ME 177 全球工程师教育
ENGR 248 原则性企业家决策	MS&E 234 数据隐私和道德
MS&E 193 技术与国家安全:过去,现在和未来	

（执笔:郭娇、秦奕萱、朱雅洁）

中国学位与研究生教育大事记(2018年)

一　　月

1月10号

国务院学位委员会办公室发布了《关于做好2018年同等学力人员申请硕士学位外国语水平和学科综合水平全国统一考试工作的通知》。对考生资格、外国语水平考试语种和学科综合水平考试科目、考试时间、考试报名、命题、考务及阅卷工作、成绩下达和公布以及其他方面都做出相应规定。

1月16日

教育部党组加强新时代高校思想政治理论课建设现场推进会在上海举行,教育部党组书记、部长陈宝生及上海市委副书记尹弘、上海市人民政府副市长翁铁慧出席会议并讲话。在全体会议上,陈宝生指出,各地各高校思政课取得明显成效:一是"导向正了";二是"取向好了";三是"风向变了";四是"气象新了";五是"志向大了"。

1月17日

教育部印发了《关于全面落实研究生导师立德树人职责的意见》,要求强化研究生导师基本素质要求、明确研究生导师立德树人职责、健全研究生导师评价激励机制、强化组织保障,努力造就一支有理想信念、道德情操、扎实学识、仁爱之心的研究生导师队伍。

1月17日

教育部印发《教育部关于规范直属高校领导班子成员指导研究生若干事项的通知》,对教育部直属高校领导班子成员指导研究生的各方面事项提出了具体要求。

1月23—24日

2018年全国教育工作会议在京召开。会议强调,要全面贯彻党的十九大精神,以习近平新时代中国特色社会主义思想为指导,按照高质量发展根本要求,贯彻党的教育方针,推进教育优先发展,落实立德树人根本任务,深化教育改革,推进教育公平,发展素质教育,加快教育现代化,努力培养德智体美全面发展的社会主义建设者和接班人,培养担当民族复兴大任的时代新人。

1月29—30日

国务院学位委员会第三十四次会议在北京召开。国务院副总理、国务院学位委员会主任委员刘延东出席会议并作重要讲话。本次会议的主要议题包括:(1)深入学习贯彻习近平新时代中国特色社会主义思想和党的十九大精神,学习贯彻刘延东同志会议讲话精神;(2)听取并审议杜占元秘书长《国务院学位委员会第三十三次会议以来的主要工作和下一阶段工作考虑》工作报告;(3)审批了2017年学位授权审核结果、2017年服务国家特殊需求人才培养项目验收评估结果、2017年学位授权点专项评估结果、2017年学位授权点动态调整结果、军队博士、硕士学位授予单位及其学位授权点对应调整名单、西藏农牧学院学位授予权调整名单、工程专业学位类别设置调整方案等事项。会议审议并原则通过了《关于推进高等学校做好学位授权自主审核工作的意见》《关于加强授予研究生毕业同等学力人员硕士博士学位管理的工作方案》。

二　　月

2月11日

国务院学位委员会办公室发布文件,对现行建筑学硕士、建筑学学士和城市规划硕士专业学位授权审核工作进行了相关调整。明确通过全国高等学校建筑学专业教育评估委员会或住房和城乡建设部高等教育城乡规划专业评估委员会硕士专业评估的单位,可通过学位授权点动态调整工作,申请将建筑学一级学科硕士学位授权点调整为建筑学硕士专业学位授权点,将城乡规划学一级学科硕士学位授权点调整为城市规划硕士专业学位授权点。

2月27日

国务院学位委员会印发《博士、硕士学位授权学科和专业学位授权类别动态调整办法》(学位〔2018〕3号),并下发了《2017年经动态调整撤销的学位授权点清单(分省)》《2017年经动态调整增列的学位授权点清单(分省)》,规定撤销的学位授权点的招生及在学研究生的学位授予按以上文件进行。其中,撤销了华东交通大学的工程力学、东华理工大学的职业技术教育学、南昌航空大学的物理电子学、江西农业大学的资产评估等学位点。增列了石河子大学应用经济学博士学位、物理学硕士学位、化学硕士学位、地理学硕士学位、土木工程硕士学位、审计专业硕士学位点。

2月27日

国务院学位委员会印发通知,确认西藏农牧学院为硕士学位授予单位。原属西藏大学的林学、作物学、水利水电工程、预防兽医学学科的硕士学位授予权,及农业、兽医硕士专业学位类别的学位授予权转由西藏农牧学院行使。

2月27日

国务院学位委员会、教育部下达了2017年学位授权点专项评估结果及处理意见。有3所高校的3个博士学位授权点的评估结果为“限期整改”,4所高校的4个硕士学位授权点评估结果为“限期整改”。评估结果为“限期整改”的学位授权点,2018年招生结束后暂停招生,进行为期2年的整改。整改结束后接受复评,结果为合格的恢复招生,达不到合格的撤销学位授权。

2 月 27 日

中共中央办公厅、国务院办公厅印发《关于分类推进人才评价机制改革的指导意见》,提出健全教育人才评价体系。坚持立德树人,把教书育人作为教育人才评价的核心内容。

2 月 28 日

国务院学位委员会办公室颁布了《2009—2017 年名誉博士学位授予名单》。共 128 所高校授予了名誉博士学位,获得名誉博士学位人员的国籍包括美国、法国、日本、德国、澳大利亚、韩国、瑞士、老挝、泰国、土耳其、马来西亚等。

三　　月

3 月 14 日

国务院学位委员会、教育部印发通知,将工程专业学位类别调整为电子信息(代码 0854)、机械(代码 0855)、材料与化工(代码 0856)、资源与环境(代码 0857)、能源动力(代码 0858)、土木水利(代码 0859)、生物与医药(代码 0860)、交通运输(代码 0861)8 个专业学位类别。工程硕士领域中的项目管理、物流工程、工业工程 3 个领域调整到工程管理专业学位类别(代码 1256)。调整后的 8 个专业学位类别分为硕士、博士两个层次。工程专业学位类别(代码 0852)待相关学位授权点对应调整完成后不再保留。

3 月 15 日

教育部办公厅发文要求做好硕士研究生招生调剂工作。文件从严格执行招生政策、规范调剂工作程序、加强工作检查问责以及强化调剂工作监管等四方面提出了明确要求。

3 月 19 日

国务院学位委员会、教育部发出通知,决定开展 2018 年学位授权点专项评估工作。评估对象为 2014 年获得授权且未调整的学位授权点和 2014 年学位授权点专项评估结果为“限期整改”的学位授权点。

3 月 22 日

国务院学位委员会印发了《2017 年审核增列的博士、硕士学位授权点名单》。此次印发的名单包括已有博士学位授权二级学科新增为博士学位授权一级学科名单、新增博士学位授权一级学科名单、新增博士专业学位授权点名单、已有硕士学位授权二级学科新增为硕士学位授权一级学科名单、新增硕士学位授权一级学科名单和新增硕士专业学位授权点名单。

3 月 27 日

教育部党组印发《关于在教育系统大兴调查研究之风的意见》),决定把 2018 年作为教育系统“调查研究年”,推动在教育系统大兴调查研究之风,写好教育“奋进之笔”。

3 月 27 日

2018 年度国务院学位委员会学科评议组、全国专业学位研究生教育指导委员会工作会议在北京召开。教育部副部长杜占元到会做了题为《深化研究生教育改革 推动内涵发展再上新水平》的报告。报告总结了研究生教育改革的成果,指出了新时代研究生教育内涵发展的新要求,对进一步深化改革,推动研究生教育内涵发展再上新水平提出了指导意见。本次会议的主要内容包括:学习传达国务院学位委员会第 34 次会议精神;部署 2018 年重点工作;听取进一步加强学科评议组、专业学位教指委建设的意见建议。参会人员有学科评议组召集人、专业学位教指委主任委员或副主任委员、专业学位教指委秘书长。

3 月 27 日

2018 年度省级学位委员会工作会议在北京召开。会议的主要内容有:学习传达国务院学位委员会第三十四次会议精神;部署 2018 年重点工作;总结交流落实《学位与研究生教育发展“十三五”规划》情况。

3 月 28 日

教育部、国家发展改革委、财政部、人力资源和社会保障部和中央编办联合印发《教师教育振兴行动计划(2018—2022 年)》。从师德教育、培养规格层次、教师资源供给、教师教育模式、师范院校作用五个方面,明确了十大行动,以建强做优教师教育。在教师培养规格层次方面,指出要引导支持办好师范类本科专业,加大义务教育阶段学校本科层次教师培养力度。按照有关程序办法,增加一批教育硕士专业学位授权点。引导鼓励有关高校扩大教育硕士招生规模,对教师教育院校研究生推免指标予以统筹支持。支持探索普通高中、中等职业学校教师本科和教育硕士研究生阶段整体设计、分段考核、有机衔接的培养模式。适当增加教育博士专业学位授权点,引导鼓励有关高校扩大教育博士招生规模,面向基础教育、职业教育教师校长,完善教育博士选拔培养方案。

3 月 30 日

第四届中国“互联网+”大学生创新创业大赛在厦门大学启动,全国总决赛于 10 月中下旬举行。此届大赛以“勇立时代潮头敢闯会创,扎根中国大地书写人生华章”为主题,将突出“21 世纪海上丝绸之路”特色,加强沿线国家创新创业教育合作,增设“青年红色筑梦之旅”赛道,扩大参赛规模,实现区域、学校、学生类型全覆盖和国际赛道大拓展。

四　　月

4 月 4 日

中国研究生创新实践系列大赛(2018)启动会于 4 月 4 日在北京邮电大学举行。教育部副部长杜占元,中国科协党组副书记、副主席、书记处书记徐延豪出席启动大会并讲话。本次系列大赛包括中国研究生智慧城市技术与创意设计大赛、中国研究生移动终端应用设计创新大赛、中国研究生未来飞行器创新大赛、中国研究生数学建模竞赛、中国研究生电子设计竞赛、中国石油工程设计大赛、中国研究生石油装备创新设计大赛、中国研究生公共管理案例大赛和中国MPAcc学生案例大赛。

4月10日

教育部印发《高等学校人工智能创新行动计划》,提出三大类18项重点任务,引导高校瞄准世界科技前沿,不断提高人工智能领域科技创新、人才培养和国际合作交流等能力。

4月19日

国务院学位委员会发布了《关于高等学校开展学位授权自主审核工作的意见》,批准北京大学、中国人民大学、清华大学、北京航空航天大学、中国农业大学、北京师范大学、南开大学、天津大学、吉林大学、哈尔滨工业大学、复旦大学、同济大学、上海交通大学、南京大学、浙江大学、中国科学技术大学、厦门大学、武汉大学、西安交通大学、中国科学院大学可以开展学位授权自主审核。

4月26日

教育部印发了《新时代高校思想政治理论课教学工作基本要求》。强调贯彻落实习近平新时代中国特色社会主义思想和党的十九大精神,进一步巩固马克思主义在高校意识形态领域的指导地位,坚持社会主义办学方向,全面贯彻党的教育方针,加强新时代高校思政课建设,全面推动习近平新时代中国特色社会主义思想进教材进课堂进学生头脑,培养担当民族复兴大任的时代新人。

五　月

5月2日

国务院学位委员会印发了2017年审核增列的博士、硕士学位授予单位及其学位授权点名单。同意北京工商大学、北京建筑大学等7个博士学位授予单位、北京石油化工学院、北京电子科技学院等4个硕士学位授予单位自批准之日起,可开展招生、培养和学位授予工作;要求中国民航大学等21个博士学位授予单位、山西大同大学等25个硕士学位授予单位需进一步加强建设,待办学水平和研究生培养能力达到相应要求,并通过国务院学位委员会核查后,再开展招生、培养、授予学位工作。

5月4日

"双一流"建设国际研讨会暨北京论坛(2018)4日在钓鱼台国宾馆开幕,国务院副总理孙春兰出席开幕式并致辞。孙春兰指出,改革开放40年来,中国高等教育实现跨越式发展,对经济社会发展发挥了重要的支撑引领作用。进入新时代的中国,对科学知识和优秀人才的需要比以往任何时候都更为迫切,对大学办学质量提出了更高要求。我国统筹推进"双一流"建设,就是要促进高等教育内涵式发展,坚持扎根中国大地办大学,坚持特色办学、协调发展,坚持面向世界、融通中外,办出中国特色世界一流大学,提升高等教育整体水平,更好地服务于国家现代化建设,更好地服务于人类文明进步。当今世界正在经历新一轮大发展大变革大调整，面对和平、发展、合作、共赢的大势，大学应进一步发挥优势，为构建人类命运共同体贡献智慧和力量。孙春兰希望中外高校深化务实合作，密切师生交流互访，联合培养更多具备全球视野、担负社会责任、秉持科学精神的优秀人才，携手创造更多引领未来、造福世界的科研成果，共同提高高等教育治理水平，搭建深化人文交流、促进多样文明互学互鉴的桥梁纽带。

5 月 4 日

国务院学位委员会办公室转发了全国工程专业学位研究生教育指导委员会起草的《关于制订工程类硕士专业学位研究生培养方案的指导意见》。指导意见自 2018 级工程类硕士专业学位研究生开始执行，往届工程类硕士专业学位研究生的培养方案可参照此指导意见做相应调整。原《关于制订在职攻读工程硕士专业学位研究生培养方案的指导意见》（学位办〔1999〕7 号）及《关于制订全日制工程硕士研究生培养方案的指导意见》（学位办〔2009〕23 号）终止执行。

5 月 4 日

国务院学位委员会办公室转发了全国工程专业学位研究生教育指导委员会制订的《工程类博士专业学位研究生培养模式改革方案》（以下简称《方案》）及说明，《方案》自 2018 级工程类博士专业学位研究生开始执行，往届工程类博士专业学位研究生的培养模式可参照此方案做相应调整。《方案》对工程类博士专业学位研究生培养目标，培养方式，招生对象，工程类博士专业学位获得者应具备的知识、能力和素质，学位论文要求，质量保障与监督六个方面都进行了说明和规定。

5 月 4 日

国务院学位委员会办公室印发文件，委托国务院学位委员会学科评议组和全国专业学位研究生教育指导委员会编写《研究生核心课程指南》。通知对《研究生核心课程指南》的编写目的、编写要求、支持保障、时间安排等相关事项进行了说明。

5 月 7 日

国务院学位委员会、教育部印发《关于进一步发挥国务院学位委员会学科评议组和专业学位研究生教育指导委员会作用的意见》，从把握政治方向、强化职责作用、完善工作机制、严守纪律规矩、加强支持力度五个方面，对进一步发挥学科评议组和专业学位研究生教育指导委员会的作用提出了要求。

六　　月

6 月 12 日

“长江学者奖励计划”特聘教授研修班在京开班，141 位 2017 年度“长江学者奖励计划”特聘教授参加研修。教育部党组成员、副部长朱之文出席开班式并做动员讲话，教育部党组成员、副部长、国家语言文字工作委员会主任杜占元为学员作第一场专题报告。

6 月 13 日

国务院学位委员会办公室发出通知,要求各学位授予单位按规定完成自我评估工作。文件还对自评范围和评估材料的报送等进行了说明。

八　　月

8 月 8 日

教育部、财政部、国家发展改革委联合印发《高等学校加快“双一流”建设的指导意见》。要求落实立德树人根本任务,培养社会主义建设者和接班人,全面深化改革,强化内涵建设,打造一流学科高峰,形成“双一流”建设合力,推动“双一流”加快建设、特色建设、高质量建设。

8 月 20 日

教育部办公厅发出通知,决定开展全国高校“百个研究生样板党支部”创建和“百名研究生党员标兵”评选工作。该项活动面向全国高校,遴选创建 100 个研究生样板党支部,推荐产生 100 名研究生党员标兵,辐射带动全国高校研究生党建工作的开展。

8 月 24 日

教育部办公厅下达了 2019 年“退役大学生士兵”专项硕士研究生招生计划。2019 年全国共安排“退役大学生士兵计划”5000 人,由北京大学、清华大学等 455 所普通高等学校承担。

8 月 30 日

国务院学位委员会办公室发出通知,要求对已有的工程硕士、博士专业学位授权点进行对应调整。文件对工程硕士、工程博士专业学位授权点对应调整的原则与要求、工作程序进行了规定。

九　　月

9 月 10 日

全国教育大会在北京召开。中共中央总书记、国家主席、中央军委主席习近平出席会议并发表重要讲话。从党和国家事业发展全局的战略高度,系统总结了我国教育事业发展的成就与经验,深刻分析了教育工作面临的新形势新任务,对加快推进教育现代化、建设教育强国、办好人民满意的教育作出了全面部署。习近平代表党中央,向全国广大教师和教育工作者致以节日的热烈祝贺和诚挚问候。他强调,全党全社会要弘扬尊师重教的社会风尚,努力提高教师政治地位、社会地位、职业地位,让广大教师享有应有的社会声望,在教书育人岗位上为党和人民事业作出新的更大的贡献。习近平总书记在全国教育大会发表重要讲话。

9 月 13 日

教育部印发《来华留学生高等教育质量规范(试行)》。这是我国首次专门针对来华留学教育制定的质量规范文件,为改进来华留学教育工作,规范留学教育工作,提高教育质量和管理服务水平提供了基本依据。

9 月 25 日

国务院学位委员会决定将中国社会科学院研究生院的学位授予权调整至中国社会科学院大学,中国社会科学院大学为博士学位授予单位。中国社会科学院研究生院的学位授予单位资格不再保留。从 2019 年开始招收的研究生,由中国社会科学院大学授予学位。

9 月 26 日

教育部学位管理与研究生教育司发出通知,决定开展 MBA 教育巡视整改回头看工作。通知明确了回头看的主要内容和工作要求,要求全面落实 MBA 教育巡视整改工作。

9 月 28—29 日

"双一流"建设现场推进会在上海市召开。"双一流"建设高等学校主要负责人参加了会议,省级管理部门主管领导列席了会议。教育部陈宝生部长出席总结大会并讲话,要求建设高校要深刻领会习近平总书记重要讲话和全国教育大会精神对"双一流"建设的重大指导意义,准确把握新阶段"双一流"建设新要求,要按照可靠的、合格的、真实的、有特色、有竞争力、有产出、可持续的目标,坚持"特色一流、内涵发展、改革驱动、高校主体",切实做好培养高素质人才、服务重大需求、提升科研创新水平、深化国际合作交流、加强教师队伍建设、坚持特色发展道路。

十 月

10 月 13 日

由教育部等 13 个部委和福建省人民政府共同主办、厦门大学承办的第四届中国"互联网+"大学生创新创业大赛总决赛 13 日开赛。大陆(内地)共有 2278 所高校的 265 万名大学生、64 万个团队报名参赛,超过以往三届的总和。经激烈角逐,共有 400 支队伍参加总决赛。港澳台项目方面,共有近百个项目参赛,从中产生 20 支队伍参加总决赛。国际赛道方面,来自全球 50 个国家的 600 多支队伍参赛,最终 60 支队伍参加总决赛。

10 月 23 日

教育部办公厅下发《关于开展清理"唯论文、唯帽子、唯职称、唯学历、唯奖项"专项行动的通知》,明确在高校中开展清理"五唯"行动。具体包括:(1)项目、基地评审;(2)自主科研经费分配;(3)论文奖励;(4)国家、省部级配套奖励支持;(5)硕导、博导评选;(6)院系科研绩效考核;(7)研究生培养指标分配;(8)研究生毕业条件;(9)在校生评奖评优等;(10)教职工年度考核、职务职称晋升、评奖评优;(11)人才计划评选、人才引进等。

10 月 28—30 日

由中国研究生院院长联席会主办、华东师范大学承办的中国研究生院院长联席会 2018 年年会在上海举行，来自北京大学、清华大学、中国人民大学、武汉大学等 57 所联席会成员单位和特邀单位的高校副校长、研究生院院长、常务副院长等百余人出席大会，共同探讨研究生教育的发展提升之路。教育部学位管理与研究生教育司司长洪大用出席大会并做主题报告。

十　一　月

11 月 16 日

第四届中国研究生教育国际论坛于 11 月 16 日在北京的大会会场上举行，该论坛以“研究生教育的新时代：纪念中国研究生教育恢复招生四十周年”为主题，来自世界各地的教育官员、管理者、专家学者近 400 人参加了会议。教育部副部长朱之文出席论坛并致辞。

11 月 18 日

教育部印发《新时代高校教师职业行为十项准则》（以下简称《准则》）。《准则》旨在深入贯彻习近平新时代中国特色社会主义思想和党的十九大精神，深入贯彻落实全国教育大会精神，扎实推进《中共中央国务院关于全面深化新时代教师队伍建设改革的意见》的实施，进一步加强师德师风建设。

11 月 23 日

教育部办公厅印发《2019 年面向香港、澳门、台湾地区招收研究生工作管理办法》，对相关管理机构的职责、考生报考资格、考试招生及学习方式、学费及奖学金政策、招生单位及招生学科专业、报考点、招生办法及程序、违规处理等都进行了详细说明。

十　二　月

12 月 5 日

教育部办公厅印发《2019 年面向香港、澳门、台湾地区招收研究生工作管理办法》的通知。教育部负责面向港澳台研究生招生工作的宏观管理，制定相关招生工作的方针、政策、规定和办法，部署相关招生工作，并监督检查执行情况；各省（区、市）高校招生委员会负责领导本地区招生单位面向港澳台研究生招生工作。招生单位研究生招生工作领导小组统一负责领导和管理本单位面向港澳台研究生招生各项工作。教育部委托北京、广州、香港、澳门 4 个报考点负责面向港澳台研究生招生宣传、报名和初试的组织工作。

12 月 14 日

国务院学位委员会、教育部、人力资源和社会保障部联合发文调整了全国法律、会计、税务、警务、医学、公共管理、旅游、体育、工程、应用心理十个专业学位研究生教育指导委员会组成人员。

12 月 14 日

经组织推荐、专家通讯评审、教育部党建工作领导小组成员单位集中审议,遴选产生了 100 个研究生样板党支部,100 名研究生党员标兵。

注:部分条目参考了学位与研究生教育编辑部整理的《中国学位与研究生教育大事记(2018 年)》,特致谢忱。

(整理:万霞)

后　　记

《中国研究生教育年度报告(2018)》(以下称《年度报告》)由中国研究生院院长联席会组织编制,由华东师范大学研究生院、华东师范大学高等教育研究所承担具体编撰工作。自2008年至今,每年一册,已经连续出版十册。2013年起,《中国研究生教育年度报告》被列入教育部哲学社会科学发展报告培育项目。

本期《年度报告》主要执笔人为包志梅、丁飞己、杨青、张东海、周星、郭娇、秦奕萱、朱雅洁、万霞、李海生、阎光才等。万霞完成了中国研究生教育基本数据和研究生教育事记的资料收集、整理工作。本期《年度报告》英文版由郭娇完成翻译。北京大学研究生院杨立华、廖晓玲等参与了审校工作。

本期《年度报告》撰写过程中,中国研究生院院长联席会各成员单位给予了积极的支持和配合,按期组织完成了工作量较大的问卷调查工作;院长联席会秘书处廖晓玲主任为提升问卷回收质量和数量,做了大量协调、沟通工作。这些付出有力地保证了本册报告如期顺利完成出版。在此,编写组向参与调研的各成员单位研究生院院长和教师们致以诚挚谢意！向廖晓玲主任表示衷心感谢!

《年度报告》的撰写始终得到国务院学位办领导的关心,联席会秘书处为报告的撰写和出版付出了大量的心血,在此一并致谢。

囿于能力和水平,编写组深知本期《年度报告》中还存在诸多不足,恳请读者批评指正。

《报告》编写组

2019年11月